贵州师范大学 社会科学文库

Research on Foreign Language Education Policy and Planning:
A Case Study of
Guizhou Basic Education

外语教育政策及规划研究
——以贵州基础教育为例

付荣文 ／ 著

社会科学文献出版社
SOCIAL SCIENCES ACADEMIC PRESS (CHINA)

序　言

付荣文博士的专著《外语教育政策及规划研究——以贵州基础教育为例》是他几年来外语教育规划研究的阶段性成果。现在这部著作能够由社会科学文献出版社出版的确是一件可喜可贺的事情！

外语教育规划研究是新时代多元文化背景下语言教育政策研究中的一个重要课题，也是世界各国及地区"国际行走"的重要语言战略规划，日渐成为不少国家外语战略研究的核心命题。其基本逻辑在于扎根外语教学理论与实践，以外语教育政策发展中的问题为研究导向，着眼国家利益、社会需求和人才培养等方面，使外语教学研究与国家战略规划有机衔接。其研究的宏观性和可推广性引发了许多相关研究：有关于外语教育规划与国家语言能力构建的研究，有关于多语教育规划的研究，有关于语言教育规划与语言服务的关系的研究，也有关于信息技术在语言规划中的应用的研究，等等。然而，这些研究尽管在理念上有所突破，但是关于如何使我国的外语教育在各地有效布局和平衡发展还缺乏具有说服力的解释和研究。这就需要人们探寻不同的研究视角。

付荣文是我 2016 年开始带的博士研究生，在完成学位课程进行博士学位论文选题时他颇费了一些功夫，动了一番脑筋。经过反复讨论与不断思考，他最终将论文方向确定在外语教育政策及规划研究上，这个选择很有眼光，也是中国外语教育规划研究的新视角之一。他的研究经历了不少波折，其间，他专门赴香港参加相关研讨会，与国际上其他学者进行了学术探讨和交流。经过努力，荣文较为顺利地完成了博士学位论文的写作和答辩。现在看到的这部专著在他博士学位论文的基础上进行了一定的补充和修改。综观全书，荣文以我国贵州基础教育阶段为研究背景，以公共政策学视角对影响贵州基础教育阶段的外语教育规划的各种因素进行了系统梳理，从教师、学生及其他利益相关者三者的相互关系探讨贵州基础外语教育政策规划的现实问题，运用质化分析与量化分析相结合的方法，对贵州基础外语教育规划的政策内容、过程和价值三个方面进行了较为深入细致的考察，获得了不少有价值的发现。在我看来，荣文的研究在先前博士学位论文的基础上又有了一定的突破和创新，主要体现在以下三个方面：其一，采用量化研究与质化研究相结合的研究方法，突破了以往政策研究大多偏质性研究的局限；其二，立足于外语教育政策规划研究的新时代背景及贵州政策规划的现实情况，从公众参与的视角，结合相关学科理论研究贵州基础外语教育政策规划问题，突破了现有文献大多从政府决策及专家论证视角研究政策规划的局限；其三，关注贵州基础教育阶段的外语教育政策规划问题，与现有研究形成互补，并从政策内容规划、过程规划及价值规划三个维度考察贵州基础外语教育现状，为完善新时代贵州基础教育阶段的外语教育政策提供建议。综上，这些创新观点在一定程度上为目前乃至未来的国家语言政策与规划研究提供了富有价值的理论参考。

荣文在学期间潜心研读，思想活跃，思维敏捷，虚心求教，做事踏实认真。毕业后他在外语教育规划研究领域仍进行不懈的探索，不断耕耘，不断进步。虽然荣文在出版前对书稿几经修改，但不可避免还留有一些遗憾和值得商榷之处，我想这也是正常的，学术研究的价值大抵就在于此吧。

语言教育政策及规划研究蕴藏着广阔的探索和发展空间，在人工智能赋能外语教育的今天，人们更应冷静思考，更应注重各地外语教育在科学合理的规划下动态和谐地发展。因此，关于外语教育规划的研究应该有所为，而且完全能够大有作为。衷心希望该研究能够引起学界专家学者和广大外语教师对外语教育规划这个研究课题的更多关注，推动我国该领域理论不断向前发展。

荣文早就向我约定，如果专著将来能够出版，请我为之作序。现在书将付梓，自然应当履约。

是为序。

上海外国语大学教授、博士生导师　陈坚林

2022 年 11 月于上海

前　言

　　近年来，我国积极参与全球治理，并提出构建人类命运共同体。参与全球治理和构建人类命运共同体，都需要充分发挥语言的作用和功能。语言治理能力是国家治理体系和治理能力现代化的重要组成部分，也是我国参与全球治理的重要战略资源。外语作为一种重要的语言资源，其价值综合体现在政治、经济、文化等方面。新中国成立 70 多年来，外语教育不仅推动了我国自力更生的本土化建设，也在改革开放以来的现代化建设中发挥了积极作用。外语教育政策及规划研究，正成为越来越多的国家加强国际合作与交流的重要战略选择。随着"一带一路"倡议的不断实施推进，我国对外跨文化交流与合作日趋频繁，交流活动和民族文化传承传播进一步加深，对外语教育也提出了更高的要求。

　　外语教育规划研究是新时代多元文化背景下语言教育政策研究中的一个重要课题，也是世界各国及地区"国际行走"的重要语言战略规划，已经逐渐成为不少国家外语战略研究的核心命题。进入 21 世纪以来，我国逐步从"本土型"国家向"国际型"国家转变，综合国力显著提升。在积极参与全球治理和构建人类命运共同体的重要战略机遇期，外语教育规划的范式也亟须转型。从单纯重视外语教学研究，到开始关注外语教育与国家发展战略、社会经济文化等之间的互动联系。从聚焦语言知识和技能的单项改革，逐步过渡到将外语教育与本民族文化传统教育、道德教育有机融合，以此提升国家的文化软实力。正是基于这一逻辑，外语教育规划的核心要义在于扎根外语教学理论与实践，以外语教育政策发展中的问题为研究导向，着眼国家利益、社会需求和人才培养等方面，使外语教学研究与国家战略规划有机衔接。新时代背景下，作为传播文化和价值观的重要手段，外语教育的"外向型"价值取向属性越来越受到重视，并逐渐成为国家软实力的重要组成部分。目前的外语教育政策在区域性、地域性方面的相关规划还比较欠缺，在政策规划的主体方面，大多从政府决策或专家论证的视角进行，从公众参与的视角对教育政策进行规划的相关研究还有待进一步的挖掘和探究。区域性外语教育规划属于语言政策与规划在教育领域的一个分支，关涉多语教育问题，需要兼顾多语地区特殊的文化语境和教育发展的现实困境，以及教师作为教育者在教育政策规划中的能动作用。

本研究基于贵州基础外语教育政策规划的现实情况，采用问卷调查、深度访谈、政策文本分析、量化研究与质化研究相结合等研究方法，从公众（教师、学生及其他利益相关者）参与的视角考察贵州基础外语教育政策规划问题：贵州基础外语教育在政策内容规划、政策过程规划及政策价值规划方面具有哪些特征？这些特征与国家基础教育阶段的教育政策对应衔接情况如何？从公众参与的视角如何规划贵州基础外语教育政策？本研究参考教育政策研究的内容、过程及价值模型，把区域性外语教育政策研究视为一个动静结合的系统，既有静态的政策文本及背景分析，也有关于政策制定、执行及评价的动态发展过程考察，从发展的角度对贵州的基础外语教育政策提出了规划建议。

本书共分八章。第一章是绪论，主要介绍研究缘起、研究意义、研究目的、研究内容、概念界定以及本书的体系架构。第二章是文献综述，以本研究的核心概念为基础，从政策规划主体视角梳理政策规划的三个层面，即政府决策、专家论证及公众参与；梳理政策规划的理论视角，包括人本主义学习理论、多元文化理论、语言政策与规划理论及公共政策学理论等；从政策内容、政策过程及政策价值三个方面构建本研究的规划路径和分析框架。第三章介绍贵州基础教育概况，阐述基础教育经费投入、政策法规、教育信息化现状及多元文化特征等。第四章是研究设计，介绍研究变量、研究方法、数据收集与整理以及研究伦理的考量。第五章是量化数据分析与讨论，描述贵州基础外语教育在政策内容、政策过程及政策价值方面的基本特征，对问卷开放题部分的数据进行归并整理分析。第六章是质性数据分析与讨论，即政策文本数据及访谈文本数据的分析和讨论，包括国家宏观层面的政策内容及基础外语教育政策文本分析，考察政策文本之间的衔接度如何；就问卷中反映出来的典型问题进行深入访谈，分析访谈文本数据。第七章是贵州基础外语教育政策规划建议，从政策内容、政策过程及政策价值三个方面提出相应的规划建议。第八章是结论，包括研究结论、研究启示、研究创新点以及研究局限，并对未来研究进行展望。

通过实证调研，本研究的主要发现包括以下三个方面。政策内容方面，绝大多数外语教师都认为有课程实施方案的指导会更有利于自己教学工作的开展，当前贵州基础外语教材中民族文化的内容比较缺乏；基础外语教师大多表示希望有机会参加高级别的外语教育培训以拓展自己的专业知识，基础教育阶段外语教学更应该与信息技术进行整合；部分教师认为自己能够根据学生的实际情况来制定相应的教学工作计划。政策过程方面，工作年限在 11～20 年的外语教师表现出了积极参与政策制定的意愿；当前国家外语教育政策在贵州基础教育阶段的教育实践中的执行情况还有待改善，如教育理念及教学内容与考试导向的矛盾和冲突；超过半数的外语教师会在自己的外语教学活动中融入民族文化的相关内容，但囿于外语课时安排及教师考核等，课外增加的内容较为有限。政策价值方面，贵州外语教育的公共价值属性得到了普遍认同，多数教师认为需要关注区域性外语学习的实际困难及个体差异，外语教育是传承传播本民族文化的方式和途径，应该秉持"以学生为中心"的理念，培养学生自主学习的意识和能力。

　　本研究主要通过自下而上的实地调研来收集研究数据。在田野调查的过程中，笔者与教育部门的主管领导、基础教育阶段的外语教师和学生进行了较为广泛的接触和交流，批判性地听取了相关行政领导的意见和建议，提出了相对客观的外语教育政策规划建议。在研究选题上，关注贵州基础教育阶段的外语教育政策规划问题，与现有研究形成互补。在研究视角上，立足于外语教育政策研究的新时代背景及贵州基础外语教育政策规划的现实情况，结合教育学、公共政策学等学科理论来研究贵州基础外语教育政策规划问题，从政策内容规划、政策过程规划及政策价值规划三个维度，考察贵州基础外语教育中的课程实施方案、教师教育、政策制定、公共价值追求等，为新时代贵州基础教育阶段学生的外语教育提供政策上的支持和保障。本研究建议，在政策过程规划中实行多元政策规划主体共同参与，将政府决策与公众参与的政策规划模式对应衔接，充分发挥教师作为政策主体在政策规划中的能动作用；在政策内容规划中凸显地方性与校本层面的特色；在政策价值规划方面关照教育公平与学生的全面发展。

　　本书各章节既可以独立成篇，又与其他章节具有逻辑上的内在关联，力争从整体上对贵州的基础外语教育政策从内容、过程和价值三个方面进行规划。笔者希望本书所探究的内容对我国其他地区的外语教育尤其是基础教育阶段的外语教育政策规划具有一定的参考价值。在整个研究过程中，笔者得到了导师陈坚林教授的悉心指导，以及其他专家学者、同学、家人和朋友的大力支持、鼓励和帮助，在此一并表示深深的感谢！

　　外语教育政策及规划研究在我国还属于比较新的研究领域，尤其是区域性或行业性的政策规划研究还亟须完善。本书属于探索性的研究，其样本来源涵盖了贵州基础教育的所有学段，但初、高中部分的样本较多，小学部分较少，样本还不够均衡。此外，本研究的文本分析均是通过人工归并分析的方式来完成的，在资料的深度挖掘和分析技术方面也有待进一步提高和完善。书中不妥之处，望各位专家及同行不吝赐教。

付荣文

2022 年 10 月于贵阳

目录
CONTENTS

第一章

绪 论

外语教育政策是国家教育政策中的重要组成部分，其恰当与否不仅关系到国家的政治、经济、科技和社会发展，更关系到国家的安全、民族文化的传承传播以及整体国民素质的提升。本章主要介绍本研究的研究缘起、研究意义、研究目的、研究内容、概念界定以及本书的体系架构。

第一节　研究缘起

一　外语教育政策研究的"新时代"背景

在中国共产党第十九次全国代表大会上，习近平同志宣布："经过长期努力，中国特色社会主义进入了新时代，这是我国发展新的历史方位。"（习近平，2017a：10）这是党中央对当前我国所处的历史方位做出的重大战略判断，这一判断在指导我国未来社会发展的政策制定及制度安排等方面都具有极其重要的现实意义。

新时代之新，需要有教育发展之新（张乐天，2019：13）。在党的十九大报告中，习近平总书记把"建设教育强国"的重要性上升到实现中华民族伟大复兴中国梦的战略高度加以论述，做出"建设教育强国是中华民族伟大复兴的基础工程，必须把教育事业放在优先位置，加快教育现代化，办好人民满意的教育"（习近平，2017a：45）的重要判断。以此为标志，我国进入教育强国建设的新时代。

首先，新时代之新体现在建设教育强国。有学者指出，教育质量和教师队伍建设是中国建成教育强国的重点，而中国农村的基础教育质量、教师队伍建设、教师的信息化能力则是重中之重（顾明远，2020）。新时代教育强国的典型特征至少应该包括以下几个方面：强大的教育创新为教育发展提供不竭动力，引领世界潮流的教育文化、模式和机制；教育法治化程度高，教育治理体系和治理能力现代化程度高；教育信息化建设水平高，现代信息技术与教育深度融合；终身教育体系健全，各级各类教育协调发展，人们有接受多元化教育的选择权；不让每一个孩子掉队，国民充分享有教育普惠、教育人权保障，并拥有较强的教育获得感；教育先行，教育成为社会发展及经济、军事、科技强盛和国家综合国力的强有力保障（张炜、周洪宇，2022：148）。梅德明在接受《英语学习》杂志采访时指出：新时代的到来要关注教育群体，还要深入思考外语学科的育人价值、育人功能和育人方法，相应的课程设计应该关注学生的全面发展。同时，外语学科教育还必须要助力人类命运共同体的构建。构建人类命运共同体对外语学科、外语专业教育、外语教师提出了新的要求。要真正做到因材施教，把选择权和主动权尽可能地交给学生，让学生主动地去创设他们的学习活动，参与为实现共同目标而进行的相互协作，共同搭建学习平台、承担学习任务（史新蕾、王晓涵，2018）。

其次，新时代之新体现在教育领域的智能化、数字化及大数据特征。随着国家《教育信息化2.0行动计划》的持续推进，我国教育信息化逐渐步入融合创新、智能引领的新时代。以大数据、云计算、人工智能和"互联网＋教育"四种类型为代表的新兴信息技术促进并支持了教育的改革与发展（何克抗，2019：5）。语言智能的快速发展为外语教育教学提供全新理念和技术手段，教育大数据在宏观层面为教育决策提供科学依据,在微观层面为学习者提供精准的个性化教学支持。外语教育要主动适应新时代的要求,对接语言智能的发展趋势,尝试建立基于语言智能研究的智能化外语教育教学体系,从教学理念、原则、途径、方法、模式等方面打破传统,充分利用现代技术,真正实现外语教育教学的智能化。

再次,新时代之新体现在对教育公平的诉求。新时代背景下,"教育公平"被赋予"国计"与"民生"两方面的新内涵,同时也对新历史方位中破解教育公平难题提出了新要求。近年来,我国采取布局结构调整、办学条件改善、城乡师资流动等多样化措施推进民族地区基础教育公平,取得了较为显著的成效。在信息技术飞速发展的今天,信息化作为促进优质教育资源高效共享和均衡配置的有效手段,有利于从根本上解决民族地区基础教育发展中存在的不平衡不充分问题,在实践中已经成为推动民族地区基础教育公平的新途径和新动力。教育信息化依托新媒体平台,扩大优质教育教学资源的覆盖面,形成高效便捷的优质资源共享机制。目前,我国已初步形成"公建众享"与"共建共享"互为补充的数字化教育教学资源共享格局,在推进民族地区基础教育资源均衡配置方面取得了较好的效果(万力勇、舒艾,2017)。

最后,新时代之新体现在对多元文化的诉求。我国是一个统一的多民族国家,语言教育政策及规划方面的重点是推广普及国家通用语言文字,科学保护各民族语言文字,同时也要加强外语教育。外语是提高民族地区国际化水平的基本要素之一,要在推广汉语及传承民族地区民族语言文字的同时,做好民族地区外语教育规划,制定政策和采取措施,改变民族地区外语教育教学落后的现状。从当前各学段外语教学情况来看,小语种课程方面还有所欠缺,要依托"一带一路"倡议的发展,为我国小语种教育发展提供新思路,打开新局面,以这样的方式构建多元化的外语教育政策体系(唐兴萍,2019:175)。民族地区外语教育的多元文化属性既是一种文化观,又是一种教育理念。苏岚(2017)

认为，多元文化主义预设了民族地区外语教育的使命是既需要观照目的语文化的输入，同时又面临多元文化的表达及不同语言与文化之间的沟通与对话问题。因此，民族地区的外语教育活动必然关涉外语教育的多元文化认同，应使外语教师和学生理性认识语言与文化的多元互动并体验其中的多元文化意蕴。新时代背景下外语教育模式正经历深刻变革，其文化使命已经逐渐从单向传递异域文化转为双向多元跨文化沟通交流。民族地区基础教育阶段的外语教师，需要正确引导学生通过学习外语来认知、理解并诠释中华民族优秀传统文化，积极吸收外语文化的精华，以实现新时代外语教育的文化使命。

在这样的背景下，我国的基础教育事业也进入了一个全新的发展时期。随着科教兴国战略的实施推进，基础教育在国民教育体系中的全局性和基础性地位变得越来越突出。近年来，贵州地区的经济文化水平在不断提高，而推进素质教育需要从基础教育抓起，涉及培养目标、教学内容、课程设置、教学设施及教学方法等。因此，在政策规划方面需要不断改革基础教育管理体制，国家的大政方针和宏观规划需要由中央政府进行决策，而其他具体政策制度以及计划的制定和实施，如对学校的领导和管理方面，责任和权力都应该尽量交给地方（张乐天主编，2002：137~138），充分发挥基层组织及个人的能动作用。

新时代的教师要把社会主义核心价值体系融入教育过程，突破单纯传授科学文化知识的有限教育范式，将学生的全面发展进步作为新教育理念的内核，在"学科育人"的整体框架下正确认识、理解教育和实施教育活动，把立德树人作为自己教育教学过程中的使命。近几年来，教育部对发展学生核心素养的工作非常重视。2014年3月30日，教育部以教基二〔2014〕4号印发《关于全面深化课程改革落实立德树人根本任务的意见》（以下简称《意见》）。《意见》指出，"教育部将组织研究提出各学段学生发展核心素养体系，明确学生应具备的适应终身发展和社会发展需要的必备品格和关键能力，突出强调个人修养、社会关爱、家国情怀，更加注重自主发展、合作参与、创新实践。研究制订中小学各学科学业质量标准和高等学校相关学科专业类教学质量国家标准，根据核心素养体系，明确学生完成不同学段、不同年级、不同学科学习内容后应该达到的程度要求"。《意见》要求把核心素养落实到各个学段各个年级、各个学科，把学业质量作为衡量教育成果的重要抓手。

当前我国高中已经进入普及化的阶段，义务教育更是如此。这就提出了一个新的时代课题——如何正确地、深刻地认识全面发展的人？全面发展一定是德、智、体、美协同发展。教育主管部门要重视和充分发挥学校主渠道作用，从教育体制、教育机制、教学内容、教师培训和教材编写等各方面着手发力，以完成以上相应的教学任务和目标，保障学生的全面发展。

二 我国基础外语教育政策变迁

我国在基础教育阶段开设外语教育课程的政策始于 1904 年，一个多世纪以来，基础外语教育迅速发展，在取得巨大成绩的同时，也暴露出不少问题（李娅玲，2012）。新中国成立至今，由教育部颁布施行的英语教学大纲或课程标准有十几个之多。如新中国成立之初颁布的《普通中学英语课程标准草案》（1951 年版）、《全日制中学英语教学大纲（草案）》（1963 年版）等。进入 21 世纪以来，课程改革的浪潮不断深入推进，原有的教学大纲或课程标准很难体现新时期课程的特点，需要一个能完整体现课程改革理念的指导方针。从 2000 年 1 月起，通过项目申报、评审、复审等程序，由数百名专家历时一年半对各学科课程标准进行认真修改完善。相关专家对课程标准的改革与创新予以评估之后，教育部于 2001 年 7 月印发了 18 个学科课程标准（实验稿），其中，《全日制义务教育普通高级中学英语课程标准（实验稿）》根据小学三年级至高中三年级的整体思路进行规划设计，并在 18 个国家实验区开始进行义务教育新课程实验。2001 年 8 月，教育部启动普通高中课程改革，组建了高中课程标准研制组。

根据普通高中课程总体改革的精神和要求，在《全日制义务教育普通高级中学英语课程标准（实验稿）》（2001 年版）的基础上，教育部又单独颁布了《普通高中英语课程标准（实验）》（2003 年版），并于同年开始修订 2001 年版英语课程标准中的义务教育部分，2007 年教育部正式组建义务教育英语课程标准修订组。2012 年，教育部颁布实施修订完成的《义务教育英语课程标准（2011 年版）》。之后，教育部联合有关部门和专家陆续开展普通高中课程修订工作，一方面深入总结我国普通高中课程改革的宝贵经验，另一方面借鉴其他国家课程改革优秀成果，旨在规划既符合我国基础教育实际情况又具有国际视野的教育政策，打造具有中国特色的普通高中课程标准体系。2017 年，《普通高中英语课程标准（2017 年版）》修订完成并由教育部正式颁布实施。至此，基础教育阶段的英语课程标准经过多年修订完善最终得以确定。目前，义务教育阶段按照《义务教育英语课程标准（2011 年版）》执行，高中阶段按照《普通高中英语课程标准（2017 年版）》执行。表 1 - 1 是新中国成立以来我国基础英语教学大纲/课程标准一览，共有 14 个之多，基础教育阶段的外语教育政策规划之复杂于此可见一斑。

2017 ~ 2018 年，教育部相继颁布了一系列重要文件，包括《普通高中英语课程标准（2017 年版）》、《普通高中课程方案（2017 年版）》、《普通高等学校本科专业类教学质量国家标准》以及《中国英语能力等级量表》等纲领性文件，明确了新时代中国外语教育的发展方向（刘森，2018：57）。其中，《普通高中英语课程标准（2017 年版）》以落实立德树人为根本任务，以社会主义核心价值观来统领课程改革，继承和弘扬中华优秀传统文化及发展社会主义先进文化，提倡素质教育，推进教育公平；促进基于计算机和网络技术环境的教学改革，以学生为中心，倡导个性化、多样化的学习模式，提高学生的核心素养。

表1-1　新中国成立以来我国基础教育英语课程教学大纲/课程标准一览

颁布时间	教学大纲/课程标准名称
1951 年	《普通中学英语课程标准草案》
1956 年	《高级中学英语教学大纲（草案）》
1963 年	《全日制中学英语教学大纲（草案）》
1966 年	"文革"期间各地自行制定大纲
1978 年	《全日制十年制中小学英语教学大纲（试行草案）》
1988 年	《九年义务教育全日制初级中学英语教学大纲（初审稿）》
1991 年	《全日制高级中学英语教学大纲（征求意见稿）》
1993 年	《全日制高级中学英语教学大纲（初审稿）》
1996 年	《全日制普通高级中学英语教学大纲（供试验用）》
2000 年	《全日制普通高级中学英语教学大纲（试验修订版）》
2001 年	《全日制义务教育普通高级中学英语课程标准（实验稿）》
2003 年	《普通高中英语课程标准（实验）》
2012 年	《义务教育英语课程标准（2011 年版）》
2017 年	《普通高中英语课程标准（2017 年版）》

　　资料来源：课程教材研究所教育史研究课题组《20 世纪中国中小学课程标准（教学大纲）英语发展概况》，https：//www.doc88.com/p-1495955532950.html。

　　在谈及我国基础教育阶段的外语教育时，韩宝成、刘润清认为，基础教育的根本任务是素质教育，而素质教育的核心是关注对"人"的教育。作为基础教育的重要组成部分，外语教育的目的应该是使学生通过学习外语来了解文化、认识世界，在培养心智的同时为终身发展打下基础。这是外语素质教育的核心所在，也是许国璋多年前就提出的观点。从学生发展的角度来看，基础教育阶段的外语（英语）教育除了考虑其实用目的，更要考虑其教育和教养目的（韩宝成、刘润清，2008）。改革开放 40 多年来，在外语教育的目标定位上，无论是基础教育还是高等教育均未摆脱"工具性"的价值取向，很少真正关心"人"的成长和发展，缺乏对外语课程的人文性认知。在课程内容的设计与组织方面，过分强调语言知识的灌输，而其他方面的知识则处于次要或从属的地位，没有能够引起足够的重视（刘森，2018：57~58）。

三 贵州基础外语教育规划的现实情况

王文斌（2020：26）指出，在义务教育阶段开设外语课程，其目的就是提高我国的整体国民素养，培养具有创新能力和跨文化交际能力的人才，为提高国家的竞争力和国民的国际交流能力奠定基础。外语是义务教育阶段的必开课，也是义务教育的有机组成部分，与语文和数学等科目具有同样重要的地位。但是，目前贵州基础外语教育情况不容乐观，主要体现在以下几个方面。

第一，区域性差异导致学科资源分配失衡。贵州属于民族八省区①之一，受制于教育资源不均、区域教育差距大和外语学科规划不合理等因素，基础教育阶段的外语教育表现出较大的差异性和特殊性（杨旭、刘瑾，2020：41）。这导致了学科资源分配失衡。此外，还面临教育实践方面的现实困境，如信息化教育滞后、教师教学任务繁重、学生学习动机不足、民族文化内容严重缺失等问题。

第二，相关政策法规的执行尚未完全落实到位。在师资配备方面，并没有严格按照课程标准的基本要求来配置师资，常优先考虑语文、数学等主要课程，专业化外语教师的配备被置于可有可无的位置。在课时安排方面，尽管开设了外语课，但课余的复习或答疑时间常被其他课程所挤占，外语课几乎成了一门可随时"让位"的课程，有时甚至沦为摆设。其他课程的教师，只要稍懂外语都可以被指派去承担外语教学工作。此外，外语教师所承担的课时数常比其他课程教师所承担的要多，使外语教师精力不济，疲于上课和批改作业，几乎无暇充实自己的专业知识（王文斌，2020）。

第三，政策规划过程中公众参与处于缺失状态。如谢镒逊（2012）

---

① 根据国家民族事务委员会《2013 年民族地区农村贫困情况》的界定，基于少数民族聚居程度、代表性和数据可获得性等因素，"民族八省区"包括内蒙古、新疆、西藏、广西、宁夏五个自治区和云南、贵州、青海三省。

所言，我国传统教育政策活动的主要特征是国家中心和行政机关中心，政府和相关行政机构是唯一的公共教育决策中心和主要利益主体，作为个体存在的公众（如教师、学生及其他利益相关者）在政策活动中的话语权和利益诉求并未得到充分体现。教师和学生作为教育活动中最直接的两个利益相关群体，对国家的教育政策在学校的执行情况是比较了解的，多数教师也能根据这些教育政策来组织自己的教学活动，但是这几乎是一种单向的传达和执行，缺乏一定程度的互动交流。教师和学生对以上问题的感知情况，相关研究也比较缺乏（付荣文、曾家延，2020：150）。公众参与相关的政策规划讨论和决策更有利于教育政策的进一步完善，并有利于提升教育政策执行的有效性和合理性。而相关的外语教育政策规划理应凸显或反应不同地区教师和学生的声音，从公众参与的视角对基础外语教育政策规划提供相关的咨政建议值得深入研究。

其他相关研究也在一定程度上说明，由于区域经济发展差异，多语地区的基础外语教育存在诸多困境和难题。姜秋霞、刘全国、李志强（2006）分析了西北民族地区基础外语教育现状，发现少数民族学生在外语学习动机、语言文化态度以及学习资源等方面存在明显不足；吴铁军、谢利君、丁燕（2017）基于文化互动维度，认为少数民族文化在外语教育中失语现象比较严重，在教育理念方面外语教育比较偏重"工具性"而轻"人文性"。

民族地区的外语教育在国民义务教育中占据着重要的地位和分量，尤其是外语课程被纳入小学课程要求之后更是显得非常重要。《国家中长期语言文字事业改革和发展规划纲要（2012—2020 年)》明确指出，要加快民族地区国家通用语言文字的推广和普及，加大宣传培训力度；建立国家语言应急服务和援助机制，根据国家战略需求，制定应对国际事务和突发事件的关键语言政策，建设国家多语言能力人才资源库，促进制定外语语种学习和使用规划；发挥语言社团作用，建立语言志愿者人才库，广泛吸纳双语、多语人才，为社会提供语言援助；提倡国民发展多语能力，在发挥国家通用语言文字主导作用的前提下，根据需要，合理规划，为提升国民多种语言文字应用能力创造条件。

我国是统一的多民族国家，语言资源非常丰富。应强化国家通用语言下的多元语言教育并举体系，促进各民族语言繁荣发展，推动各民族和谐合作，使语言教育更好为各民族共同发展服务（冯增俊、姚侃，2018：94）。语言扶贫是人类扶贫的一项伟业，民族地区基础外语教育扶贫是语言扶贫的重要组成部分，是助力民族地区减贫的基础性工作，也是解决民族地区发展不平衡不充分问题的主要途径之一。新中国成立以来，尤其是改革开放以来，从以往基本不学习外语到今天的基础教育学段基本普及外语，民族地区的外语教育取得巨大成就，但与基础教育的其他方面相比，外语依然是民族地区基础教育中较为薄弱、不受重视的科目（王文斌，2020）。本着"与国内同步、与国际接轨"的教育理念，民族地区在大力推广普及国家通用语言文字的同时，如何协调处理好各种语言之间的生态关系是未来语言教育政策必须科学规划的一个现实课题（杨胜才、谢春林，2020：101）。

我国的区域教育发展状况不够平衡，在办学条件、课程设置及相关教育资源分配等方面，民族地区与内陆及沿海地区相比差距较大。少数民族外语教师中通晓双语或三语的教师所占比例偏低，这种特殊的文化语境和学习氛围，给民族地区的学生学习外语带来了一定的困难。如在外语课程设置方面，缺乏符合当地学生实际需要的校本课程，教材内容与学生的"文化环境"和"生活经验"相距较远，教师在利用学生的"文化资本"来开展相关的跨文化语言教学方面动力不够，评价模式和考试内容与当地学生的认知水平和外语能力也有一定距离。在学校教育和家庭教育中所表现出来的文化中断及文化不匹配现象，使少数民族文化在外语教育中严重缺位（王革，2018：65）。

由此可以看出目前基础教育阶段外语教育政策规划中的现实情况，

在政策主体方面较多地凸显了专家学者的理念和思想，也体现了课程研究专家作为外语教育活动中的利益相关者的角色和地位，而教师和学生在政策规划中的相关诉求并没有得到充分体现。谢锡逊（2012）从政策科学的视角，认为教育政策直接关涉整个教育过程，作为教育活动中最直接利益相关者的教师和学生理应有自身的诉求和愿望，教育政策规划不应让公众迷失在政策之中。而公众参与式的政策规划需要基于现实的课程改革背景，以问题为导向提供相关的咨政建议。

Menken 和 García（2017）也认为，教师作为教育活动场域中的焦点之一，对相关的教育政策有自己的解读和执行意愿，通常情况下是让宏观教育政策真正落地的主要执行者，同时还是微观层面教育政策规划制定的主要参与者。大多数语言政策研究将目标聚焦于自上而下的政策文本解读分析（Kaplan & Baldauf，1997；Ricento，2006；Spolsky，2004），忽略了课堂教学实践者（教师和学生）的中心地位和作用。政策文本解读呈现的是一种静态分析模式，如果不考察其在课堂实践中的执行效果，政策文本在一定程度上就是一纸空文（Shohamy，2006）。而为了弥合教育政策与教学实践之间的空隙，也为了使教育者（教师）对政策过程有更深入的理解，从而指导教育政策在学校的有效实施，通常情况下应以教师和学生作为研究对象来获取相关的调查研究数据，将教师和学生作为政策制定的参与者展开研究。

第二节　研究意义

我国民族地区的外语教育属于"三语"教育的范畴。曾丽（2012：31）认为，少数民族学生学习外语，大部分都要经历从母语到汉语再到英语这样一个三语过程。在实际教学过程中，不论是大纲设置、教材编写还是实际的课堂教学，几乎都是按照汉语言文化背景下的外语教学来进行。而占全国人口总数近10%的少数民族在地理环境、文化背景、语言使用状况、思维方式等方面都与汉族有较大的差别，因此有必要针对我国的地域分布特点，对多言多语背景下的民族地区外语教育政策进行规划研究。王革（2018：65）也指出，民族地区的外语课程规划较少关注符合当地学生实际需要的校本课程，教材中的部分内容和学生的"文化语境"及"生活经验"脱节，教师不能充分利用学生的"文化资本"开展跨文化语言教学活动，在评价模式和考试内容方面较少关注学生的知识水平和外语能力。在这样的背景下，如果不对区域性的外语教育进行改革，在政策制定、课程设置、人才培养模式等方面进行创新突破，要实现民族地区教育水平"与国内同步，与国际接轨"的目标或许还需要较长的时间。

一　有助于构建区域性外语教育政策框架

本研究以教育政策的内容、过程及价值研究为分析框架，从公众参与的视角研究贵州基础教育阶段的外语教育政策与规划问题，与现有研究中的管理者视角和专家论证视角形成互补。主要从外语课程实施方案、外语教育培训、教师工作计划、外语考试测评等方面考察政策内容，从政策制定、政策执行和政策评价方面考察政策过程，从政策公共价值追求、政策主体价值倡导、利益群体价值协调等方面考察政策价值，形成动静结合的政策研究模式，克服了以往单纯政策文本分析的局限，具有一定的理论创新意义。外语教学不仅仅是语言教学，同时还应该包括文化教学（戚雨村，1994）。区域性外语教育不同于普通的外语教育，是在以汉族为主体的文化背景下对少数民族学生进行的民族母语和汉语之外的语言教育，是中国多民族国家教育体系中的一个重要组成部分（刘雪莲，2008：77）。在"西部大开发""一带一路"等的实施推进下，外语无疑会成为促进区域协调发展的载体和纽带，因此，提高区域性整体外语文化水平就显得尤为重要。政策是导向，是引导广大外语教师进行外语教育实践的行动指南，因此，需要在政策内容上紧跟时代步伐，突出体现"课程育人"的新课标宗旨，在过程中体现广大一线教师在政策制定、执行和评价中的主观能动作用，在价值上体现教育公平，并关照不同区域学生发展的不同特点和个体差异，培养学生的爱国意识及国际视野。

二　有助于增进文化认同和坚定文化自信

从实践角度来看，贵州部分地区的语言生态环境日趋失衡，民族语言转用、语言濒危等现象时有发生。这些现象使该地区的文化生态环境受到较大影响。而教育与文化密切相关，研究贵州外语教育政策必定要了解少数民族独特的文化体系，更要了解英美国家的文化，还要了解各民族之间的文化差异，把文化教育列为中国少数民族外语教育的目的之一。新时代民族地区的外语教育目标已经从单纯传递西方文化逐渐转移到既注重传递西方文化，又注重通过外语教育来传承传播我国传统少数民族文化，使本土文化逐渐进入外语教育的文化视野，既体现文化平等，又增进民族文化认同及坚定文化自信。

第三节　研究目的

本研究基于基础教育阶段外语课程改革的现实背景，旨在从公众参与的视角规划贵州基础教育阶段和谐多元的外语教育政策，即以"学科育人"为基本政策导向，综合考虑不同地区学生在多语学习过程中的认知特点，关注其语言文化适应问题，探究外语学习所产生的社会距离和心理距离，以及这些距离对其他语言学习造成的影响，关注学习者的个人心理因素。多语地区的学生学习外语的经历被认为是三语学习的过程。相关研究成果表明，三语学习者在语言习得时会表现出更多的优势，但同时学习过程中的语言损耗以及相关的语言干扰因素也会对第三语言的学习效率产生负面影响（曾丽，2012：33）。本研究针对贵州基础教育阶段外语教育政策规划问题，主要考察一线教师、学生以及基层行政领导作为政策规划参与主体，对本地区的外语教育在政策内容、政策过程及政策价值方面的感知情况，并从公众参与的视角提出符合贵州特色的外语教育政策规划建议。

第四节　研究内容

本研究主要以贵州的基础外语教育为研究对象，原因主要有三个方面。第一，基于个人情怀。笔者本人就是地道的贵州人，出生在贵州一个偏远的小山村。小学阶段在农家房屋改装的教室里念过书；中学阶段住在学校，每周回家一次，跋山涉水，往返需要三四个小时。回顾过往，笔者深知，对于偏远地区的孩子来说，唯有读书获取知识才能改变自己的命运。第二，基于贵州特色。贵州是我国民族省区之一，民族众多，三个民族聚居地区少数民族人口共约 383 万人，占总户籍人口的 80.3%。贵州具有独特的人文环境和社会环境，其基础教育的现状如何及其对该地区学生的成长成才有何影响等问题值得深入研究。第三，基于专业背景。笔者本人的专业方向是语言战略及外语教育规划，该研究方向主要以问题为导向，以解决生活中的实际问题为出发点，考察利益群体在政策规划中的能动作用。教师和学生在外语教育政策规划中有较为强烈的参与愿望和诉求，以此为研究对象对于提高贵州的基础外语教育质量、推动基础外语教育改革具有重要现实意义。

本书的主要研究内容是贵州基础教育阶段的外语教育规划问题，从外语教师和学生以及相关行政领导着手进行实地调研，考察基础外语教育在政策内容、政策过程及政策价值方面的规划问题，并就新时期贵州基础外语教育政策提出规划建议。政策内容部分包括基础教育阶段的外语课程实施方案、外语教育培训、教师工作计划及外语考试测评等；政策过程包括政策制定、政策执行及政策评价；政策价值包括政策公共价值追求、政策主体价值倡导、利益群体价值协调。通过静态的政策文本分析和动态的政策过程考察，从外语教师、学生及行政领导的视角为贵州基础教育阶段的外语教育政策规划提供自下而上的咨政建议。

本研究从跨学科的视角，采用量化研究与质化研究相结合的混合研究方法，主要考察贵州基础外语教育政策规划问题。现有文献大多以理论思辨研究为主，从管理者视角或专家论证的角度研究政策规划，议题涉及区域国别研究、语言政策研究、宏观战略层面的政策规划研究等。本研究涉及教育政策学、公共政策学的相关理论与研究背景，参考教育政策研究的政策内容、政策过程及政策价值的理论模型构建本研究的理论分析框架，从公众参与的视角考察基础教育阶段的外语教育政策规划问题。调查对象主要是基础教育阶段的外语教师和学生，以及教育部门行政领导。对政策现状的调查研究主要通过问卷的方式来收集数据。调查问卷数据采用 SPSS 22 作为主要工具来分析处理。质性数据部分主要是国家宏观教育政策及英语课程标准等政策文本，各中小学的外语教学实施方案、教研计划、集体备课方案等，以及各层面的访谈转写文本。

第五节　概念界定

一　公众参与

"公众参与"作为一个政治学术语，最早可以追溯到公元前 5 世纪，雅典的公民大会制度开创了公众参与的先河。其含义是，在法律赋予的权利范围内，各利益主体间进行充分且有意义的沟通和协商，最终达成共识，从而实现资源的公平、合理分配以及有效的管理（王文哲、陈建宏，2011：113）。如今，公众参与逐步演化为一种制度化的民主政治制度，即政府在行使公共权力时采用开放的渠道向公众或利益相关方征集意见、反馈信息，公众通过自下而上的参与渠道对公共决策和治理产生影响（王德新、李诗隽，2022：67）。一般来说，公众参与包括以下几个基本特征：第一，公众参与是一个连续的双向交流互动过程；第二，公众参与具有外力推动性特征，政府等主体要积极调动公众个体参与相关活动的积极性，使公众能够参与到决策和执行过程中，妥善解决各种冲突、矛盾；第三，公众参与具有内在主动性特征，公众应树立主动参与意识，自觉履行公共责任（周星，2020：31）。

从参与主体来说，公众参与的参与主体是公众。那么，何谓公众呢？在不同的法律条文中，公众的定义并不完全相同。1991年，联合国在芬兰缔结的《跨国界背景下环境影响评价公约》中曾对"公众"一词加以界定，提出"公众是指一个或一个以上的自然人或法人"（周星，2020）。商业秘密法律规定中的"公众"特指"所属领域的相关人员"，其可能包括同行业或者相近行业的生产者、销售者、使用者以及相关的研发人员、技术人员、学者等。最高人民法院《关于审理商标民事纠纷案件适用法律若干问题的解释》第8条对"相关公众"做了规定，指与商标所标识的某类商品或者服务有关的消费者和与前述商品或者服务的营销有密切关系的其他经营者。由此可见，相关法律条文中公众的核心概念是指在某行业或某领域存在利益相关的个人或组织。不同学者对"公众"也有不同的界定。王延彦、林清（1993：28）认为公众是"因为某个共同问题而形成的社会群体"。居延安、冯志坚（1990：72）则认为公众"与公共关系主体发生作用，其成员面临某种共同问题和共同利益"。李道平、单振运（1996）认为公众是"与社会组织相关的有共同利益需求的个人、群体和组织集合而成的整体"。文远竹（2014）通过梳理相关文献，认为"公众"即"大众，大家"的意思，英文表述为"general public"，一般指社会上的大多数人，与其相对的概念是"私人"。哈贝马斯（1999：86）认为公众是"众多私人化的个人聚集"。政策过程中的公众兼具明显的利益取向和中性化的政策色彩，通常包括专家之外的公民和利益群体，其规模很大，分布范围较广。该概念通常指在社会中有共同的公共事务或公共利益问题的社会群体，其被赋予了公共利益代表者与维护者的身份。

通过整理分析以上公众的定义可以看出，公众就是指某一活动或领域的共同利益群体。如教师和学生在教育活动中就是最直接的利益相关者，属于教育领域的公众。相比而言，公众对社会治理的参与更具有主动性和独立性。公众参与更强调公民有意识地维护和促进公共利益（武小川，2016：55）。

本研究认为，教育政策及规划中的公众参与是指，在教育政策的决策过程中，教育活动中的利益群体（教师、学生和其他利益相关者）基于一定的参与意愿和利益诉求，对所涉及的教育政策内容提出参考建议，通过获取信息、发表意见并采取行动等方式来影响教育政策发展的行为。具体到教师和学生，本研究中的公众参与有两层意思：教师和学生既是政策客体，需要执行相关政策规定；同时其也承担着政策主体的角色和任务，在教育政策内容、过程和价值规划中发挥一定的能动作用。

二　外语教育政策规划

本研究从公众参与的视角探讨贵州基础教育阶段的外语教育政策规划问题。本研究中的外语教育政策规划是指，为推动贵州地区外语教育事业的全面发展，进一步促进教育公平，在基础教育阶段的外语教育中，考察国家宏观外语教育政策（如教学大纲、课程标准）在地方层面的实施情况，以及各学校根据大纲或标准所制定的校本课程方案的实施情况，如教师工作计划、外语教育培训、外语考试测评等（政策内容），同时还包括内隐于这些政策文件中的文化理念、价值观、实施机制等隐性行为规范（政策价值），也体现政策制定、执行及评价的动态过程（政策过程），从教师、学生及其他利益相关者的角度提出规划建议。简言之，本研究既包含显性的政策过程的动态考察，也包含对内隐于其中的价值观念的理解和阐释，针对的是动态的政策发展过程，因此主要包括三方面的内容：政策内容规划、政策过程规划、政策价值规划。

第六节　本书的体系架构

本书共包括八章，具体章节及内容分布如下。

第一章是绪论，主要介绍本研究的研究缘起、研究意义、研究目的、研究内容、概念界定以及本书的体系架构。分析贵州基础外语教育政策规划的特殊性和重要性，结合新时代基础外语教学改革的背景，确定本研究的基本选题依据。

第二章是文献综述，首先明确政策及政策规划的基本概念，从政策规划主体的视角梳理政策规划的三个层面，即政府决策、专家论证及公众参与，之后阐述本研究中政策规划的理论视角，包括人本主义学习理论、多元文化理论、语言政策与规划理论及公共政策学理论，在此基础上交代本研究中政策规划的三条路径，从政策内容、政策过程及政策价值三个方面构建本研究的分析框架。

第三章介绍贵州基础教育概况，包括基础教育的经费投入、师生数量及学校发展概况、教师职称分布基本情况、相关政策法规、教育信息化等，为后续研究做好铺垫。

第四章是研究设计，包括先导研究、正式研究和研究伦理考量。先导研究引出第一个研究问题；正式研究介绍研究问题、研究变量、研究对象、研究方法、数据收集与整理；最后介绍研究伦理的考量。

第五章是量化数据分析与讨论，主要是为了回答研究问题一，描述贵州基础外语教育在政策内容、政策过程及政策价值方面的基本特征，对问卷开放题部分的数据进行归并整理分析，探究贵州基础外语教育政策规划建议。

第六章是质性数据分析与讨论，即政策文本及访谈文本分析与讨论，主要考察国家宏观层面的政策内容及基础外语教育政策文本，分析目前贵州基础教育阶段外语教育在政策内容、政策过程和政策价值方面与上述政策文本之间的衔接度如何。对访谈文本进行质性分析，就问卷中反映出来的特殊问题进行深入访谈，回答研究问题二。

第七章是贵州基础外语教育政策规划建议，主张政策过程规划中的多元政策规划主体共同参与，认为政府决策应该与公众参与进行对应衔接，充分发挥教师作为政策主体在政策规划中的能动作用，专家论证应该与公众参与进行有机整合协调；政策内容规划应该凸显地方性和校本层面的特色，从语言资源观的角度逐渐解决外语教育中民族文化缺位的问题，从多元文化的视角制定贵州基础教育阶段外语教育政策；政策价值规划方面需要关照基础教育阶段教育公平的理念和学生的全面发展，将学生的外语学习与个人成长结合起来，与国内同步，与国际接轨。

第八章为结论，包括本研究的研究结论、研究启示、研究创新点、研究局限与研究展望。通过实证研究在贵州基础外语教育政策与规划方面有了诸多发现，回答了本研究的三个问题。

第二章 ▸▸▸
文献综述

　　本章的主要内容是文献回顾与述评。首先明确政策及政策规划的基本概念，从政策规划主体的视角梳理政策规划的三个层面，即政府决策、专家论证及公众参与。其后阐述本研究中政策规划的理论视角，包括人本主义学习理论、多元文化理论、语言政策与规划理论及公共政策学理论，在此基础上交代本研究中政策规划的三条路径，进而从政策内容、政策过程及政策价值三个方面构建本研究的分析框架。最后对本研究的核心概念进行界定。

第一节　外语教育政策规划：政策规划主体的视角

　　政策　研究外语教育政策规划，首先有必要了解何为"政策"，何为"政策规划"。先来看"政策"的相关概念表述。《辞海》中"政策"的定义是国家、政党为实现一定历史时期的路线和任务而规定的行政准则和具体措施。在西方英语话语体系中原本并没有"政策"（policy）一词，只有"政治"（politic），其缘于古希腊语中的"politeke"，意为"关于城邦的学问"。随着近代西方政党政治的逐步发展，"政治"（politic）逐渐演变为"政策"（policy），其内涵丰富，具有"政治""策略""谋略""权谋"等多重含义，一般情况下指政府或政党组织为实现某一特定目的所采取的行动方案。

经文献梳理发现，西方学界对政策的定义主要有以下几种。美国学者伍德罗·威尔逊（Woodrow Wilson）是公共行政学的首创者之一，他认为政策是"由政治家即具有立法权威的人制定的而由行政人员执行的法律和法规"（伍启元，1988）。罗伯特·艾斯顿认为政策是"政府机构和它周围环境之间的关系"（Eyestone，1971：18）。而托马斯·戴伊则认为"凡是政府决定做的或不做的事情就是政策"（Dye，2006）。

不难发现，以上学者的"政策"范畴可以做如下概括：政策是指由政府或其他权威人士为实现特定的目标所制定的计划或规划。

国内学者对"政策"的定义主要有以下几种。孙光（1988：14）认为："政策应该是国家和政党为了实现一定的总目标而确定的行动准则，它表现为对人们的利益进行分配和调节的政治措施和复杂过程。"王福生（1991：28）指出，政策是"人们为实现某一目标而确定的行为准则和谋略……是治党治国的规则和方略"。还有学者从公共政策学的视角认为"公共政策是由公共权力机关通过一定的政策过程，以解决公共问题和实现公共利益为主要目的，最终规范和指导相关机构或个人的行动"（吴遵民主编，2006）。此外，还有学者认为政策是"人们为实现某一目标而采取的行动方案"（宁骚主编，2003：182）。

从以上中外学者对"政策"的内涵界定可以看出，广义上的政策是指个人、团体或政府为了达到某一目标或实现某一目的，有针对性地提出的各种有计划的活动的总称。而狭义上的"政策"则是由具有公共权力的主体如政府、政党和其他政治团体等为了实现一定的政治、经济、文化及教育等各项发展目标，在一定的历史条件及社会环境下所提出的政治性行为依据和准则，包括一系列计划、措施、规章、策略及方法。本研究中的外语教育政策既包括由国家颁布实施的英语课程标准或教学大纲，也包括各学校根据这些标准或大纲所制定的校本课程实施方案、教师教育政策及相关的考试测评方案和教师工作计划。

政策规划　21世纪以来，在欧美国家规划体系发展的影响下，各种全新的规划"药方"相继问世,先后出现了"概念规划(战略规划)"、"近期规划"等。伴随着"城市经营"(urban management)、"区域空间管理"(regional spatial governance)、"公众参与"(public participation)、"睿智增长"(smart development)、"可持续发展"(sustainable development)等理念的逐渐深入(朱东风、吴月静,2003:85),"政策规划"的概念逐步进入人们的视野并受到重视,也给规划理论创新带来了契机。

对于"政策规划"的概念,有学者认为,"政策规划是以解决公共政策问题为导向,为了实现一定的政策目标和政策价值,由政府或其他政策参与主体所提出的各种行动方案的总和"(陈振明主编,2003:191~192),其遵循的基本原则是"基于实践、问题驱动、政策指向"。在相关的规划体系中,需要把握一个重要的问题,即"谁"是政策规划的行为主体。政策规划也被认为是社会权威站在国家的角度,从客观规律和社会需要出发,对相关的政策问题做出一定的引导,社会权威一般包括思想学术权威和行政权威,但主要是指代表国家利益的政府。这种行为的运作模式遵循"政府—学者—民众"三者之间的良性互动。其中,政府决策行为表现为政策的制定、颁布与实施,学者见解表现为政策理论阐释,民众参与表现为政策实践与反馈(姚亚平,2006:39)。

20世纪60年代以来,政策规划引入了专家论证和公众参与模式,这也被认为是国际上的普遍实践,是各国着力推进的举措。这两种规划路径所遵循的理论基础不同,专家论证所遵循的是从专业知识的角度出发,通过科学的方法证明某项目或规划方案的可行性,最终目的是提高决策的科学性;公众参与则被认为是一个民主的过程,各利益相关者有权对关乎自身的项目或公共事务发表自己的看法,公众的看法应该在相关决策中得到体现和尊重。然而,在现实中,专家论证和公众参与并不一定完全相互兼容,前者往往会因为阻碍了公众在项目规划过程中的参与而受到质疑。因此，有学者从政策科学的角度研究了政策规划过程中专家论证和公众参与的关系，旨在从理论上突破专家论证带来的规划困境，进而有机整合公众参与和专家论证，实现规划过程的民主性和科学性（郑石明，2007：58）。

一 政府决策层面的外语教育政策规划

一般来说，政府决策层面的政策研究多以问题为导向，主要关心通过什么手段解决实际问题。其决策的主要特征为以权宜之计为主，科学理性为辅。对决策者或者政府官员来说，首先要考虑的是能否解决具体问题。

从政府决策层面来看中国近代的外语教育规划问题，其历史悠久，最早可以追溯到由清政府所创办的京师同文馆。但作为一门专业来看，外语教学应该是新中国成立以后的事（付克，1986：6）。新中国成立之初的外语教育"一边倒"政策致使全国上下掀起了学俄语的热潮，直到1958年英语教育才进入"复兴"时期。"文革"期间，教育事业遭遇重创。党的十一届三中全会成功召开后，高考制度得以恢复，教育事业开始复苏，我国的社会主义建设事业开始步入一条健康发展的道路，外语课程的地位也逐步恢复和巩固。这一时期的外语教育政策规划更多地体现了国家层面的意志和要求，带有一定的政治色彩，如特殊时期本国外语人才的培养和在对外合作与交流方面的外语需要。

近年来，随着"一带一路"倡议的实施推进及全球化趋势日益增强，越来越多的跨文化交流项目被提上了议事日程，中国文化输出成为极为重要的时代课题。我国在"一带一路"沿线国家和地区建立更多的孔子学院，在传播中国声音、贡献中国智慧的同时，以文化交流为契机，充分了解各国的文化背景与历史渊源，用社会人文魅力找到共同的文化诉求点（潘文荣、刘英，2019：138），制定和实施正确的国家文化外交战略，弘扬中华民族优秀文化。

在政策规划方面，邹为诚（2011：26）指出，在最近十年里我国外语教学研究逐渐倾向于关注外语教育政策规划，如许多高校相继成立语言政策或者外语教育政策相关的机构或部门，不少高校外语教师纷纷开展有关研究并发表相关的研究成果。专门的研究机构和学科建设部门有以下这些。南开大学首先设立了语言规划专业的博士研究生招生方向（2006），之后上海外国语大学、北京外国语大学和北京语言大学也相继设立了语言规划方向的博士点。上海外国语大学成立了中国外语战略研究中心（2007），南京大学成立了中国语言战略研究中心（2007），北京语言大学成立了中国语言政策与标准研究所（2013），北京外国语大学成立了国家语言能力发展研究中心（2014），同济大学成立了国家对外话语体系研究中心（2017）；此外，商务印书馆成立了中国语言资源开发应用中心（2008），上海市教育科学研究院成立了国家语言文字政策研究中心（2013）。这些新举措并不是偶然出现的，而是我国的外语教育事业发展到一定阶段的必然结果，这也充分体现了政府决策视角下的外语教育政策规划思路和策略。

此外，国家安全及利益驱动下的外语教育政策规划也体现了政府决策的地位。国家安全及利益是美国等西方国家长期追求的发展战略。以美国为例，为缓解国内外语人才紧缺问题及维护国家安全，政府制定了"关键语言"（Critical Languages）战略。"关键语言"是指经过政府认可，对国家安全及经济发展和全球竞争力等方面都至关重要的语言。这些语言在一国国内的学习者数量较少，通常需要优先支持并具有一定的战略意义（李艳红，2015：7）。20世纪中期美国就开始重视"关键语言"教育，最典型的政策就是制定了国家"关键语言"列表，通过各种措施提高国家语言能力。2009～2015年，美国教育部公布的"关键语言"就达78种，使用这些语言的国家和地区分布在中东、非洲及南亚、东亚等七个地区。按其关键程度可分为五个级别（见表2-1），与美国的全球利益及国家安全密切相关（Wiley & Glow，2010：99）。

表 2 - 1 美国 "关键语言" 一览

级别	语种
第一级	阿拉伯语、汉语普通话、波斯语、韩语、俄语、乌尔都语
第二级	孟加拉语、汉语粤方言、达里语、日语、哈萨克语等
第三级	阿塞拜疆语、印度尼西亚语、斯瓦希里语、乌兹别克语
第四级	豪萨语、马来语、他加禄语、泰语、越南语、约鲁巴语
第五级	其他 50 余种语言

资料来源: Wiley & Glow, 2010: 99。

一般来说，战略规划往往具有清晰的愿景、明确的目标和措施，并拥有一定时间跨度。美国 "关键语言" 战略规划的体系结构大致是这样的：根据国家的战略思想，政府进行相关的战略规划，其内容要体现国家的战略思想，如哪些语言是亟须发展的；在战略规划的指引下政府会出台一系列政策法规及项目集群，项目集群的规划也体现政策法规及战略规划的基本思想和理念（见图 2 - 1）。

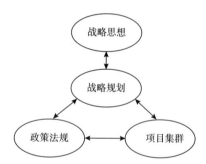

图 2 - 1 美国 "关键语言" 战略规划体系架构
资料来源：刘美兰，2014：131。

按照这个体系架构，美国先后出台或制定了一系列政策法规，如《国防教育法》《国家安全教育法》《国家安全教育计划》等，还有一系列项目集群，如富布赖特 - 海斯项目集群、国家安全教育项目集群及国家安全语言计划项目集群等，具体教育政策及法案项目集群详见表 2 - 2、表 2 - 3。

表 2－2　美国"关键语言"教育政策及法案一览

时间	教育政策及法案	特点
1950 年	美国国家安全的目标和计划	确立"遏制战略"
1958 年	国防教育法 National Defense Education Act	第一次将外语教育与数学、科学教育等置于同等地位，标志着外语教育政策的制定上升到国家层面
1965 年	高等教育法 Higher Education Act	进一步强调外语教育的重要性，从微观角度规划外语教育的资金来源，外语教育政策上升到国家层面
1968 年	双语教育法 Bilingual Education Act	废止了各州有悖于外语教育的一系列法律，重申了外语的学科地位
1976 年	教育修正案	以国家安全和国家利益为诉求
1979 年	教育部组织法	规定教育部的各项职能，鼓励进行外国语言文化教育
1983 年	国运危机：教育改革势在必行	用外语武装头脑为国家利益和个人发展服务
1983 年	关键性需求：国际教育	指明外语和国际教育、国家安全的关系
1984 年	经济安全教育法	了解苏联和东欧国家，为冷战胜利服务
1988 年	外语援助计划（1988）	为美国中小学设立外语教学项目提供资金援助
1991 年	国家安全教育法 National Security Education Act	通过建立国家安全教育项目和国家安全教育董事会的方式引导美国人民理解外语和外国文化
1991 年	国家安全教育计划 National Security Education Program	培养国民对外国语言文化的理解能力，以提高美国的经济竞争力，加强国际合作，确保国家安全
1994 年	2000 年目标：美国教育法案 Goals 2000：Educate America Act	明确将"外语"作为一种战略资源列入中学的核心课程
1996 年	外语学习标准：为 21 世纪做准备 Foreign Language Learning Standards：Preparing for the 21st Century	5C：交流（communication）、文化（culture）、联结（connection）、比较（comparison）和社区（communities）
2003 年	国家安全语言法 National Security Language Act	保证美国有足够的语言能力来保卫国家的安全
2004 年	情报授权法案	授权国防秘书和国家情报负责人通过执行一些项目来增强在"关键语言"方面的熟练技能
2005 年	国家外语能力行动倡议	学习国家需要的"关键语言"，提高国家外语能力，确保美国在全球化竞争中的领导地位

续表

时间	教育政策及法案	特点
2005 年	国防语言改革路线图 *Defense Language Transforma-tion Road Map*	对改进美国国防部外语能力以应对反恐等非常规战争提出了较为全面详细的规划
2006 年	国家安全语言计划	将"关键语言"战略上升到国家战略的层面
2011 年	国防部语言技能、区域知识、文化能力战略规划（2011~2016）	聚焦于制度、标准和机制的建设，具有全局性和战略性的统领特征，形成合力，共同发挥作用
2011 年	语言和文化：变化着的视角	赋予语言、区域和文化技能价值并将其确定为核心能力

资料来源：曾敏，2015；刘美兰，2014：134~151；李艳红，2015；张治国，2009。

表 2-3 美国"关键语言"教育战略相关的项目集群

时间	项目集群	子项目
1958 年	富布赖特-海斯项目集群	富布赖特计划（Fulbright Program）
		富布赖特法案（Fulbright Act）
		富布赖特访问专家项目（Fulbright Visiting Specialist Program）
		富布赖特-海斯法案（Fulbright-Hays Act）
1991 年	国家安全教育项目集群	戴维保仁奖学金
		戴维保仁助学金
		家族语传承者的英语教育项目
		国家语言服务军团
		全球官员项目（Project Global Officers）
		非洲语言计划试点
		旗舰试点项目/后备役军官训练团倡议行动（Pilot Flagship/ROTC Initiative）
		语言训练中心
2006 年	国家安全语言计划项目集群	外语资助项目（The Foreign Language Assistance Program）
		通过外语合作教育活动推进美国发展（Advancing America Through Foreign Language partnerships）
		语言教师军团（Language Teacher Corps）
		移动学习的语言空间站（E-learning Language Clearinghouse）
		教师与教师间的合作（Teacher-to-Teacher Initiative）

续表

时间	项目集群	子项目	
2006 年	国家安全语言计划项目集群	国家安全语言计划中国务院的"关键语言"项目集群	富布赖特学生提升项目（Fulbright Student Program Enhancement）
			"关键语言"提高奖励（The Critical Language Enhancement Award）
			暑期语言强化培训学院
			吉尔曼国际奖学金项目
			富布赖特外语教学辅助基金
			教师交换项目
			青年学生交流项目
			夏季语言学院
		国家安全语言计划中情报机构的"关键语言"项目集群	星谈计划——一个新的全国暑期语言教育示范点
			"关键语言"奖学金计划
			斯杜克斯教育奖学金项目
			帕特·罗伯茨情报学者项目

资料来源：刘美兰，2014：158~171。

刘美兰（2014：52~62）系统回顾了美国"关键语言"战略的发展历程，认为其历经三次重大调整，主要包括三个阶段。

第一阶段：以争霸世界为主要导向的"关键语言"教育战略（20世纪50~70年代）。这一阶段主要是美国和苏联争霸。为了满足国家安全的需求，美国的"关键语言"教育以俄语为主，兼顾亚、非、拉国家和地区的语言，其教育内容除了语言之外，还包括这些国家和地区的历史、政治和文化风俗等。

第二阶段：以发展经济为主要驱动的"关键语言"教育战略（20世纪70~90年代）。为了提高国际经济竞争力，这一阶段的美国"关键语言"战略重点是对以日语、韩语和汉语为主的东亚国家语言的学习，强调外语教育在促进国家经济贸易发展方面的价值，将外语教育与商学、经济学等课程紧密联系在一起。

第三阶段：以打击恐怖主义和压制新兴国家崛起为主要目标的"关键语言"教育战略（20世纪90年代至今）。随着全球化趋势不断增强，各类恐怖袭击事件接连爆发，美国极度关注其国家安全，以及其外交利益和经济发展在全球化时代所遭遇的新挑战，更加注重对各类外语人才的培养。其"关键语言"教育既重视语言教育本身，又涉及"关键语言"地区的政治、经济及文化等所有领域知识的教育。

除此之外，文化输出战略也是西方国家政策规划的一大亮点。近年来，国际舞台上的竞争日趋激烈，各种文化对国际关系格局带来了巨大影响，许多国家都试图以本国的文化观念来影响国际关系格局和走向（王荣英，2008：79）。在冷战思维的影响下，美国主要通过文化输出战略来加强思想灌输和观念移植，主要表现在人才、产品和媒体三个方面。

首先，利用文化强势，争夺国外人才资源，网罗高素质人才为己所用。在世界各地尤其是发展中国家的有关机构培育精英，为其自身发展和战略目标服务。其次，在产品方面的文化渗透也非常明显。高科技的使用使美国的文化产品如电影、电视、广播及互联网产品等具有极强的吸引力、渗透力和竞争力，美国通过优越的条件和先进的手段不断提高文化产品的市场占有率。将商品输出与文化输出相结合，其中的意识形态也随之大量传播蔓延，对相关国家民众的价值观念产生了一定的影响。最后，在媒体方面，主要是通过遍布世界的新闻传播网络来构建话语强权，将这套话语体系渗透到世界上许多国家和地区，以舆论、信息控制等方式进行强势文化渗透。如《华盛顿邮报》《时代周刊》等报刊已成为各国有关政府部门及学术界的征订刊物，"美国之音"广播电台使用50多种语言播音等。

二 专家论证层面的外语教育政策规划

如前所述，政策规划所秉持的基本原则是"基于实践、问题驱动、政策指向"。专家论证所遵循的理论基础是从专业知识的角度出发，通过科学的方法证明某项目或规划方案的可行性，最终目的是提高决策的科学性。这种模式有时也被称为学术性政策研究（Academic Policy Study），主要是采用科学的方法解释政策的基本内涵以及政策制定、执行及评价的过程，旨在帮助人们对某项公共政策的实质和表达形式有较为深刻的了解，并最终创造共识。政策分析专家具有政策规划方面的理论知识，清楚政策方案的设计过程，应充分发挥这个咨询群体的建设性作用。韩宝成、常海潮（2011：39）对比研究了国内外若干项课程标准/语言能力量表，从研制背景、理论框架、表述形式和研制方法等四个维度界定了语言能力，属于典型的专家论证型政策规划研究。

从国家战略发展需要的外语教育政策规划出发，有不少专家提出了相关建议。

李宇明（2010：4～7）指出，中国虽然是外语学习人口大国，却是外语资源利用穷国。全世界共有6000多种语言，而较为全面地介绍到我国的语言只有百余种，目前高校能够开设的外语课程也只有五六十种，国家能用的外语并不多，而经常使用的则更少，只有十来种，这与当前我国文化"走出去"的战略极不相称，许多非通用语种人才对于国家发展和国家安全十分重要，然而却非常稀缺。世界上许多有价值的文献未能及时翻译进来，中华文献的外译更是薄弱，在数量和质量上都不尽如人意。当前，中国正从"本土型国家"逐步过渡到"国际型国家"，在外语教育方面也提出了许多新的要求，这种趋势必将促进我国的外语教育事业进入新的发展阶段。从国家战略层面规划外语教育，应注意了解外语方面的国情、非通用语种的规划、公共服务领域的外语问题、社区外语服务、特殊领域的外语问题及公民外语素养问题。

赵蓉晖（2014：6）从四个层面阐述了外语规划的体系，包括地位规划、功能规划、习得规划和翻译规划等，提出了每个层面需要解决的基本问题。沈骑（2017b：13～18）认为全球化时代的外语教育规划需要全面考虑国家、社会、组织机构乃至个人外语生活等多个层面，应做好战略规划、外语调查、规划报告、政策制定、政策实施及规划评估等。王雪梅（2017：30～36）就中国外语学科发展规划内涵、规划的原则及规划的关键问题展开研究，对外语学科布局、人才培养、科学研究、师资问题、社会服务问题等提出了富有建设性的建议。此外，其他研究也从不同侧面就中国的外语教育规划提出了建议（束定芳，2013；蔡基刚，2014；谢倩，2013；曹迪，2012；王克非，2011；张治国，2017；安丰存、赵磊，2017）。

戴曼纯（2012：586）系统回顾了20世纪50年代以来美国的外语教育政策，认为美国的教育政策及立法提案均以"国家安全高于一切"为主题，越来越重视外语教育。最近十年时间推出的外语政策数量之多、力度之大，突出体现了提高国民外语能力的紧迫性和必要性。朱晔（2016：41）从"一带一路"视角分析了中亚五国独立后的语言政策，认为这些国家独立后的语言政策主要具有以下两个方面的特点：政治色彩浓厚，深刻影响着各自的社会、经济及文化发展状况，也真实反映并影响了各国与俄罗斯的关系；从整体上来看各国的语言规划忽视了国家发展的实际与需要，语言本体规划和习得规划严重滞后于地位规划，相关语言政策的制定与实施缺乏统筹规划与安排。据此，为提升我国与中亚五国的合作力度，需要做好我国高校中亚语种外语人才和复合型人才的培养工作，保障"一带一路"建设在中亚地区的顺利实施。

张蔚磊（2014：90）研究了21世纪初美国的外语教育政策，认为美国高校在"9·11"事件之前并不重视外语教育，以英语为母语的大学生外语学习的热情并不高，外语教学始终处于不温不火的状态。"9·11"事件使政府及社会各界逐渐意识到外语人才储备不足将成为国家安全的巨大威胁。之后，美国便出台了一系列事关国家安全的外语教育政策及法案，美国国家语言战略重心发生了重大转移（舒莉、孙渝红、高晓莹等，2012）。

文秋芳（2014：11）研究了俄罗斯及法国的外语教育政策。她认为，俄罗斯遵循语言多元化的原则，其多语种的外语教学内容可以分为两类：一类以主要欧洲国家的语言为主，另一类以与俄罗斯地理位置相近国家的语言为主。在莫斯科的中小学开设的外语语种就多达31种（李迎迎，2014：12）。俄罗斯的外语教学模式可分为四类：常规外语教学、专业倾向性外语教学、深入外语教学及特长外语教学（见表2-4）。

表 2 - 4 　俄罗斯四种外语教学模式

层次序列		模式名称	特点	班级大小
低	1	常规外语教学	针对高中不分科的一般通才学校，须符合国家规定的基本标准	超过25人，须分为两个小班教学
	2	专业倾向性外语教学	针对高中设有专业方向的普通学校。学生根据自身水平选择相应的级别，有基础级和提高级，内容与各专业倾向紧密相关	
高	3	深入外语教学	针对介于专业倾向性外语教学与特长外语教学水平之间的学校	分两个小班授课，每班7～8人不等
	4	特长外语教学	针对外语英才学校，需要深入学习两门外语及选修第三外语，部分课程用外语讲授	分为2～3个小班，每班5～7人不等

资料来源：李迎迎，2014：11～12。

法国的外语教育语种多样，要求高并且强调外语口头表达能力。俄罗斯的外语教育语种增加迅速，外语教学模式及语种组合方式灵活多样。相比而言，我国中小学目前开设的外语语种极其单一，外语学习缺乏一个统一标准，在对外语学习的要求方面灵活性稍显欠缺。上述两国的外语教育政策对我国中小学外语教育政策的制定具有一定的借鉴和参考价值。

沈骑（2011a：76）指出，在价值取向方面我国的外语教育政策与欧美国家存在较大差异，这种差异主要源于全球化的语境。全球化对我国的外语教育政策规划提出了严峻挑战，我国应当正确认识和处理全球化与本土化、外语教育与民族文化认同的关系。从这个意义上说，我国的外语教育政策需体现自身的价值观，是价值负载的。此外，还有研究关注新加坡、菲律宾、德国、芬兰、韩国等国的外语教育政策及其对我国的启示（郝洪梅，2004；邹长虹，2014；李娅玲，2011；张建伟，2016；夏璐，2016；郑新民、杨春红，2015；戴曼纯，2015；杨艳、肖云南、杨彩梅，2013；王进军，2011；王宏武，2008；等等）。总体来看，外语教育在维护国家安全和增强本民族文化认同方面都有重要的地位和作用。

除宏观的外语教育政策规划之外，有学者还关注了信息化背景下的外语教育政策规划问题。信息技术的发展为基础教育及高等教育提供了很多新的机会，网络教育快速、便捷，克服了距离和基础设施不足所造成的障碍，使不同地区的不同学生在同一时间接受平等教育并学习相同的知识成为可能。

信息化时代的外语教育，离不开信息技术的支撑和整合。李晨、陈美华（2015：79～80）从新技术环境方面对中国外语教育政策提出了建议，认为中国的外语教育政策要服务于国家的发展战略，要具有大数据思维。还有学者认为，现在的中国外语教育应该着力培养的是学习者在语言技能基础上进一步发展的学习策略和自我学习能力，思辨能力，沟通能力，合作能力，跨文化交际能力，解决问题能力，使用信息、媒体与技术的能力（赵雯、王海啸、余渭深，2014）。

方秀才、陈坚林（2018）从中国高校外语教育信息化现状出发，研究发现外语教育信息化程度因高校类别和所在区域不同而存在显著差异，绝大多数教师对高校信息化现状和预期评价积极，文章最后在硬件、培训和体制上提供了完善建议。胡加圣、陈坚林（2013）通过深入调研分析，认为基于信息技术的外语教学模式已逐渐发展成为我国高等外语教育全新的教学范式。基于科学史学者库恩"科学革命"的衡量标准，该范式被认为是外语教育技术学学科成立的基本前提。外语教育技术学具有自身基本的学科构成要素，包括理论体系、研究方法、研究对象和研究内容等；其实践支撑包括专业设置、课程建设、人才培养、研究成果、相关学术研究期刊、学术会议以及学术组织等。从理论到实践都鲜明体现了学科形成和发展的基本规律，学科雏形已基本形成。戴朝晖（2015）以慕课理念为依托，阐述了信息技术与外语课程的进一步深度融合。此外，其他相关研究也从信息技术与外语课程的整合角度进行了分析和讨论（冯瑗，2014；邵红万、陈新仁，2012；胡加圣、冯青来、李艳，2010；王莉梅、王振福、何高大，2008）。

信息化时代的外语教育在一定程度上促进了教育公平，尤其是对于民族地区的学生来说更是如此。有学者认为民族地区的外语教育政策也应该体现多元文化特征。英语是当前我国民族地区基础教育阶段所开设的主要外语，蕴含着不同的文化形式和多元的文化内容。苏岚（2017）认为，我国的外语教育既要认可目的语国家的文化，更要认同我国汉民族文化和少数民族文化。在课程选择方面，少数民族学生在理解、认可外语文化和汉语文化的同时，要学会通过外语来表达和传递自己民族的文化。著名学者辜鸿铭、林语堂、胡适、陈寅恪等的中国文化根底非常深厚，同时还能用外语表达、传递中国文化，成为外语教育中多元文化认同的楷模。

严兆府（2013：114）通过实证研究调查了新疆高校少数民族学生对外语教育的态度，认为少数民族学生大多能够客观认识外语教育，对外语学习表现出了积极的兴趣和愿望，但在现实和理想之间存在一定的差距。即便认识到了外语学习的重要性，在行为倾向上还是会受到一些功利因素的影响。

杨玉（2012：142）认为，语言生存的环境与其所依托的文化环境息息相关，英语在全球化过程中对中国文化尤其是少数民族文化造成了极大威胁，对语言生态平衡造成了一定影响。为此，民族地区的外语教育应以加强学生文化认同为目标，从教师、教材及外语教育政策规划方面进行改革来抵制文化帝国主义，从而构建和谐语言生态。

　　此外还有不少学者针对外语课程标准展开研究，取得了丰硕的研究成果，极大地丰富了专家论证视角下教育政策规划研究。如前所述，新中国成立至今，我国的中小学外语课程进行过多次改革或调整，制定了若干外语教学大纲，旨在解决中小学外语教学中存在的有关问题（钟启泉，2004：179）。尤其是改革开放以来，我国先后颁布了十多个英语教学大纲和两个课程标准。由于教学大纲在英语教学中具有重要地位，关于这方面的研究就显得尤为重要。邹为诚（2015）根据文化类型比较了包括中国在内的六个国家基础教育英语课程体系，认为这六个国家的政策所规定的目标要求和学习者实际上所承担的学习负荷完全不同，其根本原因在于六国的"英语泡沫"程度不同和教师的职业自主性存在差异。世界各国的英语课程虽然相似点很多，但其背后的文化和历史传统差异还是比较明显的，需要理性地学习他国的经验。表2-5是有关基础教育阶段英语教学大纲/课程标准研究的部分代表性文献。

表2-5　基础教育阶段英语教学大纲/课程标准研究代表性文献（部分）

作者	论文题目	刊物	时间
刘道义	学习《全日制高级中学英语教学大纲》的体会	课程·教材·教法	1994年
杨倩	关于农村中学英语教学大纲制定及配套教材的编写问题	陕西师范大学学报（哲学社会科学版）	1999年
朱勇弟、佟文柱	初中英语教学修订大纲新意简评	教育实践与研究	2000年
周维友、孟繁宇	浅谈初中英语教学新大纲的实质精神	教育实践与研究	2000年
史国强、王宁	新《大纲》与英语教学中的文化因素	外语与外语教学	2001年
宋仲元	再谈修订版初中英语教学大纲的新特点	教育实践与研究	2001年
刘润清	关于英语教学大纲改革——从分离式教学大纲到统一的课程标准	外语教学与研究	2002年
高凤江	普通高中英语课程标准理念下的外语教学策略	国外外语教学	2005年

续表

作者	论文题目	刊物	时间
尹世寅	《普通高中英语课程标准》的构建特点和实施原则	四川师范大学学报（社会科学版）	2006 年
庞秀成、王俊锋	基础教育英语教学大纲指导思想的演进和发展	长春大学学报	2007 年
张玉双	基础教育英语教学大纲制订及修改的科学程序	长春大学学报	2007 年
邹为诚	《普通高中英语课程标准（实验）》评估研究的理论和方法	课程·教材·教法	2013 年
陈芳	教育评估中的情境效应分析——以高中英语课程标准评估为例	全球教育展望	2015 年

付克（1986），李良佑、张日昇、刘犁（1988）详细分析了我国外语教育的历史进程，为之后我国的外语教学研究提供了重要的历史资料和参考依据。张正东（1987）、章兼中（1992）和黄国营（1997）从教育学的视角出发研究了英语教学模式和教学过程，揭示了英语教学的性质与规律。此外，桂诗春（1992），贾冠杰（1996），李庆安、李洪玉、辛自强（2001）等又从心理学的视角对英语课程与教学的本质、原理等进行了深入的研究。许多学者从介绍、引进国外外语教学方法到将其本土化，再到自主创建方法等都付出了辛勤的劳动，也取得了丰硕的成果。比较有代表性的著作如表 2-6 所示。

表 2-6 外语教学方法、策略、管理等代表性著作一览（部分）

作者	著作名称	出版社	时间
李庭芗（主编）	英语教学法	高等教育出版社	1983 年
章兼中、王武军、俞约法（编著）	国外外语教学法主要流派	华东师范大学出版社	1983 年
胡文仲	英语的教与学	外语教学与研究出版社	1989 年
王才仁	英语教学交际论	广西教育出版社	1996 年
文秋芳	英语学习策略论	上海外语教育出版社	1996 年
束定芳、庄智象	现代外语教学——理论、实践与方法	上海外语教育出版社	1996 年

续表

作者	著作名称	出版社	时间
张正东	中国外语教学法理论与流派	科学出版社	2000 年
夏纪梅	现代外语课程设计理论与实践	上海外语教育出版社	2003 年
束定芳	外语教学改革问题与对策	上海外语教育出版社	2004 年
陈坚林	现代英语教学——组织与管理	上海外语教育出版社	2000 年
陈坚林	现代外语教学研究——理论与方法	上海外语教育出版社	2004 年
陈坚林	计算机网络与外语课程的整合——一项基于大学英语教学改革的研究	上海外语教育出版社	2010 年
陈坚林（主编）	信息技术与外语教学研究——理论构建与实践探索	上海外语教育出版社	2011 年

从这些著作可以发现，英语课程变革不仅反映了英语教学对学生语言知识方面的要求，还体现了新时期英语课程对学生综合语言运用能力、跨文化交际能力及全面发展方面的更高要求（易斌，2010）。

从新一轮基础教育课程改革项目启动至今，许多学者积极进行新课程改革的针对性研究。先后有钟启泉、邹为诚等基础教育课程改革方面的专家，以与课程实施者对话的视角，对课程改革的背景、动因、目标，课程理念及教师面临的具体问题与挑战等进行了深刻的解读。表2-7是20年来有关基础英语教学大纲/课程标准研究的代表性著作。

表 2-7 基础英语教学大纲/课程标准研究代表性著作

作者	著作名称	出版社	时间
钟启泉、崔允漷、张华（主编）	为了中华民族的复兴 为了每位学生的发展：《基础教育课程改革纲要（试行）》解读	华东师范大学出版社	2001 年
朱慕菊（主编）	走进新课程——与课程实施者对话	北京师范大学出版社	2002 年
陈琳等（主编）	全日制义务教育英语课程标准解读（实验稿）	北京师范大学出版社	2002 年
金莺、宋桂月（主编）	高中英语课程标准教师读本	华中师范大学出版社	2003 年
王松美（主编）	课程标准与教学大纲对比研究·英语	东北师范大学出版社	2003 年
邹为诚	英语课程标准研究与教材分析	高等教育出版社	2017 年

　　对于民族地区的外语教育来说，有学者认为应该根据民族地区的特殊环境在外语语种的规划方面做出调整。曾丽（2011）分析了少数民族学生从第一语言、第二语言到第三语言的学习中元语言意识发展态势，认为其发展不仅与第一语言、第二语言的水平状况及语言类型有关，还会受到年龄因素的影响，建议在民族地区开设与当地民族语言类型相近的区域性外语语种，并有针对性地制定民族地区外语教育政策，开展民族地区外语教师的培训工作。原一川、钟维、吴建西等（2013）采取问卷调查方法对云南省跨境民族学生三语教育态度进行了考察，提出了民族地区包括语种、目标、人口及考试等方面内容的外语教育规划建议。

　　以上研究正是基于新时代背景下充分关注少数民族学生全面发展进步的要求进行的。近年来教育部非常重视发展学生的核心素养，《普通高中英语课程标准（2017年版）》也提出，"实施普通高中英语课程应以德育为魂、能力为重、基础为先、创新为上，注重在发展学生英语语言运用能力过程中，帮助他们学习、理解和鉴赏中外优秀文化，培育中国情怀，坚定文化自信……形成正确的世界观、人生观和价值观"，实现全面发展进步。

　　还有研究认为学生的发展进步离不开教师的教育和指导，应重视民族地区外语教师的教育培训工作。1979年，教育部颁发了《关于加强教师培训工作的意见》，"教师培训"首次出现在官方文件中，表明该项目受到了国家关注和政策支持（王光明、廖晶，2018：4）。民族的希望在教育，教育的希望在教师，教师是影响教育改革成败的关键因素，因此要形成教师教育培训的长效机制。新时代的外语教师需要具备一定的信息技术应用能力。《教育部关于实施全国中小学教师信息技术应用能力提升工程的意见》（2013年版）就明确指出，要建立教师信息技术应用能力标准体系，完善顶层设计，提升教师信息技术方面的应用能力、学科教学能力以及专业自主发展能力（闫寒冰、苗冬玲、单俊豪等，2019：2），由此可见提升教师信息技术应用能力的重要性和必要性。

对于少数民族的外语教育问题，国内外相关研究聚焦语言本体的规划较多，如民族母语对二语（L2）或三语（L3）的影响。国外有关三语习得的研究始于20世纪80年代，是受欧盟所奉行的多元化语言教育政策影响的结果，是在少数民族双语教育研究的基础上发展起来的。三语习得研究中最重要的成果之一就是发现三语学习对于学习者元语言意识的发展具有促进作用，这种优势主要体现在语音、词汇、句法及语用意识方面的能力拓展（Herdina & Jessner，2000；Cenoz，Britta & Ulrike，2001；De Angelis，2007）。"元语言"（Metalanguage）的概念来自现代逻辑学，是指"谈论语言的一种语言"（Matthews，1997：223）和"描写自然语言的语言"（Bussmann，2000）。元语言意识（Metalinguistic Awareness）并不仅仅是指运用语言系统去理解与产出语句，更是反思和运用语言结构特征的能力，是儿童认知发展研究的重要内容，是对语言本身所进行的思考（Baker，2001）。

国外三语教育研究具有这样一个共识，即双语者在学习第三语言时通常学得比单语者要好，在认知方面的优势也更明显（Cenoz & Valencia，1994：195）。也就是说，具有双语背景的少数民族学习者在习得第三语言时较单语者有一定的优势（Cenoz & Genesee，1998；Bild & Swain，1989；Fleckenstein & Möller，et al.，2018）。Odlin（2001）通过研究语际迁移，发现源语言对L2和L3习得有显著影响；同时L2习得也会影响L3习得。如果源语言和目的语属于同一语系，那么语言习得过程中的词汇迁移表现为正迁移，而在语音方面的习得则会受到母语的干扰和影响。Adamson和Feng（2009）研究了中国新疆、广西和四川的少数民族聚居地区的三语教育成效问题，认为民族地区的外语教育应该考虑不同民族学生的个体特征，关注学生的个人发展需求。

　　一些研究者认为，与单语或双语学习者相比，多语种学习者具有第一语言和第二语言方面的知识，以及对不同语言的认知和处理能力，由于他们在如何学习语言方面拥有较为丰富的经验，在掌握两种或两种以上的语言系统过程中新的学习技巧自然会应运而生（Herdina & Jessner，2002）。从语际影响的角度进行考察，需要关注三种语言在学习者的学习过程中是如何相互作用的。在三语习得过程中，第一语言、第二语言都会影响第三语言的习得，在初级阶段产生替代、借用、过度简化等方面的特征更为明显。Feng 和 Adamson（2018）探究了影响少数民族三语教育的语境因素，如民族语言活力、历史、经济、地缘政治以及对三种语言的变化状况进行批判性分析。

　　国内的三语教育是指在民族聚居地区对少数民族中小学生所进行的本民族母语教学、汉语教学以及英语或其他外语语种的教学（盖兴之，2003）。有些研究注重三语教育理论框架的建设，如魏宏君（2005）、张贞爱（2007）、曾丽（2012）。而有些研究则认为，少数民族学生在学习第三种语言时会遇到许多文化和心理上的困难，其认知优势并不明显，如李少伶、周真（2005：34），胡德映（2007：78）等，因此有专家认为应该为少数民族学生制定专门的外语教育政策，如李力（2000：18～19）。洪梅（1996）认为少数民族学生外语教学应采用寓教于乐的教学方法和理念，注重因材施教、循序渐进，激发学生学习外语的兴趣。伊敏（1997）则从国防安全、提升全民素质及经济和文化交流等方面论述了民族地区普及外语教育的必要性。曾立（2002：26）认为，西部大开发战略的实施促进了西部地区的经济繁荣，也带动了民族地区教育事业的发展。提高少数民族同胞的外语水平一方面是经济发展的需要，另一方面也是少数民族同胞自我素质提升发展的需要。刘翃、向晓红（2008：255）认为，应该把西部民族地区的外语教育融进西部大开发的宏大规划之中，将智力资源开发与学生外语语言素质的培养有机结合起来，把少数民族外语教育与本地区人才培养、科学技术的发展和文化的繁荣有机地联系起来。

梅红英（2014）通过问卷调查考察了青海省少数民族大学生的英语学习现状、民族意识及认同感、学习态度和方法途径、英语学习的特点等。尹辉、李葆卫、王孟娟（2017）通过问卷方式对西藏三所高校280多名藏族大学生的英语教育认同情况进行了调查，结果显示这三所高校的大学生对于外语教育的重要性以及外语教育对少数民族地区发展的意义认同度较高。王希（2016）认为，高校的少数民族外语教育民族性特征显著，应将民族特色与外语教育完美融合，进而确保高校少数民族外语教育的可持续发展。还有其他研究从不同角度分析了少数民族高等教育中的问题和对策，如刘雪莲（2005）、刘曼玲（2006）、金力（2009）、董辉（2013）、李侠（2014）等。

此外，也有少量文献关注少数民族基础教育。如赵剑宏（2014）回顾了内蒙古民族地区基础教育阶段的外语教育政策发展历程，认为在经历了起步期、探索期、恢复调整期、试点实验期和发展期几个阶段之后，蒙古族学校的外语教学当前已进入快速发展阶段。外语课程目标在不断提高，测试评价要求也随之提高。姜秋霞、刘全国、李志强（2006）调查了甘肃省的五个少数民族州、县的外语教育状况，指出了民族地区基础外语教育的特殊性和复杂性，如外语师资不足、教师学历偏低及知识结构单一等问题。但教师接受职后继续教育的愿望相当强烈，对继续教育也有多方面需求。此外，还有少量文献研究少数民族地区基础外语教学策略，如韦启卫（2008）、覃乃生（2009）、林新事（2002）等。

从研究区域来看，少数民族外语教育研究多集中在我国的民族八省区。相关研究具体分布见表2-8。从表2-8可以看出，有关贵州地区外语教育的研究文献在数量上比较少，而相对比较多的地区是新疆、青海、四川、云南、广西及宁夏等。当然，本研究所统计的是发表在CSSCI期刊上的文章，不排除在其他等级刊物上对某些地方的研究较多的可能。

表 2-8　少数民族外语教育研究的区域分布

作者	论文名称	区域	发表刊物	时间
韩英	新疆高校少数民族双语生英语教育的双向适应性研究	新疆	新疆师范大学学报（哲学社会科学版）	2012 年
严兆府	新疆高校少数民族外语教育认同研究	新疆	教育评论	2013 年
练丽娟、邓雪琴	三语习得的影响因素及有效生成路径——以新疆少数民族大学生为例	新疆	语言与翻译	2017 年
梁爽	加强少数民族外语教育的现实意义——以青海为例	青海	西南民族大学学报（人文社会科学版）	2010 年
张小华	民族生"三语习得"过程中的干扰因素及对策研究——以青海民族大学藏族学生为例	青海	青海民族研究	2016 年
张贞爱、俞春喜	北方少数民族师生三语教育认同研究——以维吾尔、蒙古、朝鲜、哈萨克族师生为例	北方民族地区	民族教育研究	2012 年
刘翊、向晓红	四川民族地区外语教育现状及发展策略	四川	西南民族大学学报（人文社会科学版）	2008 年
裴邦清	基于三语习得理论的四川少数民族聚居区多语言环境下英语教育现状研究	四川	山东社会科学	2016 年
王静	少数民族地区英语教育的调查与思考——以四川凉山彝区英语教育为例	四川	中南民族大学学报（人文社会科学版）	2016 年
原一川等	云南跨境民族学生三语教育态度实证研究	云南	民族教育研究	2013 年
王艳	高职院校少数民族大学生的三维语言文化认同与二语习得——以云南省 10 所高职院校为例	云南	民族教育研究	2015 年
陈兵	东盟国家语言状况及广西的外语战略研究	广西	外国语（上海外国语大学学报）	2012 年
袁榕	"一带一路"背景下广西高校外语教育规划的理性审视	广西	民族教育研究	2020 年
孙如凤、李海霞	培养复合型外语人才刻不容缓——宁夏外语人才培养使用情况的调查	宁夏	宁夏社会科学	2006 年
孙如凤、季春燕	复合型人才是对外开放的基础支撑——以宁夏实施开放带动战略对复合型外语人才的需求为例	宁夏	福建论坛	2006 年
严峰	贵州省民族地区高校英语教育中跨文化交际能力培养的研究与对策	贵州	贵州民族研究	2017 年
杨旭、刘瑾	贵州民族地区基础教育外语教师教学能力调查研究	贵州	云南师范大学学报（哲学社会科学版）	2020 年

作者	论文名称	区域	发表刊物	时间
塔娜	以教育公平视角审思当前少数民族英语教育中的两大问题——以内蒙古蒙古族学校为例	内蒙古	内蒙古师范大学学报（教育科学版）	2014 年
徐文、郭彧斌	机遇和挑战："一带一路"背景下的西藏高等外语教育	西藏	西藏民族大学学报（哲学社会科学版）	2018 年

综上，专家学者分别从不同的视角对外语教育政策提出了规划建议，如外语教育应服务于国家战略需要，应体现多元文化的时代背景，应关注外语课程改革的成效等。这些建议具有高瞻远瞩的视野和胸怀，大多从"应然"的角度提出了较为宏观的规划建议，而现实中的外语教育实践则面临政策如何落地的问题，若能将政策规划与教育实践活动有机联系起来，真正做到"基于实践"和"问题驱动"，最后再到"政策指向"，无疑会进一步丰富政策规划的实践和理论探究，拓展研究的广度和深度。

三 公众参与层面的外语教育政策规划

如前所述，公众参与的政策规划路径通常被认为是一个民主的过程，各利益相关者有权对关乎自身利益或公共事务的政策表达自己的意愿和看法，并在相关决策中得到体现和尊重。以国家语言政策规划为例，仅仅依靠得力的政府行为和正确的语言规律，没有广泛的社会参与，共同语的形成和通用语的确立就会变得比较困难。一般来说，共同语的形成和通用语的确立本身就意味着最广泛地代表社会各语言集团的利益和要求。如果这些社会语言集团对将要形成的共同语和要确立的通用语不关心、不支持甚至持反对意见，那么这种形成和确立就是一句空话（姚亚平，2006：49）。因此，公众参与型政策规划的基本逻辑是"基于实践、问题驱动、政策指向"，这种范式融合了专家论证与政府决策视角的规划模型，是一种典型的教育政策民族志研究方法，重视社区和课堂教学实践（张天伟、高新宁，2017：21）。

前面曾提及政策规划主体层面的三种基本视角，分别是政府决策、专家论证及公众参与。而现实中有研究表明，在某些政策规划中，专家论证并没有起到提供决策信息的作用，甚至变成了一种摆设，没能为政府决策提供科学合理的规划措施（郑石明，2007：59），从这一点上来说有违引进专家论证的初衷。在决策论证过程中，专家应该作为独立的第三方以专业的眼光和科学的判断为相关规划决策提供参考。但是现实中这种独立性往往很难完全实现，这样的专家论证效果并不理想。因此，在决策的过程中，除政府官员、专家之外，还很有必要再听取更多人的声音，尤其是利益相关者的声音。在那些专业性要求并不是很高的领域，或许公众参与比单纯的专家论证更能够增强决策的科学性。

后实证主义模式下的政策规划，面对专家论证模式暴露出来的"专家信任危机"，有必要深入探讨新的政策规划模式以实现论证过程中的科学性和民主性。一方面需要规避专家对权力的滥用；另一方面需要提高公众的有效参与程度，在决策过程中兼顾科学和民主。因此，公众参与型政策规划模式正是适合此要求的方法论创新（郑石明，2007：59）。

公众参与型政策规划模式被认为是后实证主义政策科学的主要代表，主张在政策过程中建立公众参与和专家论证之间的平衡，构建新的决策者、公众和专家之间的关系。通常情况下是根据一定的原则和方法听取公众对于公共事件的意见和建议，之后将公众的意识、建议及利益诉求等整合进政策研究中，从而做出更合理、合法的决策，旨在使公众重新参与到公共政策过程中，考察自己的利益并做出相应的决定。

由此可见，教育活动中最直接的利益相关者——教师和学生对教育政策的感知和理解最能够体现基层角色参与的特征。这与国际著名语言教育政策研究学者戴维·约翰逊所倡导的自下而上的政策规划路径（Johnson，2013）相契合，为本研究中的样本选择奠定了坚实的基础。

林新事（2002）研究了西部民族地区的中小学外语教育情况，认为应加强外语教师队伍建设，教育行政部门应在制度、经费及设备上保证外语教育研究工作的顺利开展。姜秋霞、刘全国、李志强（2006）对西北民族地区外语基础教育现状进行了调查研究，认为应充分利用教育部农村中小学现代远程教育工程的基础设备和资源条件，开发符合当地文化特色和教育现状的远程教育辅助资源库。曾丽（2011）通过研究少数民族学生三语习得中元语言意识的发展现状，认为应该制定适合民族地区学习者特征的外语教育政策来指导外语课程的开设。周树春（2018）主张将提升文化自信的理念有效贯穿到民族地区的外语教育中。

从上述研究文献来看，大多关注的是教育实践领域的策略探究，从政策学视角关注教师和学生的政策规划参与性的研究比较少见。王革（2018）从"文化回应教学模式"出发探究了民族地区外语教学改革，认为需要结合民族地区中小学外语教学的现状，包括教师、教材、教法及评价机制等来建构富有中国特色的民族地区外语课堂"文化回应教学模式"，这是从中小学教学现状出发对政策规划提出对策建议的少数文献之一。此外，还有学者从治理的视角研究公众参与必要性问题，认为公众参与有利于政府选择治理工具，当前我国公共部门的决策环境日益复杂多元，仅凭借自身的知识与技术很难解决复杂的社会问题，而公众参与可以拓展决策资源渠道，为公共政策规划提供知识和智力支持（李学余，2004；邹乐，2003）。

国外相关研究认为应充分发挥教师作为教育者在教育政策规划中的能动作用。教师能动性被认为是人的主观能动性的一种表现，可以被认为是一种特质（variable），还可以被认为是一种潜能（capacity）或现象（phenomenon）（Priestley，Biesta & Robinson，2016）。能动性本身是具有多元特征的复合体，如果仅仅把能动性理解为一种内在特质，就有可能忽略甚至否定社会文化环境对人的能动性发展所产生的影响。因此，有学者把能动性看作"一种受社会文化影响的潜能，它能做出有目的的且深思熟虑的行动"（Rogers & Wetzel，2013：63）。该定义不仅强调了外部环境对个人能动性的影响，同时还关注到个人与社会之间的互动也会影响个体能动性的发挥。研究结果表明，社会环境不同，教师能动性的表现形式也各有差异（Huang & Benson，2013）。在教学改革过程中，教师的态度通常会从顺从到抵抗再到通过协商来实现和推动改革，因此，有学者认为需要不断提高教师在教学改革中的能动性，只有这样，其职业发展的可持续性才有可能实现（Toom，Pyhältö & Rust，et al.，2015），也才能提高其在相关政策规划中参政议政的意识和能力。Canagarajah（2005：XIV）认为，在语言教育政策和实践中，地方性不应成为主流话语和更有权势群体机构的附属物，而应该是从一个完全不同的视角来重新审视给语言、身份、知识和社会关系定位的学科知识。地方性应该成为建构语境性知识的关键力量，以发展更为多元的话语体系。因此，在政策的规划上应多深入教学一线倾听利益群体的相关诉求，多倾听教师和学生的声音，这样政策才可能很好地落地。

从公众参与的视角来看，教育场域中的教师、学生及相关的行政领导既是外语教育政策的执行者，同时也是外语教育政策制定的参与者。只有在政策规划中发出自己的声音，表达合理诉求，民族地区的外语教育政策规划的适切性与有效性才能得到保障，才能更有效地促进少数民族学生的全面发展，推动民族地区基础外语教育事业的全面进步。

而本研究正是基于这样的理论逻辑，选择基础教育阶段的一线教师和学生为主要调研对象，从公众参与的视角了解贵州基础外语教育政策的内容、过程和价值成效问题，为基础外语教育政策规划提出建议。

第二节 外语教育政策规划：政策规划的理论视角

一 人本主义学习理论

20世纪20年代以来，以马斯洛和罗杰斯等为代表的著名欧美心理学家，为摆脱弗洛伊德精神分析理论的影响，也为了反对机械主义心理学，在接受现代西方哲学理论（如存在主义和现象学等）的同时，将关注的目光投向了东方文化体系（如道家文化），并主动吸收这些思想，在此基础上创立了人本主义心理学（Humanistic Psychology），又称现象学心理学（Phenomenological Psychology），开创了新的心理学研究范式和新领域。自20世纪60年代开始，人本主义心理学家将目光投向了教育领域，他们认为教育过程与教育体制不仅体现了人们的生活方式，还反映了人们在社会变革中所提出的要求。该理论从哲学中吸收营养，其指导下的"以学生为中心"的教育理念和教学模式对世界范围内的教育改革产生了深远影响，成为刺激－反应理论和认知理论之后西方的第三大教育理论（江绍伦，1985：212）。

人本主义学习理论以人本主义心理学为理论基础，主张教育的根本目的在于帮助人达到或实现其最佳状态。传统课堂学习的重心是让学生得到"工业社会所需要的知识"，这有可能使学生失去自主性、独立性和对学习的热情，只对考试分数做出机械的反应（Maslow，1934b：36）。人本主义学习理论反对将人视为机器或者工具，强调对人的潜能的开发和挖掘，倡导"以学生为中心"的全人教育理念，在学习方法上反对单纯灌输和条件反射，在师生关系上主张平等友爱及良性互动（陈明，2018：11），尊重学习者的心理需求，以学习者为中心进行教育，培养健康快乐的人。该理论还主张将学习看作个体因内在的需求而求知的过程，个体既能学到知识或者良好的行为方式，还能培养健全和完善的人格。

国内民族地区的外语教育属于三语教育的范畴，少数民族学生学习外语要经历从母语到汉语再到外语的转换过程，难度可想而知。因此，在民族地区开展外语教育需要关照少数民族学生的特点及个体差异，在政策规划方面要充分考虑地区差异所带来的学生外语学习方面的困难，要充分关注少数民族学生的全面发展进步。要根据《普通高中英语课程标准（2017 年版）》中的要求，培养学生的英语语言运用能力，同时也要帮助学生培育家国情怀，更加坚定文化自信。

二　多元文化理论

2001 年 11 月，联合国教科文组织通过了《世界文化多样性宣言》，指出捍卫文化多样性是人类社会伦理方面的迫切需要，"与尊重人的尊严密不可分"（范俊军编译，2006：100）。在全球化信息化时代，跨文化交流及文化多元化成为主要特征，这一趋势也促使外语教育更多地转为以文化交流为目的。传统的外语教学重视语言本体方面的知识，忽视了语言的工具性及文化负载的价值属性。因此，对于不同母语背景的人之间的相互交流来说，既需要关注语言本体层面，更要涉及文化的交流与分享。多元文化视野下的教育模式主张教师是学生的关怀者、多元文化的理解者、本土知识的传授者以及教学行动的研究者，同时还是多元文化教育环境的创设者（毕向群、王超，2015）。

多元文化教育形成于 20 世纪 60 年代美国的民权运动。发展至今，其教育的理论和实践日趋成熟，已成为世界民族教育的一种潮流（赵俊红，2015：146），主要指从教育中存在的文化多样性出发，基于受教育者各自的文化背景及文化特征所实施的教育模式，其目的主要在于帮助学生逐步形成对自身文化及其他文化的正确理解和认识。这是因为，虽然不同语言文化之间的交流很有必要，但与此同时可能也会为"文化渗透"及"文化入侵"提供一种特殊途径。

从我国的情况来看，有学者指出外语学习者特别是外语专业的学生在接受外国文化方面最具有活力（刘岚，2014：75）。以往的外语教育较多强调学生对目的语文化的适应，而对本族语文化及本国国情的学习却不太重视（孔雁，2014：45），尤其是在文化部分的教学方面很少关涉民族文化元素，教材和教学中的中西文化比重严重失衡。与此同时，这样的教学环境在"批判性"或思辨能力方面的训练也比较欠缺。这种状况导致学生不能用外语正确和充分地表达中国文化而出现"对话失语"，在深层次上也造成了学习者对母语文化的不自信乃至自卑，"削减型双语变化"随即出现，那就是母语及母语文化被目的语及目的语文化所替代（周树春，2018：12）。

相比而言，除了国家安全和国家利益的追求，多元文化发展模式也是许多西方发达国家所秉持的基本战略。以英国为例，为适应经济全球化的发展趋势，培养国民的世界竞争力，英国教育技能部［Department for Education and Skills（UK）］于 2002 年颁发了《语言学习》（*Language Learning*）政策，旨在为通过十年时间（2002～2012）提高英国国民外语素质进行战略规划，全面分析英国外语教育所面临的机遇和挑战后提出了改革的总体目标和设想。同年，全国语言教育指导小组（Languages National Steering Group）由教育技能部策划成立，成员主要包括教育专家、语言学家、教育管理人员以及教师代表等，其主要职责是负责起草《全民的外语：生活的外语——外语教育发展战略》（*Language for All：Language for Life—A Strategy for England*）。作为《语言学习》的具体实施方案，其教育理念和目标就是为学生自由学习外语提供机会，推动多元文化教育及多元文化认同（潘章仙，2010）。

澳大利亚语言政策的制定和实施也体现了多元文化的特征。受联邦政府和整个社会对待语言特别是除英语之外的其他语言（LOTE，Languages Other than English）的态度影响较大（刘汝山，2005），早在

1987 年澳大利亚政府就颁布了《国家语言政策》（*National Policy on Languages*，NPL），旨在确保英语支配地位的同时，积极支持其他语种的语言教学，促进澳大利亚向多元化社会发展。后来又陆续颁布了一系列纲领性文件并成立了相关的语言教育机构（见表 2-9）。通过与亚洲国家在经济、文化等方面的不断交流合作，又制定出台了《国家学校亚洲语言与研究计划》的语言教育政策，资助各州推行亚洲主要语言，如汉语、印度尼西亚语、日语和韩语等，使学生选择学习外语的语种从传统的法语、德语、意大利语等扩展到 20 多种。

1991 年，澳大利亚议会批准通过了《澳大利亚语言和语言权利政策》，确定了 14 种重点语言，如土著语言、意大利语及德语等。该政策规定每个州可以从这 14 种语言中选出 8 种作为自己的重点语言，同时各州还可以根据自己的实际情况制定相应的语言政策。以新南威尔士州为例，该州人口最多，州政府规定所有的初中必须选择 9 种重点语言进行教学（李兴仁、丛铁华，2003）。据 Djite 统计，维多利亚州的各类学校在教授社区语言及土著语言的基础上，又逐渐增加了希腊语、拉脱维亚语及波兰语等外语语种，而当时该州的小学中开设的外语语种就达 27 种之多（英语除外），此外在政府拨款的学校中还有 23 种（刘汝山、刘金侠，2003：58）。表 2-9 是澳大利亚的语言政策及相关教育机构一览，30 年来就有 15 个之多。

表 2-9　澳大利亚语言政策及教育机构一览

时间	语言政策/教育机构
1979 年	澳大利亚多元文化事务所
1981 年	国家语言政策专业联合会（The Professional Language Association for a National Language Policy）
1986 年	亚洲研究委员会
1987 年	国家语言政策（*National Language Policy*）
1987 年	澳大利亚语言与多元文化教育顾问委员会
1989 年	澳大利亚国家语言研究所（National Language Institute of Australia，NLIA）

续表

时间	语言政策/教育机构
1990 年	澳大利亚的语言：20 世纪 90 年代澳大利亚文化和语言政策（讨论稿）
1991 年	澳大利亚的语言：澳大利亚语言与文化政策
1991 年	澳大利亚语言和语言权利政策
1991 年	澳大利亚语言与文化委员会（The Australian Language and Literacy Council）
1992 年	澳大利亚国家学校亚洲语言与研究战略
1992 年	澳大利亚国家语言与文化研究所（National Languages and Literacy Institute of Australia, NLLIA）
1997 年	国家读写能力规划
2001 年	澳大利亚语言联盟（Australian Alliance for Languages）
2009 年	国家学校亚洲语言与研究计划

资料来源：刘汝山，2005。

　　总的来说，澳大利亚《国家语言政策》的指导原则是在确保英语支配地位的同时，积极发展除英语之外的其他语言，为国民提供各项语言服务，包括学习第二语言的机会，其社会目标是倡导平等、经济、丰富和对外。同时，英语被确定为澳大利亚的国语和官方语言，在全国实行全民英语政策，并投资开展语言教育与培训项目的相关研究，建立了澳大利亚语言与多元文化教育顾问委员会。澳大利亚《国家语言政策》具体要点如表 2 - 10 所示。

表 2 - 10　澳大利亚《国家语言政策》要点简述

指导原则	确保英语的绝对主体地位
	积极发展除英语以外的其他语言
	为居民提供各项语言服务
	为居民提供学习第二语言的机会
社会目标	平等（equality）
	经济（economies）
	丰富（enrichment）
	对外（external engagement）
语言地位	确定英语为澳大利亚的国语和官方语言，尊重居民使用除英语之外的其他语言的权利，承认土著语言及克里奥尔语等的特殊地位

续表

语言教育	在全国实行全民英语（English for all）的政策
	实施"全体居民都学习一门除英语之外的其他语言"的政策
	开展双语及双文化教育以支持土著语言，记录或恢复濒危土著语言
	投资开展语言教育与培训项目的研究，建立语言政策顾问委员会

资料来源：刘汝山，2005。

此外，欧盟的外语教育政策也秉持多元文化的特点。欧盟的全称是欧洲联盟，其前身是欧洲共同体，建立于20世纪50年代初，如今已发展成为世界重要的一极。虽然其经济、政治一体化程度极高，但主张将语言多元化看作欧盟的核心价值观，奉行多元化的语言政策，认为其与尊重人权、文化多元、宽容和接纳他者同等重要。欧盟现有成员国27个，区域面积400多万平方公里，经济总量达到了13.3万亿美元。其成员国共4亿9000多万公民来自不同的种族和文化，讲60余种语言（傅荣、王克非，2008）。而2001年欧洲委员会公布的《欧洲语言共同参考框架：学习、教学、评测》（*Common European Framework of Reference for Languages：Learning，Teaching，Assessment*）虽然没有列出应开设外语的语种，但明确要求各成员国实行多元化的语言教育政策。

由表2-11可见，德语、法语、英语、意大利语以及西班牙语的使用总人口比例分别超过或达到了15%，遥遥领先于欧盟其他语言，占据传统的"大语种"地位。根据傅荣、王克非（2008）的研究统计，目前欧盟国家中尚有近44%的人不会讲本国语以外的其他任何语言，但英语非母语人口在欧盟内所占比例达到了38%，其中在瑞典、丹麦和芬兰分别占到了70%、66%和47%，具有绝对的主导地位。德语和法语并列第二，为14%。"大语种"中普及率较低的是意大利语和西班牙语，非母语人口在欧盟内所占比例分别为3%和6%。近年来，欧盟成员国扩增至27个，语言的使用和分布更加复杂多样。尽管其成员国在不断增加，传统"大语种"的地位依然由英语、德语等占据，但其他成员国语言如荷兰语、葡萄牙语等依旧占据较大的比例，其语言格局和分布也较为多样。

表 2 - 11　欧盟 11 种语言的分布状况

单位：%

语言	母语人口在欧盟内所占比例	非母语人口在欧盟内所占比例	使用该语言人口的总比例
德语	18	14	32
法语	12	14	26
英语	13	38	51
意大利语	13	3	16
西班牙语	9	6	15
荷兰语	6	1	7
希腊语	3	0	3
葡萄牙语	3	0	3
瑞典语	2	1	3
丹麦语	1	1	2
芬兰语	1	0	1

资料来源：傅荣、王克非，2008。

　　由此可以看出，国外发达国家的外语教育政策规划主要有以下两个特点：第一，以国家安全和国家利益为基本前提，这方面尤其以美国表现得最为突出；第二，实行多元化的外语教育政策，让学生根据自己的不同背景自主选择相应的外语语种，学校不强制性地教授和要求学生学习哪一种外语。其多元化特点主要体现在外语语种选择多样，开展双语或双文化教育以支持民族语言教育，保护濒危的土著语言。

　　我国的外语教育政策经历了从"单一化"向"多元化"的转变。新中国成立初期，采取"突出俄语教学、淡化英语教学"的政策。此后，国家开始重视俄语之外的其他语种教学，开设亚非拉非通用语专业，并开始在中学阶段开办外国语学校。恢复高考后，英语替代俄语成为第一外语，也是基础教育阶段教学周期最长、教学规模最大、选考人数最多的语种（赵耀，2019：112）。近年来，随着高考外语改革以及外语语种的调整，教育部制定的《义务教育课程方案（2022 年版）》

规定：小学阶段开设英语，起始年级为三年级；有条件的地区和学校可在一至二年级开设，以听、说为主；初中阶段开设外语，可在英语、日语、俄语等语种中任选一种。教育部发布的《普通高中课程方案（2017 年版 2020 年修订）》规定，外语包括英语、日语、俄语、德语、法语、西班牙语，学校自主选择第一外语语种，鼓励学校创造条件开设第二外语。

胡壮麟（2022：6）指出，国家语言政策随着时代和情况的变化而调整，特别是习近平主席提出"构建人类命运共同体"和"一带一路"倡议后，我们不仅要与西方大国保持联系，也要和其他国家特别是共建"一带一路"国家建立良好关系。教育部 2019 年提出的"新文科，大外语"体现了国家外语政策的调整。由此可见，我国基础教育阶段外语语种不断增加，外语教育政策与规划的多元化特点日趋形成。

三　语言政策与规划理论

语言政策与规划（Language Policy and Planning，LPP）作为一个学科，起源于西方学界，始于 20 世纪 50 年代末 60 年代初。LPP 被看作后殖民时期新兴国家进行国家建构（nation-building）的一种手段，关涉到选择何种语言作为国语或官方语言等问题。该学科具有较强的理论性及政策性，是社会语言学与语言社会学交叉研究的一个领域（张天伟，2016；张蔚磊，2017；戴曼纯，2021）。国外该领域具有代表性的学者有豪根（Haugen）、斯波斯基（Spolsky）、克洛斯（Kloss）、库珀（Cooper）、卡普兰（Kaplan）、巴尔道夫（Baldauf）等。

豪根在研究语言规范化问题时首次使用了"语言规划"的概念，将其定义为"一种准备规范的正字法、语法和词典的活动，旨在指导非同质言语社区中的书面语和口头语应用。在语言学知识的实际运用中，我们超越描写语言的范畴，在现有的语言形式中进行选择判断"（Haugen，1959：8）。斯波斯基将语言政策简化为三个要素：语言实践——在不同类别中进行选择以组成其语能库的习惯方式；语言信仰或语言意识形态——关于语言及语言使用的信仰；语言管理——为控制语言选择和语言使用而表现出来的有目的的行为（Spolsky，2004：5）。克洛斯将构成语言政策的有意识和有组织的干预行为分为两类：地位规划（status planning）和本体规划（corpus planning）。地位规划解决的是语言在社会中的作用问题，一般按不同的使用域（如政府和教育）来给语言分配不同角色。而本体规划是社区对语言形式所做的规划，包括文字化（graphization）、标准化（standardization）、现代化（modernization）及创新化（renovation），要解决的是语言形式或编典标准问题（Kloss，1969）。库珀提出了"语言习得规划"（Language acquisition planning）的概念，认为语言规划作为对语言和人以及社会之间关系的规划，必须关注人类语言习得和教育活动，而语言教育是语言规划活动中一个不可忽视的目标和焦点。在系统梳理并分析十二个关于语言规划的定义之后，他提出了第十三个定义，认为语言规划是"旨在通过语言符号的习得、结构和功能分配影响他人行为的一种长期细致的努力和追求"（Cooper，1989：35）。这一概念明确将语言教学包括二语和外语教学活动纳入语言规划之中，由此打通了语言教学与语言规划之间的学术壁垒，语言教育规划也因此成为语言规划研究与语言教育实践的重要衔接点（沈骑，2017b：13）。

中国的语言政策与规划实践，最早可以追溯到秦代的"书同文"。这是人类历史上第一次大规模的语言规划活动。近代清末洋务运动时期的京师同文馆、现代五四时期的白话文运动，以及新中国成立后的普通话推广、汉字简化等，是我国较早的真正意义上的语言规划活动。然而，作为一个专门学科，我国的语言政策与规划研究则出现得相对较晚（李英姿，2016），相关的系统研究是从编辑出版论文集开始的。2001年语文出版社首先出版了由周庆生主编的《国外语言政策与语言规划进程》。该著作汇集了各大洲一些主要国家的语言规划和语言政策相关研究论文和文献，对学界了解国外语言规划和语言政策起到了开创性作用。之后，由周玉忠、王辉主编的《语言规划与语言政策：理论与国别研究》由中国社会科学出版社于 2004 年出版。该论文集对世界一些主要国家所进行的语言规划进行了具体细致的介绍和分析，对其语言政策的得失也进行了恰当的评价，有助于进一步了解我国语言规划和语言政策研究的历史以及未来的发展方向。2005 年，商务印书馆编辑出版了陈章太的个人论文集《语言规划研究》。该论文集是陈章太语言规划研究的心血和结晶，也是第一部专门研究语言规划的著作，对国内语言规划研究起到了极其重要的引领作用。在此之后，商务印书馆编辑出版了李宇明编撰的系列语言规划研究著作，如《中国语言规划论》(2010)、《中国语言规划续论》(2010)、《中国语言规划三论》(2015)、《家庭语言规划研究》(2022) 等。此外，还有一系列语言规划研究著作相继出版，如王辉的《澳大利亚语言政策研究》(中国社会科学出版社，2010)、张治国的《中美语言教育政策比较研究——以全球化时代为背景》(北京大学出版社，2012)、詹姆斯·托尔夫森编的《语言教育政策：关键问题》(第二版) (俞玮奇译，张治国审订，外语教学与研究出版社，2014)、周庆生的《论语言政策规划》(中国社会科学出版社，2021)、李艳红的《美国关键语言教育政策与战略规划》(中国人民大学出版社，2022) 等。可以说，在老、中、青几代语言学学者的努力下，我国语言规划研究从无到有、从少到多，呈现较好的发展态势 (王福美，2014；洪爱英、张绪忠，2016)。

上述相关研究对语言政策与规划的界定各有侧重，总的来说，在强调政府权威性和决策主体性的同时，有学者也倡导公众参与教育政策制定及规划，主张发挥各层面利益相关者的能动性 (邹慧明，2020；吕鹏、付森，2021；刘复兴、邢海燕，2021；McCarty，2011；Schiffman，1998；Spolsky，2004)。教育事业是一项兼具公益性和私利性的特殊社会活动，其公益性决定了改革必须依靠政府的统筹与协调，唯有如此，才能高效地平衡各方的利益，最大限度地保障多数人特别是弱势群体的教育权益。同时，教育事业也是一项关乎每一个人切身利益的私利性活动，公众的支持是教育改革顺利推进的必要条件。因此，公众参与教育改革既离不开政府的有序引导及合理规划，也需要公众自身的自觉自为，教育改革必须在公众参与和政府回应互动之间寻求一种更好的平衡。教育政策作为实现教育公平的手段和途径，决定教育领域的未来走向和价值追求，已逐渐成为推动国家教育事业发展的重要治理工具，其制定和实施不仅受到国家和政府的高度重视，也越来越引发广大公众的关注。公众作为教育改革外部支持系统中重要的子系统，其参与改革的程度制约着改革的进程和目标达成。语言教育政策属于公共政策的范畴，以解决特定时代特定国家和地区的特定教育问题为宗旨，具有鲜明的时代性。一个时代的教育问题构成一个时代教育发展的脸谱，代表一个时代的教育呼声。公众参与作为制定语言教育政策的重要程序，是教育民主化、法治化的重要特征，并已逐步体现在国家教育政策之中。《国家中长期教育改革和发展规划纲要（2010—2020 年）》提出："重大教育政策出台前要公开讨论，充分听取群众意见。"《国家教育事业发展"十三五"规划》也提出："健全民主决策机制。把公众参与、专家论证、风险评估、合法性审查、集体讨论决定作为重大教育决策法定程序。充分发挥国家教育咨询委员会作用。多形式多渠道听取公众和社会各界对重大教育决策的意见建议。"

近几十年来我国在语言教育政策与规划领域的研究取得了令人瞩目的成绩，汉语言文字标准化、普通话推广普及、少数民族语言建设、语言生活状况调查、外语教育等方面的研究为我国现代化建设、民族和谐、文化传承传播等方面做出了巨大贡献。但正如李宇明所指出的那样："尽管我国有着悠久而广泛的语言规划实践，有关于语言文字工作的法规与言论，有专门的语言文字工作机构，但是语言规划学的发展却不怎么理想。其一，对中国语言规划的三千年历史缺乏系统梳理，对百年来的中国现代语言规划缺乏科学总结，对中国当下的语言生活缺乏全面研究，对中国语言生活的未来发展缺乏逻辑判断。其二，对世界各国语言规划的情况了解不够，研究不够，对各种国际组织的语言规划不够、参与不够，对国际语言规划学的成果介绍引进不够。其三，没有全面及时地向外介绍中国语言规划的情况，因而也妨碍了国际语言规划学界从中国语言规划的实践中汲取学术营养。"（王福美，2014：29）

新时代面向未来的语言文字规范标准工作的开展、外语教育政策的调适等是关系到进一步提升我国文化软实力的重要工程。国家在教育、文化、科技等方面的发展都与语言政策及规划密切相关。世界正处于百年未有之大变局，这就要求我们基于人类发展的视角，从中国的语言国情出发，结合国家建设发展战略部署，前瞻未来，全面系统地研究我国语言文字事业发展所面临的机遇和挑战，找到语言文字事业发展的着力点，增强与综合国力相适应的语言政策及规划研究，更好地服务国家战略全局（于东兴，2020）。

四　公共政策学理论

刘复兴（2003）指出，教育政策是公共政策的一部分，它是由政府制定的调整教育领域社会问题和社会关系的公共政策。程京艳（2020：101）认为，在公共政策视域下，教育政策本身就具有教育的公益性、公平性、全民性和以人为核心的基本价值属性。这种价值属性既包括不同政策主体的价值取向，也包括教育的基本价值，即对民生的关注和实现更高层次上的教育公平。可见，教育政策是国家公共政策在教育领域的投射，其目的在于确定和调整教育关系，实现特定历史时期、历史阶段的教育目标，具有公共政策的真实性、特殊性、普遍性及可行性特征（刘辉，2017）。

首先，公共政策学必须坚持实事求是的原则，其政策过程实质上是政策主体和客体在实践基础上的相互适应过程，需要坚持公正的价值取向，因为这直接与政策目标、内容和结果相关，价值取向会决定公共政策的走向和性质。杨芳（2008）认为，政策问题的描述和认定是公共政策活动的起点，对问题进行明确、系统的阐释是探求问题解决方案的有效途径。政策问题的认定被认为是从对政策问题的察觉到描述的过程，是一个主客观相互协调统一的过程。任何公共政策问题都是以若干客观存在的社会事实为基础，从客观存在的政策环境中产生出来的，具有鲜明的客观性，并不是出于人们的主观臆想或任意猜测。然而，任何政策问题的成立除了客观存在的事实，也都离不开人的主观认定，包括人们的认知、界定、分析和判断。因此，从这个意义上说，公共政策问题的认定具有人为性，它会受人们的利益、价值观以及知识结构、认知水平、能力的影响，它是人们在客观情况基础上所做出的主观认定。从认识论的角度来看，这是一个从客观事实到主观认知的过程。在这个过程中，这种主观认知是不是反映了客观存在着的政策问题的实质至关重要。主观认知既不能掩盖客观存在的事实，又不能夸大事实，而是要实事求是地描述客观事实，找出问题的关键点并分析其原因。

其次，公共政策的制定要合乎国情。一个国家有自己的特殊性，一个时代也有其特殊性。因此，在制定公共政策时，必须从本国的实际情况出发，客观地考察本国的社会性质、政治经济情况、当前社会面临的主要矛盾以及所要解决的主要问题等。要处理好政策与周围环境的关系，这种政策环境既包括一国的地理位置、面积大小、气候条件、矿产资源等地理自然环境，又包括该国的政治状况、经济状况、文化状况等社会人文环境。政策环境会对公共政策产生直接而重要的影响，是制定公共政策的客观依据。在政策环境中，最重要、最基本的构成要素就是国家的国情。只有从本国国情出发，即从本国的社会性质、政治、经济、科学技术、文化、教育、人口、资源等方面的基本情况，以及自然条件和国际环境的实际出发，才能实事求是地制定各项政策的内容，公共政策也才能取得预期的效果。

再次，公共政策的内容必须直面民情。公共政策作用的对象是广大公众，该政策要被广大公众所接受，在实践中顺利实施并能产生预期的效果，推进社会的发展和进步，就必须能反映民意、满足民需、维护民利。政策问题之所以会产生，其根本的原因就在于公众的自身利益被损害，要求政府或其他相关部门采取行动、解决问题。从这个角度来说，公共政策必须在深入了解民情的基础上，解决公众亟须解决的问题，切实维护公众最根本的利益。与此同时，公共政策要最大可能地与民意对接，这也是出于满足政策对公众回应的需要。一个善治的政府，必须对公众的要求做出及时的负责的反应；一项好的政策，也必须回应公众的诉求，满足公众的需要，这也是公共政策的真正价值所在。

最后，政策制定的基础是对现实和问题的理解。德罗尔（1996）曾指出："价值问题是政策制定哲学中一个受到了广泛关注并越来越引起人们重视和思考的主题。"政策制定需要哲学基础，这是高质量制定政策的基本前提。政策分析是政策科学的主要内容之一，在一定程度上以管理科学为基础，目的是为较优的政策方案提供一套启发式的鉴别方法。在论证性方面，要以一种具有哲学意义的扎实的方式提出问题和考察环境，并找出可行的方法尽量真实地理解现实并做出相应决策。在行为性方面，提出人类和人类组织怎样理解现实，提出问题并制定出决策的先后顺序（王春福、陈震聃，2014：113）。公共政策的基本价值取向主要有以下三层含义：实现公平、维护正义以及增进公共利益。

公平是衡量一项政策公正性的一个标准，其简单定义就是一致性，即平等分配资源和责任。公平是一个重要的社会目标，政策分析者为了更系统地考量不同政策的影响，提出了三种不同的公平模式：横向公

平、纵向公平和代际公平①（王春福、陈震聃，2014：123）。公共政策
的公平价值取向体现在机会的公平、程序的公平以及有条件的结果公
平。首先，机会公平指公共政策要为目标群体创造相对平等的竞争机
会，不能厚此薄彼，如所有社会成员都能够共享教育、交通等公共投
资。其次，程序公平即公共政策要保证公众参与社会政治、经济及文化
生活的过程平等。最后，有条件的结果公平是指在遵循市场经济规律的
原则下对市场竞争中的"弱势群体"提供积极的支持和帮助，要尽可
能保证结果的公平，以此来逐步缩小社会群体间的差距。

正义被认为是属于人的一种主观价值判断，通常情况下考察人们的
行为是否符合历史发展规律以及是否符合大多数人的根本利益，以维护
社会的正义作为自己的价值取向。罗尔斯在《正义论》中特别强调了
公共政策的正义性质："正义是社会制度的首要价值，正像真理是思想
体系的首要价值一样……法律和制度，不管它们如何有效率和有条理，
只要它们不正义，就必须加以改造和废除。"（罗尔斯，1988）。公共政
策权威性、合法性的基本要求是公共政策的正义价值取向，失去了这一
价值理念，再完美的政策也会失去其权威性和合法性。

公共政策的价值取向主要体现为公平、正义，但其核心内容还是关
涉公共利益。真正维护并增进公共利益的政策才能算得上公平和正义
的。公共政策的根本宗旨和出发点之所以是追求公共利益，是因为公共
政策所解决的问题属于社会公共问题，公共政策一般由公众直接或间接
参与制定，其权威性和合法性主要来自公权，更为重要的是因为它所代
表的是公共利益。著名学者罗森布鲁姆等（2013：151）曾指出："公

---

① 横向公平测量的是相同的人或情形被平等对待的程度。如学校考试中分数相同
的学生得分等级应该相同，雇佣关系中做相同工作的人应该得到相同的报酬
等，该模式要求相同事物受到同等对待。纵向公平测量的是富人比穷人多付出
的程度。代际公平指的是政策对不同世代间公平的影响，某些公共政策的收益
或损失造成的影响可能延续几十年或几百年，会影响到很多代人。

共行政与私营部门管理的最大区别就在于政府有义务保护社会的公共利益。"要秉持公共利益原则，所制定的公共政策必须能综合反映并满足绝大多数人的利益需要。如果仅仅满足个别阶层、某些团体或部门的利益，将会大大影响社会的稳定与和谐，并在一定程度上阻碍社会的进步和发展（杨芳，2008：137）。因此，公共政策研究具有理性主义和后现代主义的特征（Rizvi & Lingard，2009）。

在理性主义者看来，政策是达成某种预定目标的手段和方法，而政策目标是既定的、不需要质疑的。通常情况下公共政策会被单纯理解为协调人们的利益关系，偏重于政治需要，实质还是服务于权力，从而忽视人与自然的关系以及人与自身的关系等这样一些与人的生存、发展密切相关的问题。这样往往容易将政策与人割裂甚至对立起来，这也是自有国家以来虽历经政府更迭和社会变迁，但社会公共问题始终得不到很好解决的根本原因。近年来，我国所进行的各项改革政策在方法论上发生了重大变化，创造性地提出了科学发展观和与之相适应的正确政绩观，以及构建人类命运共同体的新主张，其实质就是要摒除政策理性主义所产生的不良影响。中央领导集体提出"坚持以人为本，树立全面、协调，可持续的发展观，促进经济社会和人的全面发展"，并强调"五个统筹""四个全面""八项规定"等，表明我们党对社会主义现代化建设的认识发生了深刻变化，已经从一般的经济技术层面上升到经济社会和人的全面发展的战略新高度。所谓"全面发展"，就是要着眼于对自然、经济、社会以及人的复杂系统的全面考量，着眼于物质文明、政治文明、精神文明和生态文明的全面建设，这些都是关乎社会中人的基本问题这一公共政策的核心问题。"以人为本"是科学发展观的核心，它把人作为社会主体和中心，摒弃传统的把人作为工具和手段的物本主义倾向。中国的现代化建设其实就是一个人作为主体参与其间并影响其进程的历史过程，人既是现代化的参与者和建设者，也是其建设成果的占有者和享受者。

第三节 基础外语教育政策规划路径

众所周知，外语教学是教育科学的一个分支，教育学中教学课程论的原则和方法对外语教学具有指导作用。教育学提倡的素质教育、创新教育对外语教育提出了更高的要求，为此，外语教学的重心由教转向学，实现了教与学的辩证统一。在外语课程改革中，原有的"教学大纲"变成了"课程标准"，即原来的"教与学的内容纲要"变成了"学生学习的结果纲要"。课程的目标体系不仅仅包括语言知识和语言技能，还包括情感、学习策略和文化，充分体现了课程适应人的全面、整体发展的指导思想（王铭玉，2015：8）。

教育政策被认为是国家和政府制定的解决教育领域的社会问题和利益关系的公共政策。在现代教育发展中，教育政策对教育的发展至关重要，政府的教育活动大多通过政策来实现（刘复兴，2002：15）。从现有文献来看，我国早先研究多基于马克思主义观点，政策被认为是一种静态的文件组合与行动准则，多以自上而下的方式体现党和国家的教育管理意志（叶澜，1991：148），而当前的观点则倾向于通过公共利益分配和价值选择的方式逐步丰富教育政策的本质内涵（张新平，1999）。如前所述，从公众参与的视角对相关的教育政策提出规划建议，体现了教育活动中各利益相关者的基本诉求，也在一定程度上保证了教育政策的适切性和有效性。

探究教育政策的内涵，需要坚持马克思主义观点，同时也要融合当代政策研究实践和西方政策科学的研究。这种基本认识主要基于以下三个方面。第一，教育政策的主要目的是通过政府的权威性实践活动，在全社会范围内分配教育利益，因而具有"价值负载"的属性。第二，教育政策的制定主体是拥有公共权威的政党、国家及政府组织机构。第三，教育政策是基于价值统率的"文本"和"过程"的统一。文本反映了政策内容，表征为一系列静态的方针、计划和准则等，具有合法性和权威性特征，而过程关注政策制定、执行到评价的全过程。当代西方政策科学研究的基本出发点是将政策活动视为一个动态发展的过程。

以上对教育政策的理解有机融合了"自上而下"和"自下而上"、静态和动态看待教育政策的视角。而现实生活中的政策有时会偏离原有目标或者有所变通，这也从侧面说明了教育政策不仅仅是政府的单向指令，或者是公众对权威的诉求，同时还是各利益相关者对政策协调的结果。教育政策的执行过程以及政策目标群体等因素都会对政策实施效果产生影响（孟卫青，2008b：21）。通过以上对教育政策内涵的认识，我们可以基本确定教育政策研究的三个要素：政策内容、政策过程和政策价值（见图2－2）。

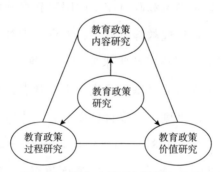

图 2－2　教育政策研究的基本要素

资料来源：孟卫青，2008a，2008b。

一　政策内容规划

政策内容规划是教育政策研究中的重要课题，具有较强的问题指向性，致力于说明特定政策的目标、手段和对象。政策内容规划通常将政策视为一种规范性文件或者行动准则，分析政策文本及其背景、原因和结果。一般可分为宏观和微观两个层面。宏观层面的政策内容规划是指为实现一定的教育目标，对某一具体教育政策如《义务教育英语课程标准（2011 年版）》和《普通高中英语课程标准（2017 年版）》中的课程性质、基本理念及设计思路等进行规划。微观层面的政策内容规划是指为实现上述政策目标，相关利益群体所采取的行动方案，如课程和教学实施、师资建设规划及考试测评等。一个好的政策通常目标明确、对象清楚、手段有效且可行（孟卫青，2008b：22）。

对于外语教育政策内容来说，各学段的课程实施方案是指导教师教学实践的基本纲领，是保证教学效果、实现预期教育目标的手段之一。教师教育培训关涉教师的个人专业发展，主要考察教师的职前职后培训意愿、具体的培训内容以及相应的培训资金来源等。有效的教师专业发展途径强调教师对教学内容和学习者的理解。为促进自身的专业发展，教师很有必要培养积极主动的专业发展意识。为了保证教学质量，学校需要建立良好的师资结构以及规范合理的考试测评方案。《义务教育英语课程标准（2011 年版）》明确指出，考试测评是英语课程的重要组成部分，英语课程的评价应根据本标准规定的课程目标与要求，尽可能做到评价主体多元化、评价形式和内容多样化、评价目标多维化。新时代的外语教育既要重视学生的外语技能，调和素质教育和应试教育之间的矛盾，又要关注学生在学习中情感态度及价值观念等方面的发展和变化，处理好分数高低与实际水平之间的关系。外语教研工作计划是教师为保证教学工作正常开展所采取的具体行动方案。《普通高中英语课程标准（2017 年版）》明确指出要重视现代信息技术的应用，丰富英语课程学习资源，英语教师应将多媒体信息技术与课程进行整合。民族地区应根据学生的实际情况制定教学计划，组织集体备课，资源共享。以上这些内容都是实现课程目标的基本保障。

关于民族地区的外语教育具体内容，文化生态失衡问题近年来引起了不少学者的关注。"文化生态"的概念由美国文化人类学家朱利安·斯图尔德（Julian Steward）于 1955 年首次提出，旨在解释具有不同地域特色的文化形貌和模式的起源，主要研究文化与生态环境的相互关系

（马菁，2011）。一般认为，文化生态指借用生态学的方法来研究文化现象，表征的是文化如同生命体一样也具有生态特征，文化体系作为类似于生态系统中的一个体系而存在（高建明，2005）。受全球化浪潮的影响，英语在国际上的强势垄断地位依然存在，使包括中国在内的大多数国家的英语教师在教学中往往侧重目的语国家文化的介绍，而忽视对母语文化的观照和培育，这种单向的教学模式促成了语言帝国主义和文化帝国主义，导致了世界范围内某些语言及文化的同化甚至消亡。作为使用最广泛的国际通用语，英语的强势传播对全球语言文化生态形成了较大的威胁，对世界各国的语言教育带来了较大的冲击（杨玉，2011：96~99）。在此大背景下，我国少数民族外语教育也必然会受到以英语为载体的西方文化的影响。

现有研究主要是针对文化生态视野下少数民族外语教育的文化生态失衡、少数民族身份认同差异等方面进行的。贾莉萍（2017：61~62）指出，少数民族外语教育中受教者主体和外围环境失衡的表现主要体现在：多元文化之间互相冲突，自我与集体认知的冲突，课程设置与民族文化传承之间文化生态失衡，少数民族外语师资在数量和学缘结构上的失衡，文化缺位及跨文化能力培养缺失。张志伟（2017：136~138）从文化生态视角考察了新疆少数民族外语教育中的文化因素，发现目前存在的主要问题是语言文化生态失衡、外语语种单一化、民族文化缺位、文化表达的单向性、对跨文化能力培养的忽视等。许克琪（2004：88~89）认为，"双语教学"对我国的民族语言和文化复兴可能会带来一定的冲击和影响，造成中华民族文化的遗失，建议将科学进步同爱国情怀结合起来，将地理环境与生态美学结合起来，将课堂教学与加强人格修养结合起来，将文学、绘画、音乐艺术同素质教育结合起来，弘扬民族文化。陈荣（2013：178）也认为在经济全球化和文化多元化时代，在不同文化的接触和交流中，少数民族文化"失语症"日益凸显，应该提升少数民族外语教育者和学习者的文化自觉意识。

　　由此可见，在民族地区基础教育阶段的外语教育政策规划中，各学校应按要求根据国家的英语课程标准制订校本外语课程实施方案，并将民族文化的相关内容整合进外语教育活动中，民族地区外语教师应通过接受相关的教师教育培训，以外语教育为载体传承传播民族优秀文化，这些都应该被纳入基础外语教育政策内容的规划当中。

二　政策过程规划

　　著名政策科学家 Y. 德热曾指出："政策研究的核心问题是把政策制定过程作为政策研究和改进的对象，包括政策制定的基本过程以及针对具体政策问题对政策制定过程进行改进的过程。"（那格尔编著，1990）。一般情况下，理想的教育政策制定过程包括七个方面：问题界定、目标确立、方案设计、效果预测、方案抉择、政策实施、效果评价等（见图 2 - 3）。教育政策的过程分析旨在了解为了实现一定的政策目标，教育政策的形成过程及执行情况，涉及教育政策从确立政策问题到政策评价的整个阶段（孟卫青，2008b：22）。

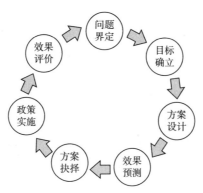

图 2 - 3　公共政策制定过程

资料来源：张沉香，2011：34。

　　从图 2 - 3 可以看出，教育政策过程分析的逻辑起点是问题界定。成功地界定问题等于完成了政策分析任务的一半。教育政策问题会体现全社会的教育需求冲突和矛盾，通常具有技术和政治的双重属性，多数情况下需要靠政策决策者、分析者以及其他社会群体集体发现和提炼出来。第二个阶段即目标确立，主要指决策者通过一定的决策手段想要达成或者实现的目标，一般通过抽象或者笼统的方式进行陈述。目标确立之后，就进入方案设计、效果预测和方案抉择阶段。最后考察政策实施及其所产生的效果如何。美国政策学家艾利森称："在达到政策目标的过程中，方案确定的功能只占10%，而其余的90%取决于有效的执行。"由此可见政策执行的重要性（孟卫青，2008b）。

本研究中的政策过程主要考察的是外语教师对于外语教育政策的制定、执行和评价的感知情况，如各级学校是否会根据国家英语课程标准来制订本校的外语课程实施方案；一线教师是否有意愿参与相关政策的制订，是否愿意为相关政策建言献策；当前的外语教育政策在学校的执行情况如何；教师能否严格按照教学大纲执行教学计划；针对民族地区的外语教学，教师是否会融入民族文化的相关内容；等等。这是一个动态的发展过程，教师对于政策内容的认识和政策过程的感知，与政策的价值息息相关，而政策价值往往又是通过政策制定和执行过程来实现的。

关于外语教育政策的过程研究，有学者建议设立专门机构来研究外语规划和政策、外语教育目标以及外语教育的评价和测试。如胡文仲（2001）认为，我国政府对于语言政策和语言规划一直十分重视，基本政策体现在《中华人民共和国宪法》关于语言使用的两条规定中。一是"各民族都有使用和发展自己的语言文字的自由"，二是"国家推广全国通用的普通话"。1952年成立了中国文字改革研究委员会，1954年改组为中国文字改革委员会，随着形势的发展和工作领域的拓宽，1985年中国文字改革委员会改为国家语言文字工作委员会（以下简称"国家语委"），在国务院领导下贯彻执行国家关于语言文字工作的方针政策。20世纪50年代以来我国的语言规划主要包括四个方面的工作：推广普通话，整理和简化汉字，制订和推广汉语拼音方案，规范语言使用

（道布，1998）。但是，无论是中国文字改革委员会还是国家语委的工作，从来都不涉及外语的地位以及外语的使用和教学。外语教学多年来一直由教育部（或高教部）下属的一个司或处主管。政府部门对于外语教育从未制定过长期的规划，也没有设立专门的机构管理这方面的工作。例如，关于通用语的学习问题，究竟何者为先，各语种按重要性排列应该如何布局，各自分别应占什么比重，针对每个语种应该设立多少专业点，应该培养多少学生，大中小学应如何连贯起来成为一体，在哪些情况下外语可以作为教学语言等诸多问题，都是当前外语教育规划需要考虑的。

鲁子问（2006）也提到我国缺乏国家外语教育终极目标的文本，目前只有不同学段的外语教育标准文件，这些文件都规定了所在学段的外语教育目标，而且在每一学段结束时基本都采用考试的方式来检测学生是否达到这一学段规定的外语教育目标，然而这些外语教育目标层次与社会发展需要并不一致。单纯从毕业成绩和考试数据来看，我国每年有数量庞大的学生通过初中学业考试、高中会考和高考、大学英语四六级考试，每年通过大学英语四级考试的学生就有一百多万人。这样的数据应该说明我国外语教育是达到了其规定目标的，而且这么庞大的外语人才队伍应该可以满足我国社会发展对外语人才的需求。然而，很多企业还是很难招聘到符合其外语能力要求的人才。由此说明，我国目前不同学段规定的外语教育目标背离于社会对人才的外语运用能力的要求。

如前所述，我国的外语教学多年来一直由教育部（或高教部）下属的一个司或处主管，政府部门没有对外语教育制定过长期的规划或设立专门的机构来管理这项工作。20世纪50年代在外语教育方面出现的失误正是缺乏全盘的规划造成的。鲁子问（2014）认为，自我国1964年发布《外语教育七年规划纲要》以来，国家层面的外语教育规划或者总体方案严重缺失。首先应该明确我国外语教育性质，分清政府与市场的不同责任。作为公共服务的外语教育，必须承担其公共服务的功能，如服务于公民为了追求个人幸福而学习外语的需求，服务于社会发展对外语人才的需求。政府之所以开展面向全体国民的外语教育，正是因为外语教育具有独特社会价值和个人价值。当前我国的全球领导力发展迅速，急需通晓外语的领导人才参与国际事务，社会经济发展的现状也需要大批能进行外语服务的专业人才。综观目前国际军事与安全形势的复杂局面，结合我国"走出去"的文化战略，军事、文化及安全方面的外语人才亟须大力培养。

在政策过程的评估方面，刘建达（2015）阐述了编制我国英语能力等级量表的基本思路，认为建立外语能力等级量表是提升国家软实力的需要，能在一定程度上促进我国各级各类外语教育教学的发展，有利于促进科学选才及教育公平，对于构建终身学习体系也大有帮助。应该根据国家未来发展对外语能力的要求，从我国外语教育教学的实际情况出发，以先进的语言教学及科学的测试理论为指导，基于实证研究科学地分级描述，全方位多角度地界定语言能力，为我国各级各类外语教学及测评考试提供参照标准。量表将在我国英语学习、教学、测评之间架起一座连通的桥梁，如图 2 - 4 所示。

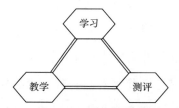

图 2 - 4　英语能力等级量表的研究目标

资料来源：刘建达，2015：8。

在政策过程的执行方面，陈坚林的系列文章聚焦大学英语教学新模式下计算机网络与外语课程的有机整合，在学界引起了极大的反响和关注。2001 年教育部开始酝酿并筹划我国的大学英语教学改革，其目的就是解决我国外语教学长期以来饱受诟病的"费时多，收效小"的弊端，以及缓解大学扩招带来的外语教育资源严重紧缺的问题（吴启迪，

2004；张尧学，2003）。为此，在充分听取各方面专家意见的基础上，教育部于 2004 年制定并颁布了《大学英语课程教学要求（试行）》（以下简称《要求》），希望通过改革达到解决上述两大问题的目的。《要求》是指导这场教学改革的纲领性文件，其核心部分就是"基于计算机和课堂的外语多媒体教学模式"。对此，陈坚林发表了一系列文章进行深入剖析。他认为，应切实改变观念，把计算机网络与外语课程教学进行全面整合，只有这样才能真正实现教学改革的目标。新的外语课程范式将突破"课堂＋课本"的单一平面局限，通过先进发达的计算机技术来创设理想多维的立体化外语教学环境，变革传统的教学结构，一方面可以解决学生语言应用能力的问题，另一方面还可以缓解外语教育资源严重紧缺的问题（陈坚林，2006：10）。之后，陈坚林于 2015 年发表的文章《大数据时代的慕课与外语教学研究——挑战与机遇》，截至 2020 年 6 月在知网的下载量已经达到 14129 次，被引 336 次。该文首先厘清了大数据、慕课以及外语教学之间的逻辑关系，认为基于大数据的慕课给外语教学发展带来了前所未有的挑战和机遇，极大地转变了人们在数据的利用和分析方面的思维方式，同时也能够真正践行以学生为中心的理念，使学习者的个性化学习成为可能，催生了新型课程设计与混合式教学模式。

三　政策价值规划

"教育政策价值分析既是教育政策分析的一个核心领域，又是教育政策分析的一类主要方法"（刘复兴，2002：15）。教育政策的价值规划可以从外语教育政策公共价值追求、政策主体价值倡导以及利益群体价值协调三个方面来进行考察（Stewart，2009），这些价值取向最终又通过教育政策的内容和过程体现出来。

"外语教育政策"是一个国家或地区语言政策的下位概念，也是教育政策的具体分支，但其母体还是公共政策（沈骑，2011b：44）。美国政治学家哈罗德·拉斯韦尔等在确立政策科学时就认为公共政策是指含有目标、价值和策略并通过相关规定和措施来实施的活动过程的大型计划（Lasswell & Kaplan，1970：71；Lasswell，1971：1）。该定义重点强调了公共政策的设计功能及其目标价值取向。政策价值往往贯穿整个政策过程，并在一定程度上决定政策行为的取舍和导向，也被认为是集体和公共行为的原则、动机和目标（Stewart，2009：14）。价值分析和研究的目的就是确认某个目标是否值得争取以及采取的手段能否被接受（Hogwood & Gunn，1984）。

通过以上对于公共政策价值定义及其分析模式的阐述，可以发现价值在语言政策与规划活动中有重要的地位和作用，它与政策规划动机以及目标紧密关联，统领着政策规划的全过程（沈骑，2017a：26）。英国学者丹尼斯·阿格从描述性价值定位的角度，认为价值取向是驱动语言政策变革、推动语言规划发展的根本原因，并提出了语言规划的七种描述性价值定位（Ager，2001）。① 在著名语言学家鲁伊斯的语言资源观以及阿格的价值取向影响下，沈骑（2017a：27）提出了包括工具价值、融合价值、安全价值及公平价值在内的外语教育政策价值取向。

新时代的中国外语教育政策规划担负着国家外语能力提升的重任，相关外语教育政策的制定既要考虑我国外语教育的基本国情，也要关注政策的价值定位。外语教育政策的价值定位需要由国家和政府行政部门通过确立一定的外语教育价值倡导，均衡统筹和协调公共价值和利益相关群体的价值追求来实现，否则会导致价值偏失和异化。应将外语作为重要的语言资源加以规划，从国家战略、社会需求和个人发展等方面全面考虑我国外语教育政策的价值定位问题。作为一种准公共产品，教育政策的价值选择过程被认为是政策主体在分析教育政策公共价值追求及

---

① 这七种价值定位分别是身份认同、意识形态、形象维护、语言安全、语言平等、融合性价值取向和工具性价值取向。

利益群体价值协调时所确定的价值取向和基本准则（沈骑，2011b：46）。

第四节　本研究的分析框架

正如前面所述，外语教育政策具有公共政策的属性，同时也具有教育政策的属性。公共政策的根本价值取向包括实现公平、维护正义、增进公共利益。政府决策型政策规划关注采用什么手段来解决实际问题，是问题驱动式研究。专家论证型政策规划重在解释政策的基本内涵，即政策是什么。而公众参与视角下的政策规划关注政策的制定、执行和评价过程。教育政策的目的是在政府或其他利益相关群体的共同作用下分配教育资源和利益，具有"价值负载"的基本属性，是基于价值统率的"文本"和"过程"的统一。

根据相关学者的阐述（孟卫青，2008b；沈骑，2011b），教育政策内容研究就是将政策视为一种规范性文件或者实施方案，对政策文本和政策背景进行分析。就本研究中基础教育阶段的外语教育政策而言，主要包括外语课程实施方案、外语教育培训、外语考试测评及教师工作计划。因此，政策内容部分主要包括文本及背景，属于静态分析。

教育政策价值分析是教育政策分析的一个核心领域，主要处理各种相关的教育利益诉求，包括政策公共价值追求、政策主体价值倡导以及利益群体价值协调三个方面。刘复兴（2002：16）认为，一旦做出了某种选择，所有相关的利益主体最为关心的问题就是自身的需要和利益是否得到了充分表达，以及政策的价值选择是否正当或者合法。合法性是指某一事物具有被承认、认可和接受的基础，而具体的基础如法律、规则、标准或逻辑等则要依据实际情况而定。合法性的本质被理解为合目的性，以符合人们的价值理想和价值追求为根本目的，还要符合某些普遍性规则如社会价值观及意识形态等，另外还需要从价值的角度来考察政策目标的完整性。教育政策的成功或失败在一定程度上取决于其价值取向的选择，以及政策的执行是否有效地解决了相关的问题和实现了既定的政策目标。因此，政策过程的有效性（efficacy）表征着教育政策在过程方面的基本价值特征，具体取决于政策过程中获得及实现价值选择的政策行为的有效性（刘复兴，2003：46～81）。

公共政策的制定过程一般包括从制定到效果评价，本研究考察的是贵州基础教育阶段政策制定、政策执行和政策评价。通过比较与判断，形成动态的研究模式。至此，形成了本研究"动静结合"的基本分析框架（见图 2 - 5）。

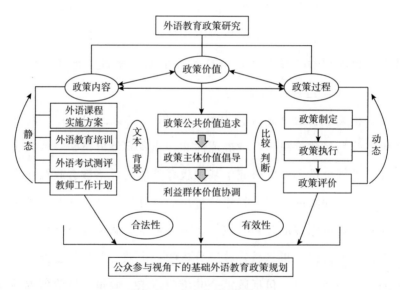

图 2 - 5 本研究的分析框架

通常情况下，判断某国或某地区的外语教育政策是否科学、合理、有效，主要应考察在社会环境诸多因素的影响下，该政策的制定是否遵循人的发展规律、语言发展规律、外语教学发展规律及跨文化交流规律。本研究关涉贵州基础外语教育政策的制定、执行和调整的多重功能角色或部门，如当地政府、语言教育行政机构、语言政策研究专家、学校行政管理人员、教师、学生等利益相关者，以及制约语言政策制定的多重因素，如社会背景、学校教育背景、学生语言素养、大众媒介等。
著名语言政策与规划专家库珀（Cooper，1989：97）认为可以从以下八
个方面分析语言政策与规划活动：规划者是谁？试图影响什么行为？目
标人群是哪些人？想要达到什么目的？在什么样的条件下进行？以什么
手段？其决策过程是怎样的？最终达到怎样的效果？该框架也被称为著
名的"库珀八问"。谁制定政策呢？Ellsworth 和 Stahnke（1976）区分了
这样一些人：政治精英阶层、有影响力的人及权威人士。政治精英包括
总统、总督、议员、首席执行官、学校校长、教师等；有影响力的人指
社会中的特权阶层，他们能获得他们想要的任何东西；权威人士指实际
制定政策的人。但是如果一些个体或群体提出的建议不会受到反对或攻
击，他们实际上也可以是政策制定的参与者。

第五节　本章小结

　　本章主要阐述了政策规划主体的三个层面，即政府决策层面、专家
论证层面以及公众参与层面，并以人本主义学习理论、多元文化理论、
语言政策与规划理论及公共政策学理论为基础，从政策内容规划、政策
过程规划及政策价值规划三个方面构建了本研究的分析框架。在研究的
主题方面，国外外语教育政策研究倡导多元文化教育，从国家安全和文
化输出的角度体现了外语教育对于一个国家的战略价值和文化使命；国
内相关研究主要聚焦区域国别研究、宏观层面的战略规划以及信息技术
与外语课程整合研究、民族地区的三语教育问题。本研究通过文献梳理
对核心概念进行了界定。本研究的主要调研地区是贵州，因此有必要对
贵州的基本情况做一个全面的介绍，包括贵州的人口分布、基础教育的
经费投入及相关的政策法规等。下一章便是关于贵州基础教育基本情况
的介绍，这将为本研究后面的田野调查和数据分析奠定坚实的基础。

第三章 ▸▸▸
贵州基础教育概况

　　本研究聚焦贵州基础教育阶段的外语教育政策问题。本章主要介绍本研究的研究语境，从整体上介绍贵州的基本情况，包括人口及民族分布概况、基础教育事业发展概况、基础教育经费投入、基础教育政策法规、基础教育信息化现状等。对上述内容进行介绍，旨在为第四章研究设计部分研究问题的确定、研究区域的选择和研究对象的确定做好铺垫。

第一节　人口及民族分布概况

　　贵州省简称"贵"或"黔"，省会为贵阳市，地处我国西南地区东南方向，南面与广西交界，东毗湖南，西连云南，北与四川和重庆交界。全省面积共 17.62 万平方公里，共辖 6 个地级市（贵阳、遵义、六盘水、安顺、毕节、铜仁）以及黔东南苗族侗族自治州、黔南布依族苗族自治州、黔西南布依族苗族自治州（以下分别简称黔东南州、黔南州、黔西南州）3 个少数民族自治州（这也是通常意义上所说的贵州民族地区）。共包括 10 个县级市、50 个县、11 个民族自治县、16 个市辖区和 1 个特区，其中有 193 个民族乡、362 个街道。第七次全国人口普查结果显示，2020 年末全省常住人口中，居住在城镇的人口为 20495946 人，占 53.15%；居住在乡村的人口为 18066202 人，占 46.85%。据贵州省统计局人口处 2021 年数据，与 2010 年第六次全国人口普查相比，城镇人口增加 8748166 人，乡村人口减少 4932486 人，城镇人口比重提高 19.34 个百分点。全省常住人口中，人户分离人口为 11694763 人，其中，市辖区内人户分离人口为 2104710 人，流动人口为 9590053 人。流动人口中，外省流入人口为 1146546 人，省内流动人口为 8443507 人。与 2010 年第六次全国人口普查相比，全省人户分离人口增加 7065221 人，增长 152.61%；市辖区内人户分离人口增加 1622219 人，增长 336.22%；流动人口增加 5443002 人，增长 131.25%。

贵州全省共有 49 个民族，其少数民族个数（48 个）仅次于云南，居全国第二位。世居少数民族有苗族、布依族、侗族、土家族、彝族、仡佬族、水族、回族、白族等 17 个。其中人口最多的苗族主要分布在黔东南州、黔南州、黔西南州、松桃苗族自治县、紫云苗族布依族自治县、务川仡佬族苗族自治县、水城区；布依族主要分布在黔南州、黔西南州、镇宁布依族苗族自治县、紫云苗族布依族自治县；侗族主要分布区域是黔东南州、玉屏侗族自治县、碧江区、石阡县（见表 3-1）。其他少数民族在省内的分布状况也并不均衡。

表 3-1　贵州少数民族分布情况

民族	主要分布地区
苗族	黔东南州、黔南州、黔西南州、松桃苗族自治县、紫云苗族布依族自治县、务川仡佬族苗族自治县、水城区
布依族	黔南州、黔西南州、镇宁布依族苗族自治县、紫云苗族布依族自治县
侗族	黔东南州、玉屏侗族自治县、碧江区、石阡县
土家族	铜仁市
彝族	毕节市、六盘水市
仡佬族	遵义市、关岭布依族苗族自治县、石阡县
水族	三都水族自治县
回族	威宁彝族苗族回族自治县、兴仁市、平坝区、兴义市

续表

民族	主要分布地区
白族	毕节市、盘州市
瑶族	黔东南州、荔波县
壮族	从江县、独山县、荔波县、都匀市
畲族	凯里市、麻江县、都匀市、福泉市
毛南族	平塘县、独山县、惠水县
蒙古族	毕节市、石阡县、思南县
仫佬族	凯里市、麻江县、黄平县
满族	黔西市、大方县、金沙县、云岩区
羌族	石阡县、江口县

　　贵州的少数民族人口分布整体上呈"大杂居、小聚居"格局。其中黔东南州位于贵州省东南部，东毗湖南省怀化地区，西连黔南州，南与广西壮族自治区柳州及河池地区接壤，北接遵义、铜仁两市，州人民政府驻凯里市。据《2021年黔东南统计年鉴》，全州总面积3.03万平方公里，境内居住着苗族、侗族、汉族、布依族、水族、瑶族、壮族、土家族等46个民族。2021年末全州常住人口374.04万人，其中，汉族人口占户籍人口的18.2%，少数民族人口占户籍人口的81.8%。

　　黔西南州位于贵州西南部，南邻广西壮族自治区，西邻云南省，州人民政府驻兴义市。据《黔西南州统计年鉴（2021）》，全州总面积1.68万平方公里，占全省土地面积的9.7%。2021年末全州常住人口301.51万人，其中，汉族人口占60.82%，少数民族人口占39.09%。

　　黔南州位于贵州省中南部，东与黔东南州相连，南与广西壮族自治区毗邻，西与安顺市、黔西南州接壤，北靠省会贵阳市，州人民政府驻都匀市。据《黔南州2021年统计年鉴》，全州总面积2.62万平方公里，境内居住着汉族、布依族、苗族、水族、瑶族、毛南族等42个民族。2021年末全州常住总人口429.38万人，其中，少数民族人口占60.1%，汉族人口占39.9%。

第二节 基础教育事业发展概况

2014 年，全省共有小学 9275 所，初中 2166 所，高中 438 所。到了 2017 年，全省小学数量降到了 7113 所，在校学生 362.08 万人，专任教师 20.21 万人；初中 2048 所，在校学生 182.99 万人，专任教师 12.75 万人；普通高中 451 所，在校学生 101.10 万人，专任教师 6.41 万人。2019 年全省小学数量只有 6943 所，而学生人数却上升到了 388.3 万人，入学率连续三年保持在 100%；初中方面，学校数量从 2014 年的 2166 所下降到了 2019 年的 2008 所，学生人数也逐年下降，从 2014 年的 206.83 万人下降了 2019 年的 179.28 万人；全省的高中数量基本保持在 450 所左右，学生数量不太稳定，时高时低，2016～2019 年基本维持在 100 万左右。在入学率方面，2017 年全省小学、初中、高中分别为 100%、108.8%、87%，2019 年这三项数据分别为 100%、109.9% 和 89%。其他年度的数据参见表 3－2。

表 3－2 贵州省基础教育事业发展概况（2014～2019 年）

年度	类别	小学	初中	高中
2014	学校数量（所）	9275	2166	438
	学生数量（万人）	346.31	206.83	94.27
	专任教师数量（万人）	19.29	11.96	5.23
	入学率（%）	99.1	102.5	78
2015	学校数量（所）	8520	2128	430
	学生数量（万人）	346.31	197.97	97.89
	专任教师数量（万人）	19.35	12.37	5.62
	入学率（%）	99.3	104	86.1
2016	学校数量（所）	7818	2099	437
	学生数量（万人）	353.37	189.14	99.37
	专任教师数量（万人）	19.71	12.71	6.1
	入学率（%）	100	107.9	87

年度	类别	小学	初中	高中
2017	学校数量（所）	7113	2048	451
	学生数量（万人）	362.08	182.99	101.1
	专任教师数量（万人）	20.21	12.75	6.41
	入学率（%）	100	108.8	87
2018	学校数量（所）	6951	2002	466
	学生数量（万人）	371.73	180.84	100.78
	专任教师数量（万人）	20.78	12.82	6.66
	入学率（%）	100	109.7	88
2019	学校数量（所）	6943	2008	468
	学生数量（万人）	388.3	179.28	99.21
	专任教师数量（万人）	21.25	12.82	6.81
	入学率（%）	100	109.9	89

资料来源：2015～2020 年贵州统计年鉴。

　　笔者发现，高中阶段的入学率 2015 年后基本维持在 87% 左右，均不及小学和初中的数据，通过访谈部分学校领导得知，原因在于有不少学生家长（尤其是民族地区的学生家长）让孩子读书的意识比较淡薄，认为初中水平就可以了，成绩不好到了高中也很难考上大学，即使大学毕业了也很难找到理想的工作，因此，多数学生初中毕业后就辍学外出打工或者去读中等职业学校，这在一定程度上影响了高中阶段的入学率。至于初中入学率超过 100% 的情况，调查时专门就此咨询过 M 中学的杨校长，他说：以一个学年来算，如某班级第一学期学生总数为 40人，第二学期在保证这 40 人数量不变的情况下，另有转入这个班级的学生，这样班级学生总数就超过了 40 人，因此入学率就超过了 100%。

　　从表 3 – 2 可以看出，小学阶段学生人数逐年增加，初中阶段学生人数却逐年减少，到了高中阶段学生人数又整体呈上升趋势。而不论在哪个学段，专任教师的数量都在稳步上升，这种现象充分说明贵州地区基础教育阶段学生入学具有不稳定性，这与部分家长对待孩子教育问题的态度不无关系，有些家长的教育意识还停留在比较原始和传统的阶段，认为只要孩子能写自己的名字、会简单的算术就可以了。殊不知现代社会已经发生巨大的变化，没有知识和文化是很难适应社会形势的。教师作为教育生态链中的重要一环，其数量和质量都事关教育事业的大局，下面来看看贵州地区基础教育阶段教师的职称分布状况。

2017年，贵州地区普通中学教师总数达到191622人，其中中学高级职称有34090人，中学一级职称66473人，中学二级职称63223人，中学三级职称2550人，还有25286人未评职称（见表3-3）。在实地调研过程中发现，中学阶段年轻教师偏多，还没有评职称的教师多半都是入职5年之内的教师，另外有一部分是年纪偏大的教师，一心只管教学，没有申报任何科研项目，因此没有支撑材料来申报职称。

表3-3 贵州省基础教育教师职称分布情况（2014~2017年）

单位：人

类别		年度			
		2014	2015	2016	2017
普通中学教师	总数	171988	179875	188127	191622
	中学高级	24535	28574	32817	34090
	中学一级	56566	61044	64165	66473
	中学二级	61182	60499	61729	63223
	中学三级	3772	3572	3032	2550
	未评职称	25933	26186	26384	25286
普通小学教师	总数	192850	193511	197069	202070
	中学高级	516	445	508	1956
	小学高级	94840	101943	106573	105559
	小学一级	60301	56362	53460	55721
	小学二级	14448	13813	14315	14837
	小学三级	564	705	1251	1310
	未评职称	22181	20243	20962	22687

资料来源：贵州省统计局2019年统计年鉴。

从表3-3数据来看，以2017年为例，普通中学里获得高级职称的教师数量约占总数的18%，绝大多数集中在一级和二级层次；而普通小学中高级职称的教师要占到约53%，一级和二级教师却占比较少，共占 35% 。问及原因，M 中学的杨校长说，村级学校不受岗位设置比例限制，而乡镇和城区要受岗位设置比例限制，在高级、中级、初级各有一定比例要求，由于贵州多地地处偏远山区，多数小学设在村镇所在地，按照 2016 年贵州省中小学教师专业技术职务任职资格申报条件要求①，大多数长期扎根基层从事教育教学工作的教师均可以申报认定高级职称。这项政策在一定程度上缓解了广大农村一线教师的职称评审压力，也促进了基础教育阶段教师业务水平的提高。此外，政府也积极规划出台了一系列相关的政策法规，保障基础教育工作的顺利开展。

《贵州统计年鉴 2018》数据显示，2017 年全省基础教育阶段民族学校共有 709 所，其中普通中学 203 所、小学 506 所。全省基础教育阶段少数民族在校生 3253309 人，占全省该学段学生总数的 49.8% 。其中高中阶段 432444 人，初中 1230147 人，小学 1590718 人。2017 年基础学段少数民族专任教师共有 188967 人，占同年全省该学段教职工总数的 48% （贵州省统计局、国家统计局贵州调查总队编，2018）。

当前，我国正全力推进义务教育均衡发展并取得了很大成绩，但民族地区由于受到自然地理条件、生态环境、经济社会发展水平及民族文化差异等方面的影响，义务教育均衡发展工作的推进受到了一定程度的制约，如以上数据表明，少数民族师资保障仍旧比较薄弱，同时地方文化、少数民族文化中教育资源的开发利用还不够充分（袁梅，2018）。根据党的十九大报告精神，发展是解决我国一切问题的关键，要科学发展，坚持创新、协调、绿色、开放和共享的发展理念，让民族地区的每个学生享有公平而有质量的教育。

---

① 根据《贵州省中小学、幼儿园教师系列专业技术职务任职资格申报评审条件（试行）》规定，对于扎根基层从事教育教学工作，具有本科、专科学历，在基层专业技术岗位工作分别满 12 年、16 年，担任一级专业技术职务满 2 年的，可申报认定副高级职称。在乡（镇）以下农村中小学工作的专业技术人员，从事教育教学工作业绩突出，获部、省级以上表彰奖励的，可申报认定高级职称。

表 3 - 4　贵州民族地区基础教育学校及师生数量基本情况（2014 ~ 2017 年）

单位：所，人

类别		年度			
		2014	2015	2016	2017
学校数量	普通中学	206	205	206	203
	小学	588	578	538	506
普通教师数量	普通高中	20463	22157	23644	25197
	普通初中	69363	72776	76121	78662
	小学	77444	81069	83276	85108
在校生数量	普通高中	384598	404915	418217	432444
	普通初中	1233687	1233488	1228209	1230147
	小学	1491503	1503617	1544896	1590718
毕业生数量	普通高中	97856	115010	125494	133505
	普通初中	365203	396618	407965	410816
	小学	277398	266062	259388	260308

资料来源：贵州省统计局、国家统计局贵州调查总队编，2018。

第三节　基础教育经费投入

贵州省教育厅统计数据显示，2016 年全省教育经费总投入 1035.02 亿元，比上年增长 11.56%，其中国家财政性教育经费 892.42 亿元，比上年增长 11.01%；2017 年全省教育经费总投入 1250.37 亿元，其中国家财政性教育经费 980.6 亿元（见表 3 - 5）。

如表 3 - 5 所示，普通小学生均一般公共预算教育事业费支出由 2016 年的 9659.17 元增加到 2017 年的 9753.05 元，增长 0.97%。2017 年，普通初中及普通高中生均一般公共预算教育事业费支出均超过万元大关，分别达到 11273.06 元和 10637.85 元，较前一年分别增长 11.26% 和 10.38%。一般公共预算公用经费支出方面，普通小学生均支出从 2016 的 2024.45 元增长到 2017 年的 2224.97 元，增长 9.9%，

表 3 – 5　贵州省基础教育经费投入情况（2015～2017 年）

项目	年度		
	2015	2016	2017
教育经费总投入（亿元）	927.73	1035.02	1250.37
国家财政性教育经费（亿元）	803.92	892.42	980.6
普通小学生均一般公共预算教育事业费支出（元）	8645.43	9659.17	9753.05
普通初中生均一般公共预算教育事业费支出（元）	8704.94	10131.84	11273.06
普通高中生均一般公共预算教育事业费支出（元）	8184.95	9637.74	10637.85
普通小学生均一般公共预算公用经费支出（元）	1785.02	2024.45	2224.97
普通初中生均一般公共预算公用经费支出（元）	2233.70	2498.66	2819.89
普通高中生均一般公共预算公用经费支出（元）	2100.37	2337.53	2716.22

注：为与《中华人民共和国预算法》表述保持一致，从 2017 年起，将"生均公共财政预算教育事业费"修改为"生均一般公共预算教育事业费"；将"生均公共财政预算公用经费"修改为"生均一般公共预算公用经费"。

资料来源：根据教育部、国家统计局、财政部网站资料整理。

普通初中生均支出从 2016 年 2498.66 元上升到 2017 年的 2819.89 元，增长 12.86%，普通高中生均支出则从 2016 年的 2337.53 元涨到 2017 年的 2716.22 元，增长 16.2%。

由表 3 - 5 数据可以看出，贵州在基础教育方面的经费投入逐年增加。笔者通过实地调研也发现，大多数中小学的教学设备都在不断更新完善，逐步向信息化、智能化方向发展。农村中小学基本实现了"班班通"，学生的学习生活条件相比前几年有了较大的改善和提高，这也在一定程度上提升了学生学习的积极性，从近五年的情况来看，教师和学生的数量均有不同程度的增加。

众所周知，民族地区经济、社会及文化的快速发展与本地区教育水平的提高密切相关，同时还植根于人口素质的优化。以经费短缺为主要特征的民族地区基础教育已成为中国基础教育工作的最薄弱环节，面临很大的困难和挑战。民族地区经济、教育经费是教育发展的基本条件，经费保障是未来民族教育引领民族地区发展的重要条件（赵希、张学敏，2016）。当前，我国正处于经济提速换挡、经济结构优化升级的关键时期，增长动力向创新驱动转型。"一带一路"倡议的实施推进、脱贫攻坚取得决定性胜利、全面建成小康社会的目标顺利实现，这些都给未来民族教育的发展带来了新的机遇。据 2005～2014 年《中国教育经费统计年鉴》，从 2005 年至 2014 年，国家先后颁布了一系列涉及教育经费保障的重要政策，民族地区教育经费投入进入快速增长时期。民族八省区教育经费总投入从 2005 年的 898 亿元增至 2013 年的 4092 亿元，增长 356%；同期，全国教育经费总投入由 2005 年的 8418 亿元增加到 2013 年的 30364 亿元，增长 261%；民族八省区教育经费总投入增幅与全国相比，高出 95 个百分点。

2013 年，贵州在民族地区共实施各学段教育工程项目 1064 个，总共投入资金 21.85 亿元，民族地区的基础教育得到了进一步的夯实和发展。此外，政府还投入大约 2.89 亿元资金用来支持中职学校基础能力建设工程项目；利用中央民族教育专项经费 845 万元，支持民族地区中小学积极开展民族民间文化教育项目活动；向中小学生免费发放价值 1450 万元的民族团结教材（肖慧，2014）。

2018 年 1～10 月，黔南州一般公共预算收入完成 92.76 亿元，增收 1.9 亿元，增长 2.09%。其中，州本级完成 18.05 亿元，增收 0.32 亿元，增长 1.82%；县区级完成 74.71 亿元，增收 1.58 亿元，增长 2.16%。在公共预算支出方面，教育支出 75.6 亿元，增长 9.45%。其中小学教育支出 273.22 万元，初中教育支出 974.7 万元，高中教育支出 7184.72 万元（黔南州人民政府，2018）。从《黔东南州 2016 年度民族教育发展计划》可以看出，该地区强化学生资助，全面落实义务教育经费保障机制和高中阶段教育国家助学政策，完善农村义务教育阶段家庭经济困难寄宿生生活费补助政策，加大对家庭经济困难幼儿、孤儿、残疾幼儿入园的资助力度，推进普通高中、中职学校"两助三免（补）"，普通高校"两助一免（补）"政策，农村贫困生在享受国家助学金的基础上，新增农村贫困生资助资金每生每年分别为

2660 元、1900 元、4830 元（专科生 4500 元），力争"两助三免（补）"实现农村学生全覆盖（黔东南州人民政府，2016）。

总的来说，民族地区教育经费投入渠道较为单一，社会投入比例不高。《国家教育事业发展第十二个五年规划》明确指出，要完善教育经费保障机制，在政府增加教育经费投入的同时，要积极鼓励和引导社会资金的投入，拓宽经费来源渠道，形成多元化的教育投入体制。民族地区教育单一的投入结构模式不能满足民族地区教育多元化发展趋势的需要。在走向"创新驱动"的"十三五"规划时期，民族地区的发展需要更加依赖于应用型、创新型人才的培养，而要培养这两种类型的少数民族人才，重要基础之一就是教育要与地区的产业结构、经济发展相结合，这就离不开社会力量的广泛参与。

第四节　基础教育政策法规

为提升整体教育质量和水平，加快推进贵州省教育现代化步伐，根据国家及贵州省教育改革和发展规划纲要要求，贵州省教育厅基于本省教育实际情况，联合有关部门颁布出台了系列重要政策法规，以指导贵州基础教育事业全面发展。

2011 年 6 月 29 日，贵州省人民政府下发《贵州省关于大力发展教育信息化的意见》的通知，以"整体规划、校企合作、分步实施、重点推进"为基本原则，与网络运营商及相关企业开展战略合作，根据不同类型及地域条件的中小学校特点，快速、有序地推进省内基础教育信息化建设重点工程①。在制度保障方面，制定出台了各级教育行政部

---

①　该工程项目包括远程视频会议、培训及教学系统建设，中小学基础网络建设，"班班通"工程建设，教育信息示范校、实验区建设等。

门和中小学基础教育信息化发展规划纲要、数字化资源建设规划纲要、教师教育技术能力建设规划纲要、中小学教育信息化评价指标体系等，以不断加强基础教育信息化制度管理建设，建立和完善基础教育教师信息技术能力培训体系，健全基础教育信息化创新人才队伍的培养激励机制。

2015年2月4日，为全面深化教育领域综合改革，努力办好人民满意的教育，贵州省根据《国家中长期教育改革和发展规划纲要（2010—2020年）》，提出《省人民政府关于基本普及十五年教育的实施意见》。其主要目标是以县（市、区、特区）为单位，拓展实施教育"9+3"计划，实现学前三年教育、九年义务教育、三年高中阶段教育普及，到2017年实现学前三年毛入园率、九年义务教育巩固率、高中阶段教育毛入学率达到85%以上。该意见主要内容包括三个方面。一是促进义务教育均衡发展。推进标准化建设，落实国家全面改善贫困地区义务教育薄弱学校基本办学条件各项目标任务，保证农村义务教育学校教室、桌椅、图书、实验仪器、教学设备、运动场等教学设施基本满足教学需要，鼓励整合县域内资源，为中小学校配置建设体育馆、游泳馆、科技馆等公益项目。深化义务教育课程改革，逐步构建以素质教育理念为核心的教育质量监测评估体系，着力培养学生创新精神和实践能力。二是提升普通高中办学质量。着力改善办学条件，根据经济社会发展和人口变化规律，优化普通高中资源配置，科学调整普通高中学校布局。加大普通高中建设经费投入和政策支持力度，加快建设和购置普通高中通用技术教室、实验室、体育场馆等设施设备，确保适应教育教学需要。三是加快教师队伍建设。充实教师队伍，切实落实学校用人自主权，科学合理核定幼儿园、中小学教师编制，完善补充农村中小学紧缺专业教师和职业教育教师的绿色通道。提高教师素质，将师德建设贯穿教师培养、培训、管理全过程，引导广大教师自觉提高师德修养，做学生爱戴敬仰的品行之师、学问之师。

2015年12月29日，贵州省教育厅、省民宗委联合颁布《贵州省加快发展民族教育实施方案》，共包括四个方面的内容。一是总体目标，到 2020 年民族教育质量全面提升，民族地区的整体教育发展水平及主要指标接近或达到全国平均水平，支持教育信息化建设及应用，促进民族地区教育内涵式发展。二是重点工作，主要有以下几个方面。①加强民族团结教育。在大中小学广泛开展民族团结教育，在小学高年级、初中开设民族团结教育专题课，强化对伟大祖国、中华民族、中华文化、中国共产党、中国特色社会主义道路"五个认同"教育。②实施能力提升"双百工程"。打造 100 所民族特色示范学校；在民族学校培养和遴选 100 名优秀教学名师。③支持教育信息化建设及应用。逐步提高学校信息化基础设施与教育信息化应用水平，提升民族地区中小学教师信息技术教学和应用能力。三是加强师资队伍建设。制定民族地区教师队伍建设专项规划，实施好乡村教师支持计划，落实每五年一周期的教师培训政策。四是保障措施，重点要做好以下几方面工作。①加强组织领导，各地要研究制订民族教育发展专项规划和年度计划，明确发展目标、主要任务、改革举措、重大项目和保障措施。②完善经费投入机制。各级财政要加大民族教育专项经费投入，加快推进民族地区基本公共教育服务均等化。③加大学生资助力度。落实教育精准扶贫工作，进一步加强对民族地区建档立卡贫困户就读子女资助。④发挥对口支援作用。完善民族教育开发合作与教育帮扶机制，每年选派一定规模和数量的民族地区农村中小学校长及骨干教师外出进修学习。⑤强化督导检查。各地政府要把落实民族教育工作任务情况纳入政府目标考核和政府教育工作督导考核，确保民族教育目标任务的实现。

2016 年 4 月 13 日，贵州省民宗委、省教育厅、省文化厅联合印发了《关于全面推进各级各类学校民族文化进校园工作的实施方案》，强调文化是民族团结之根，是民族和睦之魂，丰富多彩的民族文化是贵州最为珍贵的文化遗产。应进一步加大力度推进民族文化进校园工作，包括深化民族文化教育教学改革、注重师资队伍建设及科学定位课程目标等。强调民族文化特色在民族文化课程教育中的重要地位和作用，以学生的身心健康发展为基础，不断加强实践环节的活动安排，培养民族地区学生的审美观念和文化素养，加强创新能力培育，科学定位民族文化教育课程，不同学段的课程目标应该有所侧重（见表 3 - 6）。

表 3 - 6 民族文化内容在不同阶段的课程定位

阶段	课程定位
义务教育阶段	以激发兴趣为主，教授必备的基础知识和技能，培养一两项民族文化特长爱好及健康向上的审美情趣、审美格调及审美观念
普通高中阶段	针对不同民族文化爱好发展的需要，凸显课程的多样性和可选性，拓展人文视野，丰富民族地区学生的文化审美体验
中职学校和职业院校阶段	利用当地民族文化特色优势，将艺术技能和职业技能培养有机结合，培养学生的民族文化特长和兴趣，为其融入社会、创业就业和健康快乐生活奠定基础
高等教育阶段	以本校相关学科优势和当地教育资源优势为依托，增强民族文化传承意识和创新意识，加强文化传承的使命感和责任感

资料来源：根据《关于全面推进各级各类学校民族文化进校园工作的实施方案》内容整理。

2016 年 4 月 19 日，经贵州省人民政府同意，省财政厅、省教育厅联合印发了《贵州省关于进一步完善城乡义务教育经费保障机制的实施方案》，建立了兼顾城乡并重点关注基层义务教育的经费保障机制，为进一步完善城乡义务教育一体化改革发展投入机制奠定了坚实基础，主要内容为"两统一和两巩固"①。

---

① 两统一：一是统一城乡义务教育"两免一补政策"，对城乡义务教育学生免除学杂费，统一城乡义务教育阶段家庭经济困难寄宿生生活费补助政策，资助覆盖面原则上按义务教育阶段学校寄宿生人数的 70% 确定；二是从 2016 年春季学期开始，统一城乡义务教育学校生均公用经费基准定额，普通小学每生每学年 600元，普通初中每生每学年 800 元，在此基础上，对寄宿制学校按照寄宿生年生均200 元标准增加公用经费补助，继续落实好农村地区不足 100 人规模的较小学校按 100 人核定公用经费。两巩固：一是巩固完善城乡义务教育学校校舍安全保障长效机制，明确义务教育学校校舍安全保障长效机制资金重点支持公办义务教育学校维修改造、抗震加固、改扩建校舍及其附属设施；二是巩固落实城乡义务教育教师工资政策，要求县级人民政府确保县域内义务教育教师工资按时足额发放，按照教师平均工资水平不低于当地公务员平均工资水平的原则确定。

从以上相关政策法规中的内容可以看出，贵州基础教育在目标上依托教育信息化背景，全面深化教育改革，重视质量提升，不断完善城乡义务教育经费保障机制。秉持民族团结教育理念，将文化看作是民族团结之根、民族和睦之魂，大力推进民族文化进校园工作。新时代背景下，贵州基础阶段的外语教育政策及规划需要充分考虑上述相关政策法规要求，以确保教育政策之间的相互契合。

第五节　基础教育信息化现状

教育信息化主要是指在教育领域，通过运用计算机多媒体和网络信息技术促进教育全面改革，使教育发展逐步适应信息化社会的新要求。在国家政策支持下，"教育扶贫"与"教育信息化"融合发展，使民族地区实施的教育扶贫行动取得了重大成效，民族地区学校基础设施、教学资源、软件工具等方面的基本配置水平得到了提升，正逐步发挥信息化助力教育扶贫的作用。近年来，国家教育精准扶贫系列政策持续出台，教育扶贫投入和支持力度也在不断加大，教育信息化以可见的优势快速融入民族地区教育精准扶贫工程。在扶贫政策方面，2014年以来，各类信息化助力教育扶贫政策的关注点逐渐从硬件建设转向数字资源、信息化软环境建设及师生信息素养的提高。随着教育扶贫信息化配套政策逐渐完善和实施，民族地区教育扶贫工作完成了薄弱学校基础设施建设和师资培训，优质数字资源在民族地区全学段、全类型教育中的覆盖面不断扩大，整体教育质量得以提升。信息化对教育精准扶贫的作用日趋加强，对民族地区教育发展起到了极为重要的推动作用。

在扶贫主体方面，在国家教育信息化宏大工程的推进下，民族地区的学校、教学点已基本实现互联网接入，大多数已具备利用网络开展教学活动的基本条件；国家教育资源公共服务平台建设带动了偏远民族地区教育教学质量提升；国务院《乡村教师支持计划（2015—2020年）》有效推进，改善了乡村教师生活待遇的同时，也为民族地区教育发展注入了新的活力。

在扶贫方式上，《国家中长期教育改革和发展规划纲要（2010—2020年）》颁布实施十多年来，大力推进了民族地区信息化基础设施建设，使民族地区有条件共享优质教育资源。实施网络扶智行动，创新"互联网＋"扶贫模式，各种创新教育扶贫方式在民族地区开始推进。如贵州省黔西南州根据国家"三通两平台"①建设规划，实施教育云等教育精准扶贫机制，利用互联网、大数据等新兴技术，打破传统教学封闭模式，让贫困地区学生能共享优质教育资源，成为欠发达民族地区率先发展信息化助力教育精准扶贫的试点。

教育信息化在扩大民族地区优质教育资源覆盖面、增强民族地区教育基本公共服务能力上发挥了重要作用，为民族地区适龄儿童入学、义务教育保障、职业技能培训、升学就业等方面提供了技术性兜底保障。《教育信息化十年发展规划（2011—2020年）》的出台以及全国教育信息化工作电视电话会议顺利召开，表明教育信息化建设应用已经被正式纳入国家层面的工作议程。加快民族地区教育信息化建设，能够通过信息化手段扩大优质教育资源覆盖面积，逐步缩小区域及校际差距（高方银、余新，2015：63）。

为认真贯彻落实全国教育信息化工作电视电话会议精神和《教育信息化2.0行动计划》，切实加快贵州省教育信息化进程，进一步提升中小学教师信息素养，2018年11月2日，贵州省电化教育馆主办、黔南州教育局承办了"黔南州、六盘水市中小学教育信息化应用专项培

---

① 2012年9月5日，刘延东（时任国务委员）在全国教育信息化工作电视电话会议上提出："十二五"期间，要以建设好"三通两平台"为抓手。三通指宽带网络校校通、优质资源班班通、网络学习空间人人通；两平台指建设教育资源公共服务平台和教育管理公共服务平台。

训"活动。黔南州和六盘水市教育信息化教研员、电教人员以及"微课"应用活动管理员和中小学教师代表参加了培训。培训采用现场授课和网络直播方式进行,现场近 500 人参会培训,25000 余人通过网络直播收看培训。全省教育信息化发展以"微课"应用活动为抓手,推动教学模式创新发展,努力实现教育信息化的应用普及。

此外,贵州省电化教育馆于 2018 年 6 月组织召开"贵州省教育信息化国家政策解读培训会",会议强调《教育信息化 2.0 行动计划》是全面推进"互联网 + 教育"的总体部署,各级教育行政部门要准确把握《教育信息化 2.0 行动计划》的重要意义、总体要求和目标任务,深刻理解"三全两高一大""三个转变""三个新模式"① 内涵;要按照教育部统一部署,深入贯彻落实 2018 年全国教育信息化工作会议精神,立足于新的历史起点,根据新时代人才培养的新需求,秉承以能力为先的人才培养理念,将教育信息化工程作为教育系统性变革的内生力量,努力让教育信息化 2.0 变为现实。

少数民族地区教育信息化的快速发展,是推动新时代民族地区基础教育均衡发展的需要,是促进民族地区与城市发达地区教育资源共享的需要,更是实现民族地区学生接受公平教育、茁壮成长的需要。然而,由于受地域条件等客观因素的制约,贵州民族地区的教育信息化建设举步维艰,与东部和沿海发达地区相比差距非常明显,呈现出许多引人深思与亟待解决的问题。

石玉芳(2010:65)调查研究显示,从 2000 年至今,贵州部分农

---

① "三全两高一大"指教学应用覆盖全体教师、学习应用覆盖全体适龄学生、数字校园建设覆盖全体学校,信息化应用水平和师生信息素养普遍提高,建成"互联网 + 教育"大平台。"三个转变"指从教育专用资源向教育大资源转变、从提升师生信息技术应用能力向全面提升师生信息素养转变、教育信息化从融合发展向创新发展转变。"三个新模式"指努力构建"互联网 +"条件下的人才培养新模式、发展基于互联网的教育服务新模式、探索信息时代教育治理新模式。

村中小学的信息化进程明显加快，先后建成了 605 个计算机教室、5561 个卫星教学收视点和 5427 个教学光盘播放点，缓解了农村优质教育资源匮乏、师资力量不足的问题，但信息技术教育仍然面临较多的挑战，主要体现在以下几个方面：①经济落后，资金严重不足；②软、硬件设备匮乏；③教师利用信息技术的能力非常有限。张倩苇、王咸伟、胡小勇等（2012）也指出，2010 年贵州省人均 GDP 1.3 万元，只相当于全国平均水平的 40%，在 31 个省（区、市）中排名倒数第一。2005 ~ 2007 年贵州基础教育信息化程度在全国 31 个省（区、市）中排名均在 20 位之后，与全国的平均水平差距较大。

高方银、余新（2015：65）通过实证研究考察了贵州 5 个民族县区基础教育信息化建设应用情况，结果不容乐观：对于教育信息化建设应用方面的政策理论、教育理念及相关前沿信息，偏远地区的教育管理者及学科教师均表现出了较低的知晓率；民族地区区域性互联网接入方式较为良好，覆盖率较高，但教学用计算机数量达标情况不够理想，相关的电子数码产品及存储设备十分有限；民族地区义务教育阶段接受信息技术教育的比例差距较大，部分教师的信息技术整合能力还处于低级水平，与深度融合还有相当的距离。

近年来，随着基础教育经费投入的不断增长，贵州地区的信息化教育水平也迅速提高。中国教育技术协会信息技术教育专业委员会常务理事刘军介绍，截至 2017 年底，全省小学、初中、高中宽带接入率分别达到 95.23%、99.08%、95.45%。网络带宽不低于 10 兆的中小学校占比达到 75.9%，无线网络校园全覆盖的中小学校占比 14.36%，2326 所中小学建有教师电子备课室，1739 所学校建有电子阅览室。全省配备多媒体设施"班班通"教室达到 11.72 万个，覆盖率为 83.57%，普通教室全部实现多媒体化的学校有 7388 所，占比达到 73.09%。全省近 160 万名师生通过"网络学习空间"探索网络条件下的新型教学、学习与教研模式，其中教师 20 万人，学生 140 万人，教育信息化管理系统逐渐普及（搜狐网，2018）。

针对民族地区教育资源的不均衡发展问题，在实践中的通常做法为通过信息化手段加强区域之间的校际合作，将发达地区优质教育资源向民族贫困地区输出，以达到相对均衡，并促进民族贫困地区教育发展目标的实现。这种策略在促进优质教育资源共享方面确实能发挥重要作用。但是从长远来看，民族地区精准扶贫需要对应解决"多样化的教育诉求"，这种方式不能从根本上解决民族地区的教育贫困问题。要切实破解这一难题，关键在于找到适合本地区的教育发展策略以有效促进民族地区的整体发展。信息化助力民族地区教育精准扶贫需要通过信息技术加速外来资源"输入"向本土化发展的转换，结合民族地区特色，培养本土信息化人才，构建本土优质数字资源体系。本土化发展从根本上为民族贫困地区教育提供内生动力，是民族地区教育精准扶贫的有力手段。

教育信息化发展水平是民族地区教育现代化的重要体现。教育信息化正日益成为民族地区提升教育精准扶贫效果的关键因素。教育信息化能够为民族地区传统教育理念带来重大转变，民族地区教育精准扶贫战略中也蕴含多元、丰富的现代化扶贫思想。信息化助力民族地区教育精准扶贫是加快实现民族地区教育现代化的有效手段，有利于最终达到民族地区教育均衡发展的战略目标。

第六节　本章小结

本章对贵州基础教育的基本情况进行了介绍，主要包括人口及民族分布概况、基础教育事业发展概况、基础教育经费投入、基础教育政策法规，以及基础教育信息化现状等。通过上述介绍，我们对贵州的基础教育情况有了较为全面的认识。由于本研究重点关注的是基础教育阶段的外语教育政策规划问题，我们还需要在上述内容的基础上进一步挖掘和拓展，如基础教育中外语教育的政策规划，包括教学实施方案、教师教育政策及外语考试测评等，广大的一线外语教师和学生作为利益相关者在政策规划中的角色等，都需要通过实证研究才能找到答案。在接下来的章节，笔者将根据实际调研情况进行逐一汇报呈现。

第四章 ▸▸▸
研究设计

在本书前面三章内容中，笔者对本研究的研究背景、研究目的及意义、研究内容、已有研究、贵州基础教育概况等进行了较为详细的介绍。本章对研究设计（包括先导研究和正式研究）进行详细介绍，然后简单介绍研究伦理的考量。先导研究部分包括开放式访谈及问卷的设计、数据分析及问卷修订；正式研究部分包括研究问题、研究变量、研究对象、研究方法、数据收集与整理，最后形成结论，回答研究问题。本章研究框架与流程如图 4 – 1 所示。

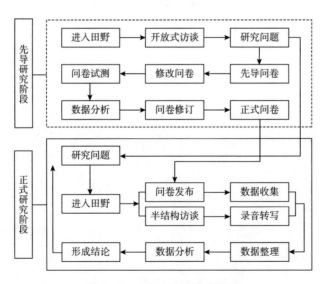

图 4 – 1　本章研究框架与流程

第一节　先导研究

先导研究（pilot study）一般指研究者为了获得正式研究所需数据进行的前期研究，以质化研究为主要形式来进行数据收集和分析，旨在为正式研究提供理论及方法论指导（Creswell，2008，2015）。为更全面地了解新时代贵州基础教育阶段外语教育实践及相关政策的实施状况，笔者需要进入各中、小学开展广泛调研了解情况，为后续的正式研究确定第一个研究问题，也为进一步探索分析第二个研究问题寻找新的支点和维度。调研的主要形式是开放式访谈及问卷调查，内容涉及贵州基础教育阶段英语课程标准的实施情况、师资培养情况、各学校的外语教研计划、考试测评等。

一　先导研究设计

研究对象的选择和确定。本研究是从公众参与的视角来研究贵州基础外语教育政策规划问题，选择的调研对象主要是基础教育阶段的教师和学生以及基层教育部门行政领导。根据语言政策研究领域相关学者的学术观点，教师和学生既是教育政策的执行者，也是教育政策制定的参与者（Ricento & Hornberger，1996）。早期政策学的研究路径偏向历史—语篇的分析方法，重政策文本分析，通常采用话语分析的方式探究政策背后的意识形态或权力问题。随着后现代解构主义相关理论的出现，人们更多关注各利益群体在政策过程中的能动作用，从宏大叙事转向微观层面的教育规划，如社区、学校或家庭中的语言规划问题。教师角色的后现代转向，表明了教师从固有的知识"传话筒"及课堂话语的"霸权"角色逐步转变为教学活动的变革者和创新意义的建构者，以动态、多元、开放和平等的态度来对待教育（Johnson，2013；Menken & García，2017；沈骑，2008；高雪松、陶坚、龚阳，2018）。因此，本研究的调研对象就是贵州基础教育阶段的外语教师和学生以及基层教育部门的行政领导。

笔者在正式进入田野调查之前，通过熟人介绍及自己联系的方式，对贵州部分中小学的教师和学生进行了开放式的访谈以作为先导研究素材。具体实施的时间在2018年4~5月，地点在2所民族中学及1所民族小学，访谈对象是三所学校的校长、副校长及外语教师，访谈形式是面对面个人访谈。具体学校及相关信息见表4-1。

为了确保访谈工作的顺利进行，笔者事先与被访谈者通过电话和短信进行沟通交流，确定访谈事宜，如确定访谈时间和地点。为方便研究对象，访谈分别是在校长办公室、学校会议室及学生活动室进行的。访谈开始前，笔者先向对方阐明了该次访谈的目的及大致流程，并告知对方访谈时间不超过30分钟。时间过长易让被访者产生厌烦情绪，影响访谈质量；时间过短也很难获得实质性的反馈。在获得对方同意录音的答复之后，笔者对访谈过程进行了录音。访谈结束之后笔者将录音转写成了文本，后又将转写文本反馈给访谈对象确认，最后对转写的文本进行归纳整理，以备下一步分析所用。

表4-1　先导研究访谈人员及学校一览

	访谈对象					
	教师			校长		
来源	J + M + Z			J + M + Z		
数量	3人			3人		
姓名代码	L老师	Y老师	W老师	L副校长	Y校长	L校长
年龄	28岁	42岁	28岁	45岁	43岁	45岁
性别	女	男	女	女	男	女
访谈方式	面对面个人访谈			面对面个人访谈		

续表

	教师	校长
访谈提纲	①研究目的介绍。②贵校会根据国家颁布的英语课程标准要求来制定本校的英语教学实施方案吗？③您认为贵州基础教育阶段学生学习外语最大的困难是什么？④您认为当前贵州地区外语教育是否体现了多元化的特征？⑤您认为通过学习外语可以传承传播民族文化吗？⑥您认为作为一线教师有可能参与到相关外语教育政策的制定中来吗？⑦您参加过哪些外语教育方面的培训？	①研究目的介绍。②请您简要介绍下贵校学生的构成比例、贵校的办学宗旨和理念，好吗？③您如何看待贵州基础教育阶段的外语教育？如是否有必要针对贵州地区出台专门的外语教育政策？④作为本地区的学校领导，您是如何规划学校的办学理念的？⑤民族文化在外语教育中的分量如何？是否存在缺位的现象？

注：调研学校为 2 所民族中学（分别用 J 和 M 代替），小学 1 所（用 Z 代替）；访谈对象为教师 3 人（分别用 L、Y、W 代替），校长 3 人（分别用 L、Y、L 代替）。

二　先导研究开放式访谈结果

访谈资料的分析属于质性分析的范畴，其根本理念在于从繁杂的现象中归纳出研究结论。在质化研究的资料分析过程中，所有的概念和观点都不是一蹴而就的，而是逐步形成的。质性资料的分析一般包括下面五个步骤，分别是编码、主题提炼、主题关联、提出观点和验证观点。这里的观点并非整个研究的最后观点，而是分析资料过程得出的初步成果，随着资料分析的推进，研究者的观点要随时进行调整（杨延宁，2014：166）。

（一）编码

编码是质性资料分析中最重要的基础步骤，是指研究者在进行资料分析时，运用一套有组织的符号系统，持续地将资料转变为概念，其目的在于找出研究者感兴趣并在所观察的研究情景中屡次出现的重要现象。其方式是通过对文字资料逐字逐句的阅读，将琐碎的资料进行归纳、整合，并赋予其新的意义（杨延宁，2014：166）。

表 4 - 2 是对 L 老师的访谈文本编码，我们发现在 L 老师的回答中，

透露出这样几个重要的信息：①学校校本外语教学实施方案缺失，即学校层面的外语教育政策规划缺位；②民族地区学生的家庭单语母语环境对其外语学习产生了不利影响；③多语环境对于学生的外语学习较为有利，在民族地区的外语教育中，教师和学生都需要充分认识到外语课程的文化属性，在教育实践过程中吸收不同的文化元素，正确认识少数民族文化在外语教育中的合法性和合理性。因此新时代民族地区的外语教育规划应关照民族文化的内容，通过外语教育来传承传播民族文化（苏岚，2017：242）。

表 4-2　L 老师访谈文本编码（节选）

原始文本	一级编码	二级编码	三级编码
据我所知，学校是没有您说的这个外语课程实施方案的，而是按照集体备课的方案来开展教学活动	实施方案欠缺	缺乏指导方针	教育政策
我觉得民族地区的学生学习外语最大的困难是学习环境不好	学习环境	环境	单语环境（民族母语环境）
还有一个就是基础不好	学习基础		
根据我在民族地区乡镇上教了三年多的经历（其实我教龄也不长），那里的小孩，不管是爷爷奶奶带也好，父母带也好，从小都是说的民族语言，所以他们读到小学过后，连说普通话都有一点困难	长辈的母语教育影响孩子学普通话	民族母语环境	
如果是跟着父母在外面读书的学生，那就还好；有些学生有父母在外面打工回来的话，也会说普通话，也还好	在外打工的父母说普通话影响孩子普通话水平	民族母语环境和普通话环境	
从小跟在爷爷奶奶身边长大，或者父母都在家务农的孩子，一般都是用民族语言来交流，这样的话，他们就连最基本的学习中文的拼音都有一定的困难，发音不会很标准，英语甚至读不出来那个发音，会不标准	父母在家务农，民族语言交流影响孩子汉语和英语学习	民族母语环境影响汉语拼音发音和英语发音	通过外语教育（多语环境）传承民族文化
新时代民族地区的外语教育首先应该通过外语这个平台让民族文化"走出去"，我们的国家越来越强大了，现在不是我们要出去旅游，而是更多的外国人到中国来旅游、投资、学习，民族地区的自然环境很好，人文景观也不错，所以我认为应该让民族文化"走出去"	新时代民族地区可以通过外语教育传承民族文化	通过外语教育传承民族文化	

　　问及学生学习外语最大的困难时，L老师提到贵州地区学生学习外语最大的困难是学习环境不好，其次是基础不好。新时代民族地区外语教育的"新"体现在通过外语教育传承民族文化，因此这部分我们可以归纳为教育政策、单语环境（民族母语环境）和通过外语教育（多语环境）传承民族文化。基础教育阶段的教育政策是教学"指挥棒"，指导着教师教学工作的开展。民族单语环境使少数民族学生的汉语学习和外语学习都受到不同程度的影响，如说普通话比较困难、外语发音不标准等，进而影响了学生学习外语的兴趣。那么在多元化的环境（多语环境）中，学生的汉语和外语学习又是怎样的呢？请看W老师访谈文本编码（见表4-3）。

　　从表4-3可以看出，贵州地区学生的外语教育实际上蕴含多元文化的特征，尽管W老师提及该校的外语语种有限，谈不上是多元文化教育，但这恰是民族地区外语教育需要努力的方向。

表4-3　W老师访谈文本编码（节选）

原始文本	一级编码	二级编码	三级编码
严格来说，目前我们学校的外语教育还谈不上是多元文化教育，因为外语语种只有英语，学生选择还是比较有限的。首先因为单一语言环境影响，然后还有家庭因素的影响	外语语种有限，不算多元文化教育	学习环境	多元文化
这里的学生对外语并没有那么大的兴趣。如果作为必修课去学习的话，他们会感觉学习上有很大压力，对于这一科目的兴趣不是很足	学习兴趣不大，英语学科学习压力大	学习兴趣	外语学习内在动因
如果能够从小培养他们学习英语的兴趣，那么他们还是可以的。可以说，这方面应该也能够取得一个比较好的成绩	从小培养可以学好	学习阶段	

续表

原始文本	一级编码	二级编码	三级编码
初中和小学阶段，我认为作为选修课比较好	基础选修	课程类型	外语学习外在因素
到了高中以后呢，他们的思想会稍微成熟一点	思想成熟	学习方法	
之后，他们再根据自己的兴趣选择要不要学习英语	兴趣选择		
根据我们自己学习英语的经验，小学没学过	个人经验		
但是初中、高中、大学的英语，万变不离其宗，就那几个语法，在初中是这样学的，在高中还是这样学的，在大学还是这样学的	英语共性 语法不变 方法不变		
不如给他们多一个选择，让他们感受到英语的用处、感受到英语的兴趣后再选择要不要学	多点选择 英语用处	外语用处	

　　民族地区学生外语学习主要受两个方面因素的影响。一是外语学习内在动因，如个人学习兴趣及外语学习阶段的划分，W老师认为兴趣对于民族地区学生的外语学习至关重要。人本主义学习理论认为：教育要尊重个体的心理差异与独特性。教育的目的是帮助学生发展个性，这不仅是学生发展的需求，也是社会发展的必然。在教学中，教师应给出与学生的现实相关的、其感兴趣并有意义的话题供学生讨论。二是外语学习外在因素，如采用什么学习方法效果更好、学习外语究竟有什么用处等。我们认为，民族地区基础教育阶段学生的外语学习应该是多元的，不仅包括外语语种的多元化，在学习内容方面也应该是多元的，注重培养学生的学习兴趣。

　　那如何才能提高民族地区学生学习外语的兴趣呢？请看Y老师的访谈文本编码（见表4-4）。

　　从表4-4可以发现，贵州基础外语教育中要提高学生的学习兴趣，教师还得采用一些特殊的教学方法，如与本民族的文化内容结合起来。

民族文化在外语教材中的缺位在一定程度上影响了民族地区学生的外语学习，因此，有必要针对民族地区的语言环境编制具有校本特色的外语教材。

表 4 - 4　Y 老师访谈文本编码（节选）

原始文本	一级编码	二级编码	三级编码
实际上，在我的教学过程中有过尝试	个人尝试		
比如说英语单词"door"，很巧合，在侗语里面"门"也念/dɔː（r）/，所以每次我教这个单词的时候，学生就很有兴趣，一教就会。但英语中关门是"close the door"，侗语里面又不一样了，关门念/tʃaːdɔː（r）/。就是有些词一样，有些词却不同。比如英语中天是"day"，在侗语里面/dei/是死的意思，所以我念的时候，下面的学生就会笑，但是从反面来说，这样也能够加强他们的记忆	侗语与英语的相似之处，提高学生学习兴趣	民族地区外语教师的教学策略	民族地区多元化外语教学模式
我觉得这样也是不错的。但是我发现有这样一种现象，就是民族文化在我们外语教学当中缺位	民族文化在外语教学中缺位	民族文化缺位	
比如说，大家对西方的一些节日如圣诞节就会非常了解，我们的英语学的全部是国外的一些文化节日	热衷西方节日		
学生对自己的文化，无论是汉族文化还是少数民族文化，都不太关注。也就是说我们自己的传统文化是缺位的，就算介绍中国节日也无非是汉族的春节、元宵节，几乎没有关于少数民族的	忽略本民族文化特色		
我认为，如果课本上能够更多地融入民族文化的一些内容，那么他们的兴趣会更高。比如说我们马上就要过九月九，汉族是重阳节，在平秋这边叫安瓦节，是平秋一年当中最盛大的一个节日，都要穿着盛装，然后还有很多活动，如果能把这些活动用英语编写，然后放在教材里面，他们看到图片学习兴趣就会更高	外语教材融入少数民族文化内容，学生学习兴趣会更高	外语教材中整合进民族文化内容	民族地区的特色外语教材

文化适应理论认为，语言学习者对所学语言的文化适应程度表现在他与该文化的社会距离和心理距离两个方面。如果学习者愿意主动接受目的语文化并对其有比较强烈的好感，其社会距离和心理距离就会大大缩短，从而积极主动地学习这门语言，反之，如果学习者感到不适，就

会与该文化之间产生较大的社会距离和心理距离。民族学生对本民族文化在外语学习中的融入有较强的认同感，随着学习兴趣的逐步加深，渐渐消减对外语文化的排斥，与外语的心理距离就会大大缩短。

针对民族文化的缺位问题，学校领导者又是如何看待的呢？请看 L 副校长的访谈文本编码（见表 4 - 5）。

表 4 - 5　L 副校长访谈文本编码

原始文本	一级编码	二级编码	三级编码
您好，校长，请您简要介绍下贵校学生的构成比例、贵校的办学宗旨和理念，好吗？	少数民族学生占98%以上，受民族语言环境影响，学生英语口语能力不强	受民族语言环境影响，英语口语不好	民族单语环境
我们学校的少数民族学生要占99%以上，以苗族和侗族为主。我们的办学理念是"以人为本，全面发展，就读三年，受益一生"，宗旨是"让学生开心，让家长放心，让社会满意"。但少数民族学生长期受到民族语言环境的影响，英语口语能力较差			
针对咱们这样的民族特色类中学，学校或者地方教育管理部门有没有制定或者出台相关的外语教育政策？	执行国家统一的英语课程标准，学生参加统一考试，不执行标准成绩会受影响	学校执行统一英语课程标准，教师个人尝试添加民族文化内容，拓宽学生视野，传承民族文化	缺乏校本英语课程实施方案，需开展民族地区的校本外语教材开发工作
学校层面没有外语教育政策，基本上是按照义务教育英语课程标准在执行			
这个大纲是通用的，在教学目的、教学方法上也适合贵校学生的情况吗？			
这个就没有办法了。因为考试是统一命题，不按照这个大纲执行的话，学生学习会受影响的，考试也比较麻烦			
有些老师在组织自己的英语课内容时会融入一些本民族文化的内容，学生也很感兴趣，您怎么看待这种情况呢？	英语教师将本民族文化内容融入教学活动，既可以拓宽学生英语知识面，还可以传承民族文化		
老师们的这个做法其实挺好的，一方面拓宽了孩子们在英语方面的知识面，另一方面对于本民族文化的传承也起到了很好的推进作用			
您认为有必要制定或者规划这样的外语教育政策吗？			
能将少数民族文化的内容融进外语教育中，我认为是一件好事，也会增加孩子们学习英语的兴趣，还是很有必要的			

续表

原始文本	一级编码	二级编码	三级编码
那您觉得民族文化在外语教育中的分量如何？是否存在缺位的现象？	民族地区外语教育中存在民族文化缺位现象，培养兴趣很重要	外语教育中存在民族文化缺位现象，应调整民族地区的外语教材内容和结构	缺乏校本外语课程实施方案，需开展民族地区的校本外语教材开发工作
缺位是肯定存在的，因为没有明确要求大家怎么做，没有一个纲领性或指导性的文件，只是教师想到了就做。希望以后能有所改善吧。我们的学生本来英语基础就比较差，兴趣方面也不是很浓，如果通过这种方式能让他们产生一种认同感，我认为是很好的一件事情			
您认为在政策制定方面，有没有必要针对本地区的学生制定一些专门的外语教育政策？	调整民族地区的外语教材内容，尽量跟上发达地区的步伐，与国内同步		
在地方层面做一些政策的调整还是很有必要的，毕竟民族地区的语言环境和其他地区有所不同。但是无论如何，少数民族的孩子长大之后总是要走出大山的，所以还是要努力跟上人家的步伐和节奏。我觉得民族地区的外语教材在内容的选择和安排上需要做出一些调整			

从表4-5我们可以发现，L副校长认为外语教师融入本民族文化内容开展教学活动是非常好的尝试，既可以拓宽学生的外语知识面，又可以传承民族文化；由于缺乏校本外语课程实施方案，有必要开展民族地区的校本外语教材开发工作。

（二）主题提炼

主题提炼的目的在于发掘现象之间的关联，将原始资料转变成抽象的概念体系。笔者采用类似的方法，将访谈文本一一分析，再结合相关文献梳理，得出了以下几个结论。

第一，调研学校校本层面的外语课程实施方案比较缺乏，目前学校还是将《义务教育英语课程标准（2011年版）》（以下简称《英语课标2011版》）作为学校教学指导方针。通过仔细研究《英语课标2011版》政策文本，我们发现有这样的表述：

考虑到我国地域辽阔、民族众多、经济和教育发展不平衡的实际情况，各地可根据师资条件、资源配置等情况，制定本地区的课程实施方案……各地教学研究部门应帮助学校因地制宜地落实本地课程实施方案……促进地区英语教育的均衡发展。

……根据所在地区的教学实际需要、学生现有水平、课时安排等，可对教材内容作适当的补充和删减……根据实际教学目的和学生学习需求，对教材中的部分内容和活动进行替换。

民族地区有其特殊的自然环境和人文环境，民族地区学生的外语教育实际上是三语习得问题，应该因地制宜出台或制定符合本地区本校学生特点的外语教育政策（原一川、钟维、吴建西等，2013；李力，2000），以呼应《英语课标 2011 版》中的相关规定。这样，一方面符合总的教学要求，另一方面又能突出体现民族地区的教育特色。正如吴驰（2018）所言，在不同地区采用同一种教育政策、同一种外语教学模式和方法，显然是脱离实际的。中小学外语教科书未来发展需要转向基于区域差异和城乡差别的多样化建设模式。此外，使用者和使用地区的特色在教科书中也应该有所体现。

第二，民族地区的母语环境是少数民族学生学习外语的最大困难。当问到"您认为贵州基础教育阶段学生学习外语最大的困难是什么？"时，教师们说得最多的就是环境的问题。少数民族学生大多只会讲自己的民族语言，尤其是民族聚居地区乡镇的学生，有些连说普通话都比较困难。学校和家庭都没有能力为其营造说外语的环境，致使大部分学生很难开口说通顺的外语，由于基础比较差，阅读和写作更是比较困难。

第三，被调研学校外语教育中民族文化缺位现象比较严重。当问到"您认为新时代的民族地区外语教育究竟'新'在什么地方？"时，L老师这样说："新时代民族地区的外语教育首先应该通过外语这个平台让民族文化'走出去'，我们的国家越来越强大了，现在不是我们要出去旅游，而是更多的外国人到中国来旅游、投资、学习，民族地区的自然环境很好，人文景观也不错，所以我认为应该让民族文化'走出去'。然而在我们的日常外语教育中很少有关于本民族的文化内容，基本上都是国外的东西。"

《英语课标 2011 版》明确要求，"在学习和日常交际中，能初步注意到中外文化异同"；"关注中外文化异同，加深对中国文化的理解"；"能初步用英语介绍祖国的主要节日和典型的文化习俗"；等等。可见课程标准在民族地区部分学校的实施情况不容乐观。苏岚（2017）也指出，很多学生学了十多年的外语，能用外语表达外语文化，而用外语表达汉语文化的能力却非常薄弱，用外语表达本民族文化更是难上加难，少数民族文化在外语教育中几乎不见踪影。长此以往，少数民族学生将渐渐失去在外语学习方面的动机和热情，民族文化在外语教育中的缺位不利于文化自觉的实现。

第四，外语教师参与制定政策的意识比较淡薄。当问及"您认为作为一线教师有可能参与到相关外语教育政策的制定中来吗？"时，三位教师都认为自己只是政策的落实者、执行者，并没有意识到自己也有可能成为政策主体。这与本研究后面部分的问卷调查结果比较吻合，44.6% 的教师认为自己是政策的落实者，只有 7.2% 的教师认为自己是政策制定的参与者。沈骑（2017b：18）认为，外语教育规划必须倾听来自社会不同利益群体的声音，及时关注相关的社会环境。有学者提出语言规划需要特别关注不同群体在政策规划中的能动作用，以及这种能动性对整体语言政策走向的影响（Zhao & Baldauf，2012），教师、学生、家长以及公众人物、行政领导乃至社会舆论领袖等不同利益相关群体对于外语教育的态度和意见，在很大程度上会对外语教育政策的实施效果产生较大影响。

第五，基础教育阶段民族地区外语教师师资力量比较短缺，一方面因为教师数量有限，另一方面因为教师本身专业素养不是很高造成教师内部结构生态严重失衡。一个地区教育生态系统的良性循环，主要取决于该地区系统内各种教育生态因子的顺利演替。只有基础教育为高等教育不断输送优质生源，高等教育才能以优质毕业生回报社会，包括为本地基础教育输送优秀师资力量，二者形成互动演替循环关系（姜秋霞，2012）。基础外语教育因难以为本地区高等教育输送优质生源，后者也很难有效支持农村基础外语教育的发展。此外，不同学科之间教师的兼课现象也比较严重，语文教师、数学教师等需要兼职去做外语教师，有些外语教师也需要去兼职讲授语言或其他课程。这种现象在笔者调研的民族乡镇非常普遍。L 校长说："我们这边的师资比较欠缺。教师有本科有专科，但大多是参加函授学习获得的本科文凭。有部分特岗教师来我校任教，专职教师都是需要兼职讲授其他科目的，像英语老师王老师就还要给三年级的学生上德育课。"

新时代的民族地区外语教育既要传递异域文化，也要用外语来表达自身的民族文化（陈荣，2013：179）。《英语课标 2011 版》中明确指出："学习英语不仅有利于他们更好地了解世界，学习先进的科学文化知识，传播中国文化，增进与各国青少年的相互沟通和理解，还能为他们提供更多的接受教育和职业发展的机会。"众所周知，民族地区是多语多言（少数民族语言、汉民族语言、外语）的多元文化环境，民族地区的学生学习外语需要克服汉语和母语的双重障碍。要正确认识民族地区外语教育的多元文化意涵，传承与创新民族文化，实现少数民族外语教育的文化价值、增强文化自觉是我国少数民族外语教育的实然体现和应然诉求，也是少数民族外语教育的题中应有之义（苏岚，2017）。

（三）主题关联

从前面的编码中提炼出来的主题并不是孤立的，很多主题之间存在逻辑关系。从访谈资料中我们发现，教师提及最多的就是民族地区的语言环境问题，少数民族学生的民族母语单语环境影响了他们的汉语和外语学习，因此需要营造多元化的语言学习环境，然而学校层面在相关的教育政策上又比较缺乏，民族文化在外语教育中缺位的现象严重，部分教师的个人教学经验在一定程度上缓解了这种局面，使学生的外语学习兴趣有极大的提高，但这只是个人行为，需要上升到政策规范的程度，让这种多元化的外语教育模式得以推广和传承，或在相关的外语测评中有所体现。据此，根据前面的分析，我们可以建立主题关联（见图4-2）。

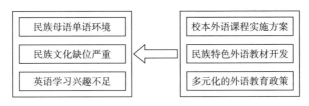

图4-2　主题关联示意

（四）提出观点

提出观点时，研究者要做出判断，因而难免会有一定的主观性。但是，本部分基于先导研究访谈资料提出的观点，是以访谈文本编码中提炼的主题和主题之间的联系为依据的，并非"无源之水"。以图4-2的主题关联为基础，笔者认为：在民族地区的基础外语教育中，民族母语单语环境使外语教育中的民族文化缺位现象严重，致使少数民族学生外语学习兴趣不足，应根据国家英语课程标准规划校本层面的外语课程实施方案，开发具有民族特色的外语教材，制定多元化的外语教育政策。

（五）验证观点

根据上述观点，笔者结合相关文献资料，尤其是教育政策的规划文献，编制了调查问卷，旨在通过较大范围的调查研究，探究民族地区基础外语教育中的政策规划问题。接下来的问卷调查和访谈过程在一定程度上便是为了验证上述观点。

三 先导研究问卷的编制及修改

根据上述先导研究开放式访谈结果，笔者初步确定了第一个研究问题：新课标政策背景下，贵州民族地区基础教育阶段的外语教育实践及政策状况如何？

为进一步研究民族地区基础教育阶段外语教育政策问题，有必要对这个问题进行较大规模的调查研究，于是笔者参考教育政策研究的经典模型，即政策内容、政策过程及政策价值研究（Hogwood & Gunn，1984；沈骑，2017b；陈坚林，2018），编制了一份调查问卷。正如本书文献综述部分所言，政策研究既要关注制定出来的政策文本，还需要关注政策从制定、执行到评价的全过程。而将政策视为一种活动及一个过程已成为当代西方政策科学研究的基本出发点。这种理解整合了"自上而下"和"自下而上"、静态和动态的政策研究视角。

如表4-6所示，问卷包含3个一级维度和10个二级维度。共44个题项。其中背景信息8题，基础外语教育现状调查18题，政策制定、执行及评价的观念类问题16题，开放题2题。

表4-6 先导研究教师调查问卷的编制维度

基础外语教育政策研究	
一级维度	二级维度
政策内容	外语课程实施方案
	外语教育培训
	教师工作计划
	外语考试测评
政策过程	政策制定
	政策执行
	政策评价
政策价值	政策公共价值追求
	政策主体价值倡导
	利益群体价值协调

　　沈骑（2011a：72）认为，教育政策内容研究涉及教育的各个方面，包括课程和教学实施方案、师资建设的规划以及考试测试的设计运作等。本问卷中的政策内容包括外语课程实施方案、外语教师培训、教师工作计划及外语考试测评。外语课程实施方案指学校根据国家的英语课程标准，结合本校实际所制定的外语教学指导方针，其中包括基本的教学目标、教学理念及教学要求等。外语教育培训指为提高外语教师的业务水平、增强教育教学能力，外语教师在入职期间所参加的与外语教育相关的理论和实践方面的培训。教师工作计划指外语教师的个人教学安排与教研小组的集体备课方案。外语考试测评指基础教育阶段的外语考试方案及其与素质教育之间的矛盾协调。

　　政策过程指政策规划制定到评价的全过程，主要包括政策制定、政策执行及政策评价（沈骑，2011a）。本问卷中的政策制定指学校以及教师作为中观层面的政策主体参与相关政策规划，政策执行指学校及教师同时也作为政策客体对相关政策进行落实贯彻，政策评价指对学生在外语教育政策中的地位及学习效果的检测。

　　政策价值研究被认为是教育政策分析中的核心领域，同时又是教育政策分析的一类主要方法（刘复兴，2002：15）。教育政策的价值研究是以价值哲学的世界观和方法论为基础探讨教育政策的价值问题，主要的内容是在价值目标的统率下对价值事实进行判断，最终确立一定的价值规范，包括政策公共价值追求、政策主体价值倡导、利益群体价值协调三个方面。政策公共价值追求就是教育公平与效率的博弈，教育政策决策主体在面对政策问题时会通过比较、鉴别、协调和平衡提出自己的价值倡导，从理想状态来说，教育政策应该在各种利益矛盾中寻找一个平衡点（孟卫青，2008a：39）。参考《英语课标 2011 版》中的相关表述，本问卷中的政策公共价值追求指外语教育政策作为公共政策所承载的宏观价值取向，政策主体价值倡导指政策制定者希望通过该政策所传递的价值观，利益群体价值协调指协调作为利益相关者的学生和教师在政策中的价值诉求。

问卷编制完成后，笔者对问卷题项进行了反复斟酌，并通过电话和微信请教相关专家与同门，最后将问卷发给几位同门帮忙审阅，同时邀请了两名中学外语教师试做问卷，就问卷的措辞、语气等进行修改，修改意见如下。M 中学的杨老师提出："我们学校也没有相关的政策文件规定该如何开展外语教学，也没有人来给我们这些老师培训，所以后面的开放式问题政策的落实情况我也不是很清楚。我一般都是根据自己的教学计划开展教学活动。"另有同门建议两个开放题的顺序应该调整为：①您对当前贵州地区外语教育政策的制定、执行和评价有什么看法？②您对贵州地区基础教育阶段外语教育政策还有哪些方面的建议和看法？还有同门提出将第 11 题题目改成"您认为制定基础外语教育政策需要_____"，这样的话就是正向提问，比之前的反向提问效果要好些。建议选项 A "没有广泛听取各学校管理者的建议"改为"广泛听取各学校管理者的建议"；建议选项 B "没有广泛听取学校教师和学生的呼声"改为"深入教学第一线听取教师及学生的意见"。第 12 题的 4 个选项有重复的地方，A 选项中的"教学意识能力薄弱"中的"能力"实际上包括了后面选项中的"教学方法"及"教学观念的更新"，建议改为"教研意识薄弱"。根据各方的建议，笔者对调查问卷做了较大的调整，形成先导研究调查问卷"贵州基础外语教育政策研究调查问卷——中小学教师版"。

四 先导问卷结果及问卷修正

问卷修改完成后，为进一步检测问卷的信度和效度，笔者于 2018 年 9 月 25 日通过问卷星在网络上发布进行小样本前测，对象是贵州中小学外语教师，共收回样本 52 份。对样本数据进行整理，剔除掉 2 份不符合要求的样本（不符合要求的主要有两类，一类是回答时间不超过 120 秒，一类是全选一个答案），最终有效样本 50 份。根据秦晓晴

（2009a）的要求，试测抽样规模一般需要 50～200 人。本研究试测样本量基本符合要求，适合进行初步统计分析。

（一）效度检验

效度（validity）是指研究者基于其所收集到的信息所做出的具体推论的恰当性、有意义性和有用性，效度检验是收集支持这些推论的证据的过程（弗林克尔、瓦伦，2004），也表示测量工具可以在多大程度上准确地测量研究对象，通常情况是从内容效度（content validity）和结构效度（construct validity）两方面来进行考察。

内容效度通常指调查问卷是否涵盖所要测量的某一构念的所有项目。在本研究中，问卷的维度设置是根据研究问题所涉及的变量做出的，主要参考了霍格伍德和冈恩的教育政策研究三维框架，即政策内容、政策过程和政策价值研究（Hogwood & Gunn，1984），每一个维度下面又包含若干子维度，参考了陈坚林（2018）、沈骑（2017b）、孟卫青（2008a）、刘复兴（2002）等的观点，在咨询其他专家学者的意见后进行修改完善，因此可以认为本调查问卷的内容效度较好。

结构效度指量表能够在多大程度上测量相关理论的概念或特质，一般采用主成分因子分析法来进行检测。因子分析主要采用 KMO 检验和巴特利特球形检验，KMO 值越高表示进行因子分析的效果越好，其值在 0.9 以上表示效果极佳，0.8 以上表示有较高的价值和意义，0.7 以上表示中等，0.6 以上表示一般，0.6 以下则表示不太好。巴特利特球形检验的显著性若小于 0.05，则说明原始变量之间存在一定的相关性，可以继续进行因子分析（杨世莹，2016）。

从表 4-7 可见，先导问卷的 KMO 值为 0.717，处于 0.7 至 0.8 之间，属于"中等"水平；巴特利特球形因子分析值为 544.830，显著性水平为 0.000，小于 0.05 的标准，表明变量之间存在显著的相关关系，即都有共同因子存在。表 4-8 数据显示解释的总方差共有 4 个因子的初始特征值大于 1，累计解释的总方差为 71.587%。以上数据表明：先导问卷具有较好的结构效度，但数值不是很高，有可能是样本较小所致，若作为本研究的研究工具，用于大规模调查，还需要进一步检测问卷的信度。

表 4 – 7　先导问卷 KMO 和巴特利特球形检验

KMO 和巴特利特球形检验		
KMO 取样适切性量数		0.717
巴特利特球形检验	近似卡方	544.830
	自由度	120
	显著性	0.000

表 4 – 8　先导问卷解释总方差

总方差解释						
成分	初始特征值			提取载荷平方和		
	总计	方差（%）	累计百分比（%）	总计	方差（%）	累计百分比（%）
1	7.066	44.161	44.161	7.066	44.161	44.161
2	1.838	11.487	55.648	1.838	11.487	55.648
3	1.473	9.207	64.855	1.473	9.207	64.855
4	1.077	6.732	71.587	1.077	6.732	71.587
5	0.906	5.663	77.251			
6	0.779	4.868	82.118			
7	0.666	4.165	86.283			

（二）信度检测

为确保问卷的可靠性，通常在设计好一份量表后还要对其进行信度检测。信度（reliability）指的是所获得的分数的一致性，即某一工具从一个施测者到另一个施测者，从一套题目到另一套题目变化时，每个人所得到的分数如何一致的特点（弗林克尔、瓦伦，2004）。量表的信度（可靠度）越高，代表量表的稳定性越强。量表常用的信度检测工具是计算 Cronbach's α 系数（即"克隆巴赫系数"）。关于 Cronbach's α 系数值到底要多少量表才能被接受尚无固定标准，一般认为全体量表的总信度在 0.7 以上，各因素的内部一致性至少高过 0.6 才为合格。下面对先导问卷信度进行检测。

从表 4-9 可以看出，试测问卷量表题部分的信度为 0.870，大于 0.7，说明问卷信度水平较高。由于是小样本试测，还需要考量每一个变量的最右侧"删除项后的 Cronbach's α 系数"列，这是指删除该变量后其总信度将如何变化。

表 4-9　先导问卷 Cronbach's α 系数检测

可靠性统计	
Cronbach's α 系数	项数
0.870	16

从表 4-10 可以发现，若删除"外语教学只讲英语国家文化"，其总信度将变为 0.895；若删除"以教师为中心来组织教学活动"，其总信度将变为 0.880：都超过了原来的 0.870。此外，还需要参考"修正后的项与总计相关性"（CITC）值。如果某题项对应的 CITC 值低于 0.4，则应该考虑对该题项进行修正或者删除处理。表 4-10 显示"外语教学只讲英语国家文化"及"以教师为中心来组织教学活动"两项的 CITC 值分别为 0.154 和 0.361，均小于 0.4，经过咨询专家及同门，综合专业知识，笔者决定删掉这两个题项。经过如此调整，先导问卷量表题部分信度值为 0.919（见表 4-11）。

表 4-10　先导问卷量表题部分 Cronbach's α 系数检测

项总计统计				
	删除项后的标度平均值	删除项后的标度方差	修正后的项与总计相关性	删除项后的 Cronbach's α 系数
多元化的外语教育政策	63.18	62.273	0.602	0.859
政策的指导	63.10	63.929	0.550	0.861
新时代学生的国际视野	63.08	62.687	0.496	0.863

续表

	删除项后的标度平均值	删除项后的标度方差	修正后的项与总计相关性	删除项后的Cronbach's α系数
外语教学融入民族文化	63.36	59.174	0.676	0.854
新时代学生的爱国意识	62.96	65.304	0.521	0.863
外语教学只讲英语国家文化	64.96	64.284	0.154	0.895
外语活动中融入民族文化	63.28	62.083	0.682	0.856
外语教育传承民族文化	63.24	63.451	0.605	0.860
融入民族文化的内容更有趣	63.22	62.093	0.670	0.856
以教师为中心来组织教学活动	64.82	59.702	0.361	0.880
基层教师参与政策制定	63.38	60.853	0.687	0.855
新时代注重听说读写等技能	63.08	64.402	0.533	0.862
为外语教育政策建言献策	63.28	62.002	0.637	0.857
外语教育意义重大	63.12	62.353	0.698	0.856
新时代课堂以学生为中心	63.12	63.006	0.608	0.859
新时代培养学生的动机兴趣	63.12	64.516	0.583	0.861

表 4 – 11　先导问卷修正后的 Cronbach's α 系数检测

可靠性统计	
Cronbach's α 系数	项数
0.919	14

　　从表 4 – 11 可以看出，先导问卷修正后量表题部分的信度值达到了 0.919，大于 0.7。表 4 – 12 显示删除项后的 Cronbach's α 系数均没有超过 0.919，各题项对应的 CITC 的值均大于 0.4，说明问卷的整体信度较高，能够较好地测量基础教育阶段外语教师对于政策的感知问题。经过对问卷进行仔细打磨，并请教专家及同门，对个别题目的形式进行了调整，形成了本研究问卷调查的最终版本"贵州基础外语教育政策研究调查问卷——中小学教师版"（见附录一）。

表 4 – 12 先导问卷修正后的量表题部分 Cronbach's α 系数检测

项总计统计			
	删除项后的 标度平均值	删除项后的 标度方差	修正后的项与 总计相关性	删除项后的 Cronbach's α 系数
多元化的外语教育政策	57.72	48.042	0.650	0.914
政策的指导	57.64	49.664	0.587	0.916
新时代学生的国际视野	57.62	48.444	0.534	0.919
外语教学融入民族文化	57.90	45.031	0.738	0.911
新时代学生的爱国意识	57.50	50.582	0.603	0.915
外语活动中融入民族文化	57.82	48.028	0.719	0.911
外语教育传承民族文化	57.78	49.155	0.653	0.914
融入民族文化的内容更有趣	57.76	48.145	0.696	0.912
基层教师参政策制定	57.92	47.789	0.641	0.914
新时代注重听说读写等技能	57.62	50.200	0.559	0.916
为外语教育政策建言献策	57.82	48.232	0.644	0.914
外语教育意义重大	57.66	47.862	0.782	0.909
新时代课堂以学生为中心	57.66	48.760	0.654	0.913
新时代培养学生的动机兴趣	57.66	50.433	0.596	0.916

第二节 正式研究

通过前期研究发现，贵州基础教育阶段外语教育所面临的主要有以下问题。在政策内容方面，各级学校校本层面的外语课程实施方案欠缺，外语教育培训政策规划缺失，民族文化在外语教育中严重缺位，相关资助措施及力度效果不好等。在政策过程方面，基层教师参与政策制定的意识比较淡薄，教师考核及学生测评方式较为单一。在政策价值方面，贵州基础教育阶段的外语教育体现了教育公平原则，在公共价值追求方面是传承传播本民族文化的一种方式和平台。

先导研究发现的问题主要在课程、师资及文化三个方面，本研究在正式研究中将着力解决这三个方面的问题。在课程方面，由于先导研究发现各级学校缺乏校本层面的外语课程实施方案，那么就有必要研究有了该方案之后是否更有利于外语教学工作的开展。在师资方面，一是外语教育培训政策规划缺失，二是教师参与政策制定的意识比较淡薄，那么就有必要研究广大一线中小学外语教师是否真的都不愿意参与相关政策制定，原因又是什么。在文化方面，针对民族文化在外语教育中的缺位问题，有必要研究该地区外语教育的公共价值追求，即是否体现为传承传播民族文化的方式和平台。

因此，根据先导研究来确定本研究的第一个问题，即贵州基础外语教育在政策内容、过程及价值方面具有哪些特征。要回答这个问题，可以通过三个小问题进行研究：①外语课程实施方案是否更有利于外语教学工作的开展？②广大一线中小学外语教师对于参与政策制定过程的意愿如何？为什么？③贵州外语教育的公共价值追求是否体现了对民族文化的传承传播？

回答了第一个问题，只是弄清楚了贵州基础外语教育政策的基本情况，那么贵州基础外语教育政策是否与国家基础教育相关政策如《中小学德育工作指南》中提出的课程育人理念、《普通高中英语课程标准(2017年版)》（以下简称《英语课标2017版》）中提出的核心素养理念等对应衔接呢？如果不衔接，原因又是什么？因此本研究的第二个问题便可以确定为：贵州基础外语教育政策与国家基础教育阶段的教育政策对应衔接情况如何？

在前两个问题的基础上，本研究第三个问题将重点探究从公众参与的视角如何规划贵州基础教育阶段的外语教育政策。

一　研究问题

本研究主要以基础外语教育新课标政策颁布为基点，考察贵州基础外语教育政策规划问题。民族地区的外语教育在推动区域经济发展、民族文化的传承传播以及少数民族外语人才培养方面均有重要作用。结合《英语课标 2011 版》中的政策要求及教育政策理论研究，根据本研究先导研究的开放式访谈及问卷调查结果，笔者将本书将要研究的主要问题概括为以下三个。

第一，贵州基础外语教育在政策内容、过程及价值方面具有哪些特征？这个问题主要包括以下三个小问题：①外语课程实施方案是否更有利于外语教学工作的开展？②广大一线中小学外语教师对于参与政策制定过程的意愿如何？为什么？③贵州外语教育的公共价值追求是否体现了对民族文化的传承传播？

第二，贵州基础外语教育政策与国家基础教育阶段的教育政策对应衔接情况如何？

第三，从公众参与的视角如何规划贵州基础教育阶段的外语教育政策？

二 研究变量

一般来说，按照研究的规范和程序，研究问题确定之后，应根据这些问题来确定研究变量，并根据变量之间的关系来设置调查问卷。研究变量的确定需要考虑以上三个问题相互之间的逻辑关系及内其他在联系。第一个问题具有描述性特征，主要考察贵州基础外语教育在政策内容、过程及价值方面的基本现状，英语课程标准是基础教育阶段外语教育的指导性文件，按理说各级学校应该将此作为主要的参考依据来制定校本外语课程实施方案。教师作为教育政策的主要执行者之一，其对于政策的感知及教育水平对政策的实施效果也会产生重要影响。此外，多语地区的外语教育关涉学生的三语学习问题，对其本民族文化及母语传承也会产生较大影响。因此，各级中小学的外语教学实施方案、课程设置、教师教育政策、教师在政策制定中的能动性、外语教育政策价值等都成为第一个问题的考察变量。第二个问题是在第一个问题的基础上衍生出来的，考察当前贵州基础外语教育政策与国家相关的教育政策是否构成对应衔接关系，如课程育人政策是否在贵州外语学科中得到了落实等。考察的主要变量包括几个版本的英语课程标准及国家的教育规划文件。第三个问题是本研究的升华部分，主要考察变量包括民族文化传承、外语学科育人及新时代民族地区的教育公平等。

三　研究对象

本研究主要聚焦贵州基础教育阶段的外语教育政策规划问题。研究对象主要来自贵州基础教育阶段的外语教师和学生，以及教育主管部门的行政领导。教育政策在基础教育阶段（小学、初中、高中）更能体现其价值取向，因为外语教材的编写理念及国家制定的宏观教育政策会随时代的变迁、国家战略的发展以及各学校的实际情况的变化进行相应的调整。

本研究的调查对象主要有两类。第一类包括贵州基础教育阶段的外语教师（英语教师）、教育局分管基础教育的领导、中小学生。作为政策执行的主体，基础教育阶段的外语教师更能从自身的教学体验出发针对相关的政策法规进行回应，承载着政策制定者和实施者的双重角色。分管基础教育的领导对该地区中小学的师资状况、教材建设、民族文化传承等都有比较全面的了解和认识。基础教育阶段的中小学生正处于个人认知发展的重要阶段，面临升学考试的压力，英语又是一门必考的主要学科，了解中小学生对于外语教育的基本态度并提供相应的反馈，对于基础教育阶段外语教育政策的制定和完善具有一定的参考价值。第二类是与教育相关的政策文本类资料，如不同版本的英语课程标准、英语教学大纲及国家教育规划类文件。英语课程标准是中小学开展外语教学活动的指导性文件，在理念和内容上均具有统领作用。英语教学大纲是围绕我国教育体系而设计和开发的一套系统的内容说明，可以为教学模式提供参考。国家教育规划类文件属于宏观教育政策类文本，指引和决定着国家教育事业的总体方向和发展格局。从理论上来讲，上述政策文本类资料在总体方向上应该是保持一致的，即都是为了发展教育事业，提高国家的教育质量。

四 研究方法

本研究主要采用量化研究与质化研究相结合的混合研究设计来展开研究。量化研究部分主要是采用问卷调查法来收集数据，质化研究部分包括访谈及政策内容文本分析。根据陈向明（2001）的观点，量化研究是一种运用调查、实验或统计等手段收集和分析数据，判断现象的本质，发现内在规律的研究范式。该方法的基本假设是事物内部和事物之间必然存在逻辑联系或其他相关关系，要在经验主义和实证主义哲学理论的指导下，发现这些关系，并用科学、严谨的方法对关系进行论证。质化研究则不同，是以研究者本人为研究工具，在自然情境中，通过多种资料收集方法（如访谈、观察等），对研究对象进行深入的整体性探究，从原始资料中形成结论和理论，并通过与研究对象进行互动，对其行为和意义建构获取解释性理解的一种活动。量化研究与质化研究代表的是两种不同的世界观，前者是将复杂问题简单化，通过量化数据来说明问题；而后者是将简单问题复杂化，通过文字、概念、图表等手段来呈现问题的复杂性。

本研究的研究方法包括内容分析法、问卷调查法及访谈法。主要参考霍格伍德和冈恩的政策内容、政策过程及政策价值模型（Hogwood & Gunn，1984）来构建研究分析框架。通过问卷调查及深度访谈了解贵州基础外语教育在政策内容、政策过程及政策价值方面的基本特征，对于国家宏观教育政策文本的研究则主要采用内容分析法。具体方法介绍如下。

（一）内容分析法

内容分析法最早产生于传播学领域，美国传播学家伯纳德·贝雷尔森率先把它定义为一种对内容进行客观的、系统的、定量的描述的研究方法。其实质是对文献内容做客观系统的定量分析，旨在弄清或测验文献中本质性的事实和趋势，是一种半定量的研究方法（郑新民，2017：173）。一般是根据研究的需要，对一系列相关的文本内容进行比较、分析与综合，从中提炼出评述性的说明并得出相应的结论。本研究的分析文本主要有三类：一是国务院、教育部等颁布的与基础教育相关的文件，如《中小学德育工作指南》（2017 年版）、《国家语言文字事业"十三五"发展规划》、《国家教育事业发展"十三五"规划》、《英语课标 2011 版》、《英语课标 2017 版》等官方文件；二是笔者对贵州地区的两所学校的个案研究文本材料，包括学校的教研活动方案、集体备课方案、教学计划等；三是对访谈转写文本进行分析提炼和总结形成的相互关联的主题。

（二）问卷调查法

陈坚林（2004：79）指出，问卷调查法指通过书面形式，以严格设计的问题向研究对象展开调查并收集相关数据资料的方法。一般分为开放式问卷和封闭式问卷。开放式问卷也称为非结构式问卷，由问卷设计者提供问题，调查对象根据问题进行自由构思和发挥，按照自己的意愿回答相关问题。封闭式问卷也称为结构式问卷，问卷提供的问题有一定的限制性，回答的内容选择范围较小，被调查者只能在备选的答案中进行选择，自由发挥的空间较小，但便于研究者统计分析。问卷长度一般不超过 4 页纸，全部答题时间在 30 分钟之内最好（Dörnyei，2003：18）。问卷调查研究实施起来比较方便，数据易于统计和分析，在一定程度上能准确地反映受试者的真实情况，因而受到广大外语教育工作者的普遍欢迎（秦晓晴，2009b：14）。

关于究竟需要多大的样本才合适的问题，Dörnyei（2003：74）认为需要满足以下条件。①根据问卷调查研究的文献要求，样本应在总体的 1%~10%。②从具有统计意义的角度出发，抽取的样本数量足够大才可能使预期的结果达到显著性水平，如人数不能少于50，多变量分析程序需要的人数则更多，若要做因子分析，最少需要100个样本。③如果需要进行分组比较，各组人数也要分别达到上述要求。④考虑到可能出现无效问卷或其他不可预测的状况，样本量需要适当加大。

　　本研究主要探究新时代贵州基础教育阶段的外语教育政策规划，主要从政策内容、政策过程和政策价值三个方面来设计调查问卷。根据前面对本研究三个问题的介绍，第一个问题属于描述性问题，为了了解新时代背景下贵州基础外语教育政策规划的现状，需要调查以下几个方面的内容：中小学外语课程实施方案是否更有利于外语教学工作的开展？外语教师职业培训状况如何？外语考试测评如何进行？教研工作计划如何开展？一线中小学外语教师参与政策制定的意愿如何？外语教育的公共价值追求是否体现了对民族文化的传承？因此，本部分属于政策内容的研究范畴，需要采用问卷调查的形式来收集相关数据。第二个问题是解释性问题，考察贵州基础外语教育政策与国家相关教育政策之间是如何对应衔接的，属于政策过程和政策价值研究的范畴，需要调查政策的制定、执行和评价，政策公共价值追求、政策主体价值倡导及利益群体价值协调等，需要通过问卷调查和访谈的方法来进行。第三个问题属于探索性问题，需要通过对政策内容、政策过程及政策价值的综合考量，结合文献阅读及理论思辨的方法，探究如何根据新时代国家及地区的发展部署，制定基础外语教育政策规划，凸显民族文化在外语教育中的文化价值，需要采用问卷调查、文献阅读、专家访谈及理论思辨的方法。

　　问卷编制流程如图4-3所示，笔者通过先导研究开放式访谈，一方面可以了解贵州基础外语教育基本现状，另一方面也可以确定问题，因此此处分别用了虚实两个单箭头。问题确定之后，主要通过调查问卷来收集数据，然而问卷需要经过编制、修正、试测等环节方能进行较大规模的调查，因此此处也分别用了虚实两个单箭头来表示。正式问卷形成之后，进行问卷发放、回收、分析处理。

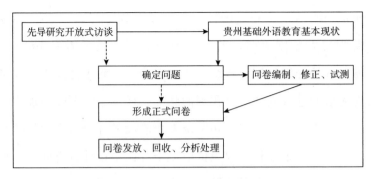

图 4 - 3 本研究问卷编制流程

根据问题所涉及的变量，笔者结合先导研究问卷调查的结果，进一步咨询专家及同门，对问卷进行修正，包括问卷维度的调整、题项类型的设置等，最终形成了"贵州基础外语教育政策研究调查问卷——中小学教师版"，见附录一。问卷共计 43 个题项。第一部分是受访人的基本信息，共 8 个题项，包括性别、民族、是否会讲本民族语言等。第二部分是基础外语教育政策现状及政策内容、政策过程、政策价值调查，主要考察外语教师对政策的感知情况，如政策了解途径、角色定位、政策内容、政策过程、政策价值等有关的若干问题，共 33 个题项。第三部分是 2 个开放式问题，目的是就外语教育政策规划研究进行更加深入的调查，以便获取更详尽的信息。表 4 - 13 是本研究调查问卷的基本组织结构。

表 4 - 13 本研究调查问卷的基本组织结构

问卷构成		形式	题项数目	内容
1. 问卷前言		书面陈述		介绍调查背景及目的
2. 基本信息		选择题	8	人口统计学变量、工作时长、学校所在地区、外语教材、学段等
3. 单项选择题	现状调查	选择题	4	政策了解途径、角色定位、政策制定、政策执行等
	政策内容、政策过程及政策价值考察	李克特5级量表	29	课程大纲、教育培训、工作计划、政策制定、价值追求、价值倡导等
4. 开放式问题		书面陈述	2	对贵州地区基础外语教育政策规划的建议和意见

（三）访谈法

陈坚林（2004：103）对访谈法是这样解释的："访"就是探望、寻求，"谈"就是交谈、询问；访谈法，顾名思义，就是指研究者通过和被调查者交谈的方式了解情况获取信息的方法。在外语教学中，根据不同的研究课题、研究内容及研究对象，往往需要采用不同的访谈形式。一般来说，根据访谈对象的人数要求，访谈可分为集体访谈和个人访谈。根据不同的问题需要，访谈又可分为结构性访谈（structured interview）、非结构性访谈（unstructured interview）、半结构性访谈（semi-structured interview）。结构性访谈是指研究者使用事先经过详尽设计的访谈提纲，在一定的时间内按一定的计划流程来收集相关资料的正式访谈。由于访谈问题经过事先准备，所获得的数据答案会比较规范，可以进行量化和统计分析。非结构性访谈比较类似于一般性的谈话和问答，即事先不做详尽的访谈设计，没有统一的问题和提问方式，而是按照一个粗略的访谈提纲进行，由调查者与被调查者进行自由交谈。其缺点在于访谈所得资料不易进行量化处理。半结构性访谈则试图兼顾前面两种访谈形式的优点，避免其缺点。需要提供大量真实可靠的民族志材料，能体现对方的思想感情及他们对客观世界的看法，并能进一步观察所获得的资料以了解某个群体的基本情况。一般有两个特征：访谈问题是事先部分准备的（半结构的）；研究者所预备的问题一定是开放性的并能深入事实内部，承认在具体访谈过程中有可能出现无法完全预知的情况，因此需要随时进行调整（黄剑波，2007：112）。

一般来说，通过调查问卷及政策文本分析，研究者能获取大量与本研究相关的数据和资料，但是仅靠数据不一定能说明问题，需要进一步挖掘数据背后的原因，因此，有必要针对某些问题进行个别深入访谈以对数据进行补充和完善（史光孝，2014：82）。根据这种特殊情况，笔者针对性地设计了访谈提纲，并对部分中小学外语教师及相关的行政领导进行了较为深入的访谈。教师用 T 代替，行政领导用 L 代替（访谈人员信息见表 4 – 14）。

表 4 – 14　正式研究访谈人员信息一览

	外语教师				行政领导		
	龙老师 T1	姚老师 T2	陈老师 T3	肖老师 T4	林副校长 L1	罗副校长 L2	潘科长 L3
性别	女	男	女	女	女	女	男
年龄（岁）	30	45	32	30	45	48	48
学历	本科	本科	研究生	本科	本科	本科	大专
职称	中教一级	中教高级	中教高级	中教一级	科级	科级	科级
民族	侗族	侗族	苗族	苗族	苗族	苗族	苗族

五　数据收集与整理

正式问卷编制修订完成后，笔者设计了纸质版和网络版（内容完全相同）问卷进行问卷调查。网络版的调查地区主要集中在黔西南州和黔南州，也有部分其他地区少数民族县、乡镇。纸质版主要在黔东南州凯里市和锦屏县。

（一）量化数据的收集与整理

本研究的数据收集时间是 2018 年 9 月至 11 月。截至 2018 年 11 月 19 日，通过问卷星收到网络版问卷 86 份，收到纸质版问卷 156 份，共计 242 份。剔除掉几类无效问卷①，最终剩下 222 份有效问卷，问卷有效率为 91.7%。其中纸质版问卷 142 份，有效问卷占比 91%；网络版问卷 80 份，有效问卷占比 93%（见表 4 – 15）。

---

① 此处的无效问卷包括三类：量表题部分各题项答案完全相同；网络作答时间少于 180 秒；纸质版填写不完整。本研究的无效问卷共 20 份，其中网络版无效问卷 6 份，纸质版无效问卷 14 份。

表 4 – 15　正式研究问卷回收统计

单位：份，%

问卷类型	问卷数量	有效问卷	有效问卷占比
纸质版问卷	156	142	91
网络版问卷	86	80	93
总　数	242	222	91.7

（二）开放式问题的收集与整理

首先，笔者对 222 份有效问卷中对开放式问题进行回答的问卷进行统计，共获得 100 份有效反馈。由于被试对同一问题的理解和思考方式各有不同，所提交的答案也呈现无规律的多样性状态。本研究主要采用手工归并的方式来整理开放式问题的答案。本问卷末尾共有两个开放式问题："1. 您对当前贵州地区外语教育政策的制定、执行和评价有什么看法？2. 您对贵州地区基础教育阶段外语教育政策还有哪些方面的建议和看法？"这部分内容的具体处理方式及步骤如下。

第一步：根据答案的语言描述，参照问卷量化部分的维度设置，将答案归并到政策内容、政策过程及政策价值三个维度中，形成大致的统计表（见表 4 – 16）。第二步：根据编码的顺序，对回收的答案进行仔细阅读思考，将其归并到不同的维度中。随着答案种类的增加，在不同维度的具体项目列表中逐一列出，对于相同的项目则增加一个频次，以

表 4 – 16　开放式问题分析框架

开放式问题表述	答案涉及的维度归类	项目列表	频数	百分比（%）
1. 您对当前贵州地区外语教育政策的制定、执行和评价有什么看法？	政策内容			
	政策过程			
	政策价值			
2. 您对贵州地区基础教育阶段外语教育政策还有哪些方面的建议和看法？	政策内容			
	政策过程			
	政策价值			

此类推，直到所有开放式问题答案归并完毕。第三步：整理归并完所有答案后，计算每一项目的频数在其所属项目总频数中所占的百分比。本部分数据详细的统计分析见第五章。

第三节　研究伦理考量

伦理是同道德有关的行为和意志，在实际研究当中，每个专业群体都必须有一些成员共同遵守的伦理原则，即"研究伦理"。在质化研究中，研究者和研究对象之间的关系是不平等的，研究者处在强势的地位，研究对象则处于相对弱势的地位。研究者设计整个研究，主导研究的方向，而研究对象是被动的一方。由于这种不平等关系的存在，实际研究过程中潜藏着很多不确定的因素，甚至有可能对研究对象或研究者造成伤害。陈向明（2000）认为有三项措施最为重要，即事先告知、公开身份及保护隐私，笔者在实地调研的过程中也时刻谨记这三条原则。

一　事先告知

事先告知是指研究者必须在研究开始之前向研究对象说明同研究有关的信息，在征得对方同意之后才开始展开研究。需要向研究对象说明以下几项内容。①研究内容及目的。研究者不必说明整个研究计划，但是要较为详细地讲解研究的主要内容和目的。讲解时要考虑对方的理解能力，如有老师问本研究中的外语教育政策指什么，研究者便告知对方其既指官方颁布的指导各级外语教育实践活动的法规或者方案，又指各学校为外语教学工作的顺利开展所出台的与外语教育相关的计划或实施方案。②研究对象需要参与哪些活动。研究者需要告知研究对象在本研究过程中需要具体做哪些事情以及基本的流程。如本研究中的调查问卷发放环节，研究者就向参与填写问卷的老师讲解了问卷中的一些基本概念以及填写问卷的注意事项。③承诺资料保密。研究者需要向研究对象说明本研究所获取的数据只供本研究使用，并承诺在报告或论文中隐去研究对象的个人信息，同时保证研究对象有权查阅同自己有关的资料。

二　公开身份

研究者只有公开自己的身份，才能更好地向研究对象说明有关信息。在本研究调研过程中，研究者首先明确告诉对方自己的身份，并详细说明自己的研究目的，希望能得到对方的配合与支持。同时研究者还随身携带了介绍信和研究生在读证明，与对方坦诚沟通。

三　保护隐私

随着研究的逐步推进，研究者会进入研究对象的个人世界，随之会掌握大量的个人信息，尤其是研究者通过深度访谈对研究对象非常了解。因此，在进行资料收集的时候，需要特别注意以下三个原则：不侵犯个人隐私，征得参与者的同意，尊重参与者的意愿。为贯彻上述原则，研究者可以采用以下方法。在资料整理的过程中删除研究对象的姓名、身份和联系方式，转而采用编号来代替研究对象的姓名。如本研究中接受访谈的教师都是用字母 L、Y、W 等来代替的，研究的学校也是用字母 J、M 等来代替的。然而，现实中要完全做到保密是不可能的，在致谢部分，或多或少会提及一些研究对象的信息，这需要研究者与研究对象对公开的程度进行协商。

第四节　本章小结

本章是本书的研究设计部分，主要包括三个方面的内容。一是先导研究，二是正式研究，三是研究伦理考量。首先，就本研究的基本流程进行了介绍，先导研究的设计包括开放式访谈对象的选择、访谈结果的分析编码归纳、先导研究调查问卷的编制和修正。其次，正式研究包括研究问题的介绍，研究变量、研究区域及研究对象的确定，研究方法的介绍，以及数据收集与整理。最后，研究伦理考量对保护研究对象的隐私到信息公布的注意事项等都做了较为详细的说明和介绍。

第五章
量化数据分析与讨论

上一章对本研究的研究设计进行了较为详细的介绍和说明，本章的主要内容是就本研究的量化数据部分进行分析和讨论。将使用统计分析软件 SPSS 22 进行相关数据的统计分析。具体内容包括六个部分。①问卷的信度及效度检验。②对调研对象的背景信息进行描述性统计分析，包括研究样本的性别分布、民族分布、母语状况、受教育程度等。③基础外语教育政策内容研究，对该维度下的外语课程实施方案、外语考试测评、教师工作计划、外语教育培训等项目进行统计分析，并通过人口统计学变量与部分项目的卡方检验计算频率差异。④基础外语教育政策过程研究，对该维度下的政策制定、政策执行、政策评价等项目进行统计分析。⑤基础外语教育政策价值研究，对该维度下的政策公共价值追求、政策主体价值倡导及利益群体价值协调等项目进行统计分析。⑥开放式问题统计分析，通过编码统计的方式，深入了解外语教师对贵州地区基础外语教育政策规划的认识和评价。最后是本章小结。

第一节　问卷信度及效度检验

信度检验及效度检验的相关概念在先导研究部分已经做了介绍，此处不再赘述。本部分主要就正式问卷的信度及效度进行数据统计分析。

一 信度检验

从表 5-1 可以看出，正式问卷整体信度检测显示克隆巴赫系数（Cronbach's α 系数）达到 0.960，表明该问卷具有很好的信度。三个一级维度（政策内容、政策过程、政策价值）所包括的 10 个二级维度共 29 个题项，各维度及题项信度检测结果见表 5-2、表 5-3。以上 10 个因素内项目间一致性检测显示，绝大部分因素所含项目的内部一致性较好，个别因素内部一致性有待提高，这可能是因为题项较少，但都属于可接受范围，这表明这 29 个题项能较好地检测贵州地区基础教育阶段外语教育政策规划的基本情况。

表 5-1　正式问卷量表 Cronbach's α 系数检测

可靠性统计	
Cronbach's α 系数	项数
0.960	29

表 5-2　正式问卷总体信度 Cronbach's α 系数检测

项总计统计				
	删除项后的标度平均值	删除项后的标度方差	修正后的项与总计相关性	删除项后的 Cronbach's α 系数
外语课程实施方案的指导有利于外语教学工作的开展	120.22	298.390	0.636	0.958
民族地区需要多元化的外语教育政策	120.05	300.029	0.648	0.958
当前民族地区基础外语教材中民族文化内容比较缺乏	119.96	302.686	0.584	0.959
最渴望参加国家级的外语教育培训	119.82	299.889	0.708	0.958
参加培训的目的是拓展自己的专业知识	119.82	298.915	0.748	0.958

项总计统计

	删除项后的标度平均值	删除项后的标度方差	修正后的项与总计相关性	删除项后的Cronbach's α 系数
可以通过教育专项资金出去进修或参加教学研讨会	119.84	297.521	0.767	0.957
新时代的外语教学应注重对学生听、说、读、写等外语技能的训练	119.82	297.385	0.733	0.958
基础教育阶段应合理协调素质教育与应试教育之间的矛盾	119.83	301.292	0.661	0.958
学生外语分数的高低与学生实际水平之间并不一定成正比	120.52	306.097	0.340	0.961
会采用多媒体及信息技术开展外语教学活动	119.78	301.494	0.754	0.958
根据民族地区学生的实际情况制定相应的教学计划	120.16	302.815	0.544	0.959
外语教研小组会统一制定集体备课教研活动方案	120.25	299.511	0.614	0.959
学校根据国家课程标准制定校本课程实施方案	120.59	301.980	0.418	0.961
基层外语教师也有可能参与外语教育政策制定	120.37	299.166	0.531	0.960
为当前的基础外语教育政策建言献策	119.97	300.289	0.693	0.958
当前的外语教育政策在学校外语教育实践中得到了落实	120.62	301.522	0.493	0.960
外语教学内容会严格按照课程标准中的要求执行	120.09	297.724	0.702	0.958
外语教学活动中会融入民族文化的相关内容	120.36	297.950	0.589	0.959
外语课程的评价应体现学生在评价中的主体地位	120.08	299.175	0.725	0.958

项总计统计				
	删除项后的标度平均值	删除项后的标度方差	修正后的项与总计相关性	删除项后的Cronbach's α 系数
外语课程的评价内容和方式应以促进学生的发展为目标	119.93	299.204	0.748	0.958
新时代民族地区的外语教育是传承传播本民族文化的一种方式和平台	120.15	296.519	0.686	0.958
民族地区开展外语教育活动体现了教育公平	120.04	298.207	0.760	0.957
外语教育需要关注民族地区学生外语学习的不同特点和个体差异	119.86	297.898	0.815	0.957
基础教育阶段的外语课程基本理念是落实立德树人的根本任务	119.96	296.578	0.804	0.957
外语课程中的文化意识体现了外语学科核心素养的价值取向	120.00	296.502	0.798	0.957
新时代民族地区的外语课堂应以学生为中心组织教学活动	119.95	297.581	0.761	0.957
新时代的外语教育注重培养学生的国际视野能力	119.88	297.555	0.793	0.957
新时代的外语教育注重培养学生的爱国意识	119.81	299.095	0.758	0.958
民族地区外语教师的地位和待遇有待进一步提高	119.72	299.858	0.774	0.958

表 5 - 3 正式问卷量表题各维度及题项信度检验

维度	题项	删除项后的Cronbach's α 系数	题项数量	标准化Cronbach's α 系数
外语课程实施方案	CI01	0.745	3	0.758
	CI02	0.547		
	CI03	0.702		

维度	题项	删除项后的 Cronbach's α 系数	题项数量	标准化 Cronbach's α 系数
外语教育培训	TT01	0.886	3	0.892
	TT02	0.805		
	TT03	0.844		
外语考试测评	TE01	0.412	3	0.595
	TE02	0.290		
	TE03	0.783		
教师工作计划	WP01	0.630	3	0.698
	WP02	0.613		
	WP03	0.569		
政策制定	PP01	0.634	3	0.693
	PP02	0.415		
	PP03	0.699		
政策执行	PI01	0.752	3	0.796
	PI02	0.687		
	PI03	0.730		
政策评价	PE01	0.732	2	0.845
	PE02	0.730		
政策公共价值追求	PV01	0.848	3	0.840
	PV02	0.741		
	PV03	0.753		
政策主体价值倡导	VP01	0.870	3	0.896
	VP02	0.823		
	VP03	0.860		
利益群体价值协调	VN01	0.906	3	0.898
	VN02	0.846		
	VN03	0.812		

二　效度检验

问卷的效度可分为内在效度和外在效度，前者又分为内容效度和结构效度。内容效度主要考察的是问卷题项和研究目的之间是否存在逻辑关系，本研究的调查问卷维度设置是根据笔者前期对语言政策研究、教育政策研究、公共政策研究相关领域文献进行分析并咨询语言政策研究领域的专家学者后确定下来的，问卷编制完成后也请同门及贵州地区的中小学外语教师共同修订完善，符合调查问卷内容效度的要求。结构效度则需要依靠统计学的方法来检验。而外在效度就是检验相关的研究结果在多大程度上可以应用到现实社会中类似的场合。通俗来讲，评判外在效度就是要看某研究结果是否具有推广价值或者有多大的推广价值。评判某研究的外在效度可以通过考察该研究所使用的被试特征、数据收集工具及研究环境和研究者本人对研究结果的影响等方面进行。本研究选取的区域是贵州地区，不论是研究的大环境还是个案研究都有典型的民族地区特色，样本中民族地区的教师和学生所占比例较高，研究结果对于民族地区的外语教育来说具有一定的参考和推广价值。下面汇报本研究正式问卷 10 个维度共 29 个题项的结构效度分析结果。

正式问卷量表题 KMO 取样适切性量数为 0.934（见表 5 - 4），量表各维度 KMO 取样适切性量数均超过 0.5，显著性 0.000 < 0.05（见表 5 - 5），说明本问卷结构效度较好，对研究对象具有一定的测量效度，研究结果具有一定的代表性。

表 5 - 4　正式问卷量表题 KMO 和巴特利特球形检验

KMO 和巴特利特球形检验		
KMO 取样适切性量数		0.934
巴特利特球形检验	近似卡方	5360.177
	自由度	406
	显著性	0.000

表 5 - 5　正式问卷量表题各维度 KMO 和巴特利特球形检验

维度	题项	公因子方差提取	题项数量	KMO 取样适切性量数	近似卡方	自由度	显著性
外语课程实施方案	CI01 CI02 CI03	0.608 0.768 0.657	3	0.659	175.703	3	0.000

续表

维度	题项	公因子 方差提取	题项 数量	KMO 取样 适切性量数	近似 卡方	自由度	显著性
外语教育 培训	TT01 TT02 TT03	0.775 0.867 0.826	3	0.730	398.071	3	0.000
外语考试 测评	TE01 TE02 TE03	0.730 0.791 0.255	3	0.540	135.520	3	0.000
教师工作 计划	WP01 WP02 WP03	0.613 0.613 0.661	3	0.672	118.485	3	0.000
政策制定	PP01 PP02 PP03	0.589 0.761 0.528	3	0.601	134.069	3	0.000
政策执行	PI01 PI02 PI03	0.682 0.754 0.707	3	0.704	207.560	3	0.000
政策评价	PE01 PE02	0.866 0.866	2	0.500	168.803	1	0.000
政策公共 价值追求	PV01 PV02 PV03	0.698 0.806 0.799	3	0.712	292.794	3	0.000
政策主体 价值倡导	VP01 VP02 VP03	0.806 0.858 0.818	3	0.743	399.090	3	0.000
相关群体 价值协调	VN01 VN02 VN03	0.773 0.845 0.882	3	0.725	433.827	3	0.000

第二节 调研对象背景信息的描述性统计分析

本部分主要涉及问卷的第一部分信息的描述性统计，包括被试的性别、民族、会不会讲自己的民族语言、受教育程度、工作年限、所任教的学校所在地区、使用的外语教材、所教的年级所属学段等。

一　研究样本背景信息统计

1. 研究样本的性别分布

从第四章可知，本次参与调查的有效问卷共 222 份（ $N = 222$ ），从表 5 – 6 可以看出，其中女教师 151 名，占比 68%；男教师 71 名，占比 32%。调查样本中的女教师数量远多于男教师，这一结果与相关文献中当前我国基础外语教育中女教师多于男教师的说法是基本一致的（刘慧，2011；曹传艳，2015）。

2. 研究样本的民族分布

如表 5 – 6 所示，研究样本中少数民族外语教师占绝大多数，占总样本量的 71.2%，汉族外语教师共 64 名，占 28.8%。这一现象对于民族地区基础外语教育来说是一件好事，正如吴铁军、谢利君、丁燕（2017：248）所言，民族地区外语教师不仅需要具有深厚的少数民族文化底蕴，尤其应该有意识地将民族语言和外语的文化内涵以及人文精神传递给学生，只有少数民族外语教师才具有这样的双重属性。

3. 研究样本的母语状况

从表 5 – 6 可以看出，有 33.8% 的教师不会讲自己的民族语言。近年来，随着城镇化建设的发展，民族地区的汉化现象比较普遍，部分少数民族教师也不会讲自己的民族语言了，语言转用的现象也时有发生。问及原因，有老师提到还是语言大环境的影响。国家推广普通话，加强了各民族友好交流，促进了民族团结，与此同时民族语言的传承和传播也受到一定影响。

表 5 - 6　研究样本性别、民族分布及母语状况

		频数	有效百分比（%）	累计百分比（%）
性别	男	71	32.0	32.0
	女	151	68.0	100.0
	总计	222	100.0	
民族	汉族	64	28.8	28.8
	少数民族	158	71.2	100.0
	总计	222	100.0	
母语状况	会	147	66.2	66.2
	不会	75	33.8	100.0
	总计	222	100.0	

4. 研究样本的受教育程度

表 5 - 7 显示，在 222 名教师中，本科学历的教师占绝大多数，有189 名，占 85.1% 。专科占 8.1% ，研究生较少，只有 14 名，还有一名教师选择"其他"。这也表明近年来民族地区基础教育阶段外语教师的整体学历水平在上升，尽管如某小学 L 校长所言有部分教师是通过函授的方式从专科升到本科的，这也说明教师们在不断追求进步。与此略有不同的是，姜秋霞、刘全国、李志强（2006：132）调查了西北民族地区的基础外语教育师资现状，结果表明只有 15.4% 的外语教师接受过大学本科教育，而且几乎全部是通过自学考试、函授教育或成人继续教育等形式取得的本科文凭。仔细分析后发现，这一调查是十多年前的结果。按照教育部对基础教育师资的要求，小学教师至少需要达到大专层次，初中和高中教师至少需要达到本科层次，并有若干比例的研究生（王斌华编著，2003），现在基础教育阶段的外语教师整体的学历水平有所提高。目前看来，贵州民族地区基础教育阶段的外语教师学历水平基本上达到了这个要求。

5. 研究样本工作年限

表 5 - 7 显示，研究样本中外语教师的工作年限多数在 11 ~ 20 年，占 37.8% ；其次是 6 ~ 10 年，占 26.1% 。按照年龄估算，这两部分应

该多为中青年教师。5 年及以下的年轻教师占 15.3%，21 年及以上的资深教师有 46 名，占 20.7%。可以看出研究样本中的师资力量以中青年为主。

表 5 - 7　研究样本受教育程度及工作年限分布

		频数	有效百分比（%）	累计百分比（%）
受教育程度	专科	18	8.1	8.1
	本科	189	85.1	93.2
	研究生	14	6.3	99.5
	其他	1	0.5	100.0
	总计	222	100.0	
工作年限	5 年及以下	34	15.3	15.3
	6～10 年	58	26.1	41.4
	11～20 年	84	37.8	79.3
	21 年及以上	46	20.7	100.0
	总计	222	100.0	

6. 研究样本所任教的学校所在地区

本次调研地区是贵州地区，以黔东南州为主要调研据点，其他地区的调研是通过网络收集数据的方式完成的。因此，黔东南州占据了一半以上的样本，这也是因为黔东南州苗族侗族地区是贵州少数民族人口最多的地区（有关三个民族地区的人口分布，见本书第三章具体的数据说明）。2016 的统计数据显示，全州户籍人口约 477 万人，其中汉族约 94 万人，少数民族人口约 383 万人，占总户籍人口的 80.3%，苗族人口占少数民族人口的 53.1%，侗族人口占 37.5%。

7. 研究样本使用的外语教材分布

在外语教材方面，表 5 - 8 显示：人教版占据了较大的比例，为 61.7%；其次是仁爱版，占 15.3%；其后是湘少版及其他出版社如外研社等的教材，共占 23%。

表 5 - 8　研究样本学校所在地、使用的外语教材及学段分布

		频数	有效百分比（%）	累计百分比（%）
所任教的学校所在地区	黔东南	116	52.3	52.3
	黔南	14	6.3	58.6
	黔西南	63	28.4	86.9
	其他民族县、乡镇	29	13.1	100.0
	总计	222	100.0	
使用的外语教材	人教版	137	61.7	61.7
	仁爱版	34	15.3	77.0
	湘少版	33	14.9	91.9
	其他	18	8.1	100.0
	总计	222	100.0	
所教的年级所属学段	小学	33	14.9	14.9
	初中	104	46.8	61.7
	高中	85	38.3	100.0
	总计	222	100.0	

　　笔者通过分析发现，人教版教材的主要特点是注重语言与文化，其编写思路是以话题为主线的任务型驱动语言教学模式，同时兼顾交际功能和语言知识结构的学习。通过循序渐进的生活化的学习程序，引导学生学会灵活运用外语有目的地进行学习。注重激活学生现有的文化背景知识，由浅入深地介绍英语国家文化，培养学生对中西文化差异的敏感性，提高学生对文化差异的鉴别能力。该套教材语言地道，有很多原汁原味、反映西方文化的文字材料。从教材的编写思路和设计理念来说，比较符合当前我国基础教育阶段的学生学习要求。

　　仁爱版外语教材体现了工具性与人文性统一的语言教学观。语言具有工具性，学生通过学习语言，运用语言这一交流工具来做事情，例如查阅外文资料、出国旅游、接待外国友人。语言也具有人文性，语言教

育是为了促进人的全面发展。人文是一种情感态度，学习语言重在调动学生的学习热情。该套教材以对话形式呈现交际生活场景，并通过朗朗上口的吟唱练习让学生反复吟诵、模仿，在快乐学习的过程中感受外语。同时，教材还设计了大量师生互动、生生互动游戏环节，既有利于提高学生的交际能力，又能培养其积极的情感态度。由此可见，教材采用的是一种工具性与人文性统一的语言教学观。然而，通过现实调研，我们发现，在民族地区的基础教育阶段以上教材中的这些理念很少或者很难得到执行，原因是多方面的，最为主要的因素在于受考试导向的影响及学习目标的定位不明确。

8. 研究样本所教的年级所属学段分布

表 5 - 8 显示，222 名教师中，初中教师共有 104 名，占 46.8%，其次是高中教师，占 38.3%，本次调查数据显示小学外语教师只有 33 人，占比较小。这主要是因为民族地区的乡村小学在逐步整合，有些外语教师需要身兼数职，属于"通识型"教师，即除了外语课，还要兼职教授其他小学阶段所开设的课程，因此部分外语教师并不认为自己是专职的外语教师。这一数据也说明还需要加大小学阶段的专业外语教师的培养力度。

二　研究样本背景信息小结

本研究所获得样本中以女性教师居多，这一趋势与现有相关研究的结论基本相符，即当前我国民族地区外语教育中女性教师的数量多于男性教师。在民族比例方面，少数民族外语教师占 70% 以上，符合本研究的民族地区特色。在学段上涵盖了基础教育阶段的所有学段，即小学、初中和高中。样本区域来源包含贵州的三个民族自治州及其他地区的少数民族聚居县及乡镇，其中又以少数民族人口最多的黔东南州为主要样本来源。在教材上涵盖了目前基础教育阶段最普及的三种外语教材，即人教版、仁爱版和湘少版。

第三节　基础外语教育政策内容研究

本小节的政策内容共包括四个部分，分别是外语课程实施方案、外语教育培训、外语考试测评及教师工作计划。下面分别就每个维度的问卷数据进行描述分析，以回答研究问题中的第一个小问题：外语课程实施方案是否更有利于外语教学工作的开展？

一　外语课程实施方案

从表5-9外语课程实施方案所包含的三个题项来看，均值都超过了4分，说明外语教师对于政策内容中所涉及题项的感知程度比较深。其中，当前民族地区基础外语教材中民族文化内容比较缺乏的均值为4.37，民族地区需要多元化的外语教育政策的均值为4.29，外语课程实施方案的指导有利于外语教学工作的开展的均值为4.12。

表5-9　外语课程实施方案描述性统计

外语课程实施方案	N	均值	标准差
外语课程实施方案的指导有利于外语教学工作的开展	222	4.12	0.972
民族地区需要多元化的外语教育政策	222	4.29	0.886
当前民族地区基础外语教材中民族文化内容比较缺乏	222	4.37	0.851

（一）外语课程实施方案的指导有利于外语教学工作的开展

对于外语课程实施方案的重要性，表5-10显示，80.6%的教师认为外语课程实施方案的指导有利于外语教学工作的开展。然而实际调研访谈中我们发现，不少学校尤其是小学，普遍缺乏外语课程实施方案，如小学外语教师王老师所言："感觉孩子们的英语学习并没有受到特别重视,但是家长们经常关心自己孩子的英语成绩。学校没有统一的英语教学实施方案,就是一本教材交给你,想怎么讲就怎么讲。"

由此可以看出,绝大多数外语教师都认可外语课程实施方案在日常教学工作中的重要性,说明外语课程实施方案的指导有利于外语教学工作的开展。各级学校应该根据国家英语课程标准,结合学校的实际情况制定校本外语课程实施方案。至此,研究问题中的第一个小问题得到了肯定的回答。

表 5 - 10　外语课程实施方案各题项选项分布

		频数	有效百分比（%）	累计百分比（%）
外语课程实施方案的指导有利于外语教学工作的开展	非常不同意	6	2.7	2.7
	不太同意	10	4.5	7.2
	不确定	27	12.2	19.4
	基本同意	88	39.6	59.0
	非常同意	91	41.0	100.0
	总　计	222	100.0	
民族地区需要多元化的外语教育政策	非常不同意	4	1.8	1.8
	不太同意	7	3.2	5.0
	不确定	19	8.6	13.5
	基本同意	83	37.4	50.9
	非常同意	109	49.1	100.0
	总　计	222	100.0	
当前民族地区基础外语教材中民族文化内容比较缺乏	非常不同意	3	1.4	1.4
	不太同意	6	2.7	4.1
	不确定	18	8.1	12.2
	基本同意	73	32.9	45.0
	非常同意	122	55.0	100.0
	总　计	222	100.0	

（二）民族地区需要多元化的外语教育政策

苏岚（2017：240）认为，应充分认识到外语教育中所蕴含的多元文化特征，克服文化的一元论思想。针对外语教育所反映的不同文化类型，应从对立思维方式走向关系思维方式，即作为外语教育主体的教师与学生，应充分意识到外语教育的使命不仅仅是传播目的语文化，同时还应通过外语来表达自身的母语文化及其他文化。表 5 - 10 显示有86.5%的教师认为民族地区需要多元化的外语教育政策。这也说明绝大多数的外语教师已经意识到外语教育的多元文化意涵，与现有研究结论比较契合。

由于本研究中的样本包括少数民族外语教师和汉族外语教师，有必要进一步考察不同民族的外语教师对于政策内容此部分的态度和看法。首先，假设外语教师的民族属性与民族地区需要多元化的外语教育政策这两个变量是相互独立的关系。通过建立交叉列联表分析，考察这两个变量之间是否存在一定的相关性。表 5 - 11 显示，不论是汉族外语教师还是少数民族外语教师，绝大多数都认为民族地区需要多元化的外语教育政策。其中汉族外语教师中基本同意的占 37.5%，非常同意的有 26 人，占 40.6%；少数民族外语教师基本同意的占37.3%，非常同意的占 52.5%。表 5 - 12 卡方检验结果显示，皮尔逊卡方渐进显著性（双侧）值为 0.196，大于 0.05。因此，支持原假设，即外语教师的民族属性与民族地区需要多元化的外语教育政策之间没有显著的相关性，换句话说，不管是汉族外语教师还是少数民族外语教师，绝大部分都认为民族地区需要多元化的外语教育政策。说明从外语教师的角度来考察，民族地区基础外语教育政策的制定需要考虑多元化的因素。这一结果与已有文献的表述基本是一致的（安丰存，2018；尹枝萍，2014）。

表 5 – 11　民族地区需要多元化的外语教育政策各选项民族分布

			民族地区需要多元化的外语教育政策					总计
			非常不同意	不太同意	不确定	基本同意	非常同意	
民族	汉族	频数	2	3	9	24	26	64
		占民族人数的百分比（%）	3.1	4.7	14.1	37.5	40.6	100.0
		占选项人数的百分比（%）	50.0	42.9	47.4	28.9	23.9	
		占全部人数的百分比（%）	0.9	1.4	4.1	10.8	11.7	28.8
	少数民族	频数	2	4	10	59	83	158
		占民族人数的百分比（%）	1.3	2.5	6.3	37.3	52.5	100.0
		占选项人数的百分比（%）	50.0	57.1	52.6	71.1	76.1	
		占全部人数的百分比（%）	0.9	1.8	4.5	26.6	37.4	71.2
总计		频数	4	7	19	83	109	222
		占选项人数的百分比（%）	100.0	100.0	100.0	100.0	100.0	
		占全部人数的百分比（%）	1.8	3.2	8.6	37.4	49.1	100.0

表 5 – 12　卡方检验

	值	自由度	渐进显著性（双侧）
皮尔逊卡方	6.044	4	0.196
似然比	5.682	4	0.224
线性关联	5.058	1	0.025

（三）　当前民族地区基础外语教材中民族文化内容比较缺乏

表 5 – 10 显示，有 87.8% 的教师认为当前民族地区基础外语教材中民族文化内容比较缺乏。这一结果与已有研究中的结论基本吻合（罗虹、崔海英，2011；吕万英、罗虹，2012；苏岚，2017），

也进一步验证了先导研究中访谈部分所得出的观点。少数民族外语教育通过外语来传递自身的民族文化，有助于少数民族学生增强和坚定自身的文化自觉和文化自信。

二 外语教育培训

表 5-13 显示，外语教育培训部分的各题项均值都在 4.5 分及以上，可见研究样本对于培训的期望值是非常高的。尤其是对于参与国家级的外语教育培训项目，教师们表现出极大的兴趣，均值达到了4.52。随着我国基础外语教育改革的不断推进，外语教师发展也成为外语教育培训研究方面的热点和重点，教师的素质会对其课堂教学及学生的最终学习效果产生重要影响（杨鲁新，2018：54）；教师在课程实施中扮演着重要的角色，其教学效果在一定程度上会受个人知识水平及教学能力的影响（Nation & Macalister，2009）。这也说明在相关的政策规划中应该把外语教育培训作为一项重要的内容来抓。张秋云（2010）通过研究美国的外语师资培训模式，认为美国尤其重视外语教师的专业发展培训，要求外语教师既要有丰富的语言文化知识，更要有实际运用语言的能力和一定的教学技巧及教学方法，并由此提出了我国基础教育阶段的外语教育培训应由"师范教育"转向"教师教育"。外语教育培训直接关系到我国基础教育师资培养的制度、模式、方法、课程设置及权利责任等，还关系到我国基础教育的发展水平，意义重大深远。

表 5-13 外语教育培训描述性统计

外语教育培训	N	均值	标准差
最渴望参加国家级的外语教育培训	222	4.52	0.822
参加培训的目的是拓展自己的专业知识	222	4.51	0.817

续表

外语教育培训	N	均值	标准差
可以通过教育专项资金出去进修或参加教学研讨会	222	4.50	0.850

（一）最渴望参加国家级的外语教育培训

从外语教育培训这个维度来看，民族地区基础外语教育阶段的外语教师90%以上最渴望参加国家级的外语教育培训（见表5–14）。主要是因为这种规格和级别的外语教育培训项目比较规范，通过参加这种培训项目，教师对教学、教材、教法及课程设置等方面的看法会发生较大改变，对教学改革也会产生新的认识。外语教师通过培训既能学到先进的教学技能和教学方法，对相关的教学理念也有进一步的了解，能将所学到的先进教育教学理念带进自己的课堂和学生一起分享（王家芝，2008：33）。

表5–14　外语教育培训各题项选项分布

		频数	有效百分比（%）	累计百分比（%）
最渴望参加国家级的外语教育培训	非常不同意	4	1.8	1.8
	不太同意	4	1.8	3.6
	不确定	11	5.0	8.6
	基本同意	56	25.2	33.8
	非常同意	147	66.2	100.0
	总　计	222	100.0	
参加培训的目的是拓展自己的专业知识	非常不同意	5	2.3	2.3
	不太同意	2	0.9	3.2
	不确定	10	4.5	7.7
	基本同意	62	27.9	35.6
	非常同意	143	64.4	100.0
	总　计	222	100.0	

续表

		频数	有效百分比 （%）	累计百分比 （%）
可以通过教育专项资金出去进修或参加教学研讨会	非常不同意	5	2.3	2.3
	不太同意	4	1.8	4.1
	不确定	10	4.5	8.6
	基本同意	59	26.6	35.1
	非常同意	144	64.9	100.0
	总　　计	222	100.0	

（二）　参加培训的目的是拓展自己的专业知识

表 5 – 14 显示，有 92.3% 的教师表示参加培训的目的是拓展自己的专业知识。教师专业知识包含学科专业知识和教学实践知识两个方面，这是外语教育界普遍接受的观点（Freeman & Johnson，1998）。吴一安（2008）认为，外语学科专业知识指充分尊重和适合外语教学特点及规律的外语学科方面的知识，而外语教学实践知识指充分尊重和适合外语学科知识特点的外语教学方面的知识。

（三）　可以通过教育专项资金出去进修或参加教学研讨会

表 5 – 14 显示，91.5% 的教师认为可以通过教育专项资金出去进修或参加教学研讨会。然而访谈结果表明，这种培训机会是非常少见的。教育主管部门的领导表示，实际上教师每年都有专项资金用作外出培训和参加学术交流，只是各学校的情况不太一样，有的学校外语教师人手紧张，实在无法派出教师参加类似的培训，否则会影响正常教学工作的开展。

在访谈中，C 小学的张老师说："工作七年多来，很少有机会出去参加外语教育方面的培训，整天都是改作业、应付检查什么的。感觉自己的知识面太窄了，有些知识学生都知道了，自己却还是一头雾水。毕竟现在是信息时代，老师整天被堆积如山的作业压着，根本谈不上自己的专业发展，目前也只能勉强应付。"笔者看到这位老师办公桌上的作业本的确堆积如山，厚厚的几大摞摞在桌子上，让原本就不宽敞的办公桌显得更加"拥挤"了，不论是对老师还是这张桌子来说，都不堪重负。这一情况与姜秋霞、刘全国、李志强（2006）的研究结论基本相符，即教师接受职后继续教育的愿望相当强烈，对继续教育也抱有多方面的诉求和考虑。

三 外语考试测评

从外语考试测评各题项的均值来看，表 5 – 15 显示，大部分教师都同意新时代的外语教学应注重对学生听、说、读、写等外语技能的训练（均值为 4.51），同时基础教育阶段应合理协调素质教育与应试教育之间的矛盾（均值为 4.51），也有部分教师认为学生外语分数的高低与学生实际水平之间并不一定成正比（均值为 3.82）。

表 5 – 15　外语考试测评描述性统计

外语考试测评	N	均值	标准差
新时代的外语教学应注重对学生听、说、读、写等外语技能的训练	222	4.51	0.891
基础教育阶段应合理协调素质教育与应试教育之间的矛盾	222	4.51	0.817
学生外语分数的高低与学生实际水平之间并不一定成正比	222	3.82	1.123

（一）新时代的外语教学应注重对学生听、说、读、写等外语技能的训练

《英语课标 2011 版》在"课程性质"部分明确指出："就工具性而言，英语课程承担着培养学生基本英语素养和发展学生思维能力的任务，即学生通过英语课程掌握基本的英语语言知识，发展基本的英语听、说、读、写技能。"表 5 – 16 数据显示，有 91.4% 的教师认同这一目标，即认为新时代的外语教学应注重对学生听、说、读、写等外语技

能的训练，为今后继续进行外语学习和通过外语来学习其他相关科学文化知识奠定坚实基础。

表 5 – 16 外语考试测评各题项选项分布

		频数	有效百分比（%）	累计百分比（%）
新时代的外语教学应注重对学生听、说、读、写等外语技能的训练	非常不同意	5	2.3	2.3
	不太同意	8	3.6	5.9
	不确定	6	2.7	8.6
	基本同意	52	23.4	32.0
	非常同意	151	68.0	100.0
	总　计	222	100.0	
基础教育阶段应合理协调素质教育与应试教育之间的矛盾	非常不同意	4	1.8	1.8
	不太同意	5	2.3	4.1
	不确定	7	3.2	7.2
	基本同意	64	28.8	36.0
	非常同意	142	64.0	100.0
	总　计	222	100.0	
学生外语分数的高低与学生实际水平之间并不一定成正比	非常不同意	13	5.9	5.9
	不太同意	19	8.6	14.4
	不确定	28	12.6	27.0
	基本同意	97	43.7	70.7
	非常同意	65	29.3	100.0
	总　计	222	100.0	

（二）基础教育阶段应合理协调素质教育与应试教育之间的矛盾

表 5 – 16 显示，有 92.8% 的教师认为基础教育阶段应合理协调素质教育与应试教育之间的矛盾。这表明绝大多数外语教师已经认识到素质教育和应试教育之间的辩证统一关系。素质教育以培养学生的思想道德素质以及多方面综合能力为主，旨在提升其综合素养；而应试教育培养的是学生应对选拔考试的能力，主要关注考试成绩及升学率（孙薇、

郁钰，2016）。应正确认识基础教育阶段学生的认知发展水平和学科知识学习能力，根据教育教学改革优化课程内容，发挥学生潜能，提高课堂效率。教师通过言传身教，理论联系实际，一方面着力提高学生的学习成绩，另一方面也促进学生身心及个性的健康成长。

21世纪的外语教育进入了可持续发展阶段，开始由外延式发展向内涵式发展转变，较好地适应了国家从人力资源大国向人力资源强国转变的要求（王晋军，2015：21）。新一轮基础教育阶段课程改革，体现了与时俱进的时代特征。课程观念的创新首先表现在目标的确立和课程功能的定位上。要培养学生具有初步的创新精神和实践能力，具有科学和人文素养以及环境意识，具有适应终身学习的基础知识和基本技能。倡导主动参与的学习方式，建立新型的教与学关系，重视学生整体素质的培养和提高。

（三）学生外语分数的高低与学生实际水平之间并不一定成正比

在现代教育生活中，考试分数成为衡量教师教育质量、教育效率和学生文化知识和技能掌握情况的直接标准，是学生以思维能力为主的智力素质的体现，能够较为真实地呈现学生当前的学科知识水平（王宇翔，2009）。表5-16显示，73%的教师认为学生分数的高低与学生实际水平之间并不一定成正比。学生考试分数有一定的特殊性和偶然性，会受到试题难度、考场环境、学生心态等因素的影响，不能仅仅通过某一次或某几次的考试分数来衡量学生的实际学习水平，应从动态发展的视角理性客观地认识学生考试成绩与实际能力之间的关系。

基础教育阶段外语课程的主要目的是为培养学生综合语言运用能力奠定基础，为他们继续学习外语和未来发展创造更为有利的条件。然而实际调研发现，大部分学校把学生的考试成绩和教师的业绩报酬直接挂钩，也不太重视学生的实际外语水平，高分低能的现象仍然比较普遍。正如锦屏县某中学的姚老师所言："在民族地区基础教育阶段加强外语教育是一件好事，但是把学生的成绩和教师的考核挂钩就有点不好了，毕竟有些学生的基础实在是太差了，教材也不是很适合他们。有些学生虽然考了高分，却连基本的日常会话都比较困难。"

四　教师工作计划

从表 5 - 17 可以看出，教师工作计划各题项的均值也都在 4 分以上，大部分教师都表示会采用多媒体及信息技术开展外语教学活动（均值为 4.56），根据民族地区学生的实际情况制定相应的教学计划（均值为 4.18），同时外语教研小组会统一制定集体备课教研活动方案（均值为 4.09）。

表 5 - 17　教师工作计划描述性统计

教师工作计划	N	均值	标准差
会采用多媒体及信息技术开展外语教学活动	222	4.56	0.714
根据民族地区学生的实际情况制定相应的教学计划	222	4.18	0.903
外语教研小组会统一制定集体备课教研活动方案	222	4.09	0.955

近年来，随着国家对西部民族地区的投入和重视，基础教育阶段的信息化教育环境有了较大的改善，"班班通"几乎覆盖了民族地区的中小学。信息技术得到了较为广泛的应用。但是"物件"的问题解决了，"人件"的问题又来了，学校有了较为先进的教学设备，但利用率并不是很高。一方面，因为要充分发挥设备的利用价值，需要教师们具备相应的信息技术，而目前的中小学外语教师中教龄在 20 年左右的有很多，这部分教师的年龄一般都在 40 ~ 50 岁，他们对信息技术的掌握并不是很熟练。另一方面，部分教师觉得这些先进的教学设备会耽误正常上课的时间。凯里市某小学王老师这样说："通过录音设备来教学对提高学

生的听力确实比较好，但是我们的上课时间很有限，每周只有 2 课时，若用录音来教学的话，根本完不成教学内容。所以上课的时候基本上都是教师在讲。"

（一）会采用多媒体及信息技术开展外语教学活动

陈坚林早在 2006 年就曾撰文从生态学的视角对计算机网络技术在外语教学新模式中的地位以及计算机辅助外语教学的特点进行深入探讨和分析，认为如果仅仅将计算机作为辅助工具，新模式下的外语教学改革目标将很难实现，并在此基础上提出计算机网络技术应与外语课程进行全面整合（陈坚林，2006：3）。《英语课标 2011 版》的"课程资源开发与利用建议"部分也明确提出，计算机网络技术为学生的个性化学习和自主学习创造了非常有利的条件，为学生提供了适应信息时代发展需要的新的学习模式。学生可以借助计算机网络技术选择自己所需要的学习内容和学习方式。同时，学生之间也可以更有效地分享学习资源，相互帮助。各级教育行政部门、学校及教师要积极为学生充分利用计算机和网络资源进行个性化学习创造条件。具备条件的学校还可以创建自己的外语教学网站并开设网络课程，增强学生学习的开放性、真实性及实效性。

《英语课标 2017 版》的"基本理念"中的第 5 条也明确提出重视现代信息技术应用，丰富外语课程学习资源。表 5 - 18 显示，有 95%的教师表示会采用多媒体及信息技术开展外语教学活动。这说明绝大多数外语教师的信息技术意识还是很强的，也领会了课程标准的基本教学要求，只是在实际操作中会面临诸多困难。

（二）根据民族地区学生的实际情况制定相应的教学计划

教学计划是教师为达到预定的教学目标所制定的教学实施步骤及相关教学活动。课程标准的"教学建议"部分提出，教师可根据所在地区的实际教学需要及学生的现有水平、课时安排等，对教材内容做适当的补充，制定相应的教学计划。表 5 - 18 显示，80.2% 的教师表示自己

能够根据民族地区学生的实际情况制定相应的教学计划，同时也有
15.8% 的教师不太确定。根据前面的访谈结果可知，部分教师还是受到
了考试及外语课时安排的影响。

表 5 – 18   教师工作计划各题项选项分布

		频数	有效百分比（%）	累计百分比（%）
会采用多媒体及信息技术开展外语教学活动	非常不同意	2	0.9	0.9
	不太同意	4	1.8	2.7
	不确定	5	2.3	5.0
	基本同意	68	30.6	35.6
	非常同意	143	64.4	100.0
	总 计	222	100.0	
根据民族地区学生的实际情况制定相应的教学计划	非常不同意	4	1.8	1.8
	不太同意	5	2.3	4.1
	不确定	35	15.8	19.8
	基本同意	82	36.9	56.8
	非常同意	96	43.2	100.0
	总 计	222	100.0	
外语教研小组会统一制定集体备课教研活动方案	非常不同意	2	0.9	0.9
	不太同意	18	8.1	9.0
	不确定	26	11.7	20.7
	基本同意	89	40.1	60.8
	非常同意	87	39.2	100.0
	总 计	222	100.0	

（三）外语教研小组会统一制定集体备课教研活动方案

表 5 – 18 显示，79.3% 的教师表示自己所在的外语教研小组会统一
制定集体备课教研活动方案。笔者在实际调研过程中也发现这项工作在
大多数学校还是做得不错的。J 中学有专门的集体备课制度，包括坚持
"自主备课为主，集体备课为辅"的原则，备课组要强化整体、阶段意
识，发扬团结协作精神，科学备课；鼓励同年级教师共同分享一份教

案，组织开发适合自己年级的导学案，课后及时撰写教学反思；等等。
这种校本教研的方式对民族地区基础教育内涵发展具有重要的推动作
用，也是学校和教师个人自我设计和自我发展的培训方式。其以发生在
学校教学现实场景的真实问题以及增强和提升教学常规、教学水平、教
学管理等为主要内容，深深根植于学校与教师的现实需求，具有实践
性，其教研成果可作为智慧资源应用到教育教学实践，进一步改善教育
教学的效果。既能够改善当下的教育教学，还能够促进并引领教师及学
校的内涵发展。

第四节　基础外语教育政策过程研究

政策过程包括政策制定、政策执行和政策评价，本部分主要考察贵
州地区基础教育阶段的外语教师对于政策制定、政策执行和政策评价的
感知情况。

一　政策制定

从政策制定维度的描述性统计来看，表 5 – 19 显示，学校根据国家
课程标准制定校本课程实施方案的均值最低，只有 3.74，说明还有不少
学校没有按照这个政策执行。其他两项的均值分别是 3.97 和 4.36，在为
当前的基础外语教育政策建言献策方面教师们表现出了极大的热情。

表 5 – 19　政策制定描述性统计

政策制定	N	均值	标准差
学校根据国家课程标准制定校本课程实施方案	222	3.74	1.193
基层外语教师也有可能参与外语教育政策制定	222	3.97	1.107
为当前的基础外语教育政策建言献策	222	4.36	0.822

（一）学校根据国家课程标准制定校本课程实施方案

《英语课标 2011 版》中明确提出"各地可根据师资条件及资源配置等情况来制定本地区的课程实施方案"，而从表 5 – 20 可以看出，只有 68.4% 的教师认为自己所在的学校会根据国家课程标准制定校本课程实施方案，有 16.2% 的教师并不同意这样的提法。

表 5 – 20　政策制定各题项选项分布

		频数	有效百分比（%）	累计百分比（%）
学校根据国家课程标准制定校本课程实施方案	非常不同意	17	7.7	7.7
	不太同意	19	8.6	16.2
	不确定	34	15.3	31.5
	基本同意	86	38.7	70.3
	非常同意	66	29.7	100.0
	总　计	222	100.0	
基层外语教师也有可能参与外语教育政策制定	非常不同意	14	6.3	6.3
	不太同意	8	3.6	9.9
	不确定	31	14.0	23.9
	基本同意	87	39.2	63.1
	非常同意	82	36.9	100.0
	总　计	222	100.0	
为当前的基础外语教育政策建言献策	非常不同意	5	2.3	2.3
	不太同意	2	0.9	3.2
	不确定	13	5.9	9.0
	基本同意	89	40.1	49.1
	非常同意	113	50.9	100.0
	总　计	222	100.0	

笔者在实地调研中发现，民族地区的中小学（被试样本）很少有学校制定自己的课程实施方案。这与问卷结果不一致。通过继续追问，得知原因在于被试把教师自己的教学设计当成了实施方案，而校级层面的课程实施方案并没有制定。按照课程标准的要求，各学校应该根据自身的实际情况和标准制定符合本校实际的课程实施方案，尤其是民族地

区的学校，因为其有自己的特殊条件。若能充分利用地方特色，将极具民族特色的文化内容整合进外语课程中，既可以让学生的外语水平得到提升，因为有了一定的民族身份认同，学生学习兴趣也会大大提升。正如受访的苗族学生所言，能在外语学习时体验到自己的民族文化，顿时就兴趣大增。同时，这对于民族文化的传承、中国文化"走出去"、坚定民族学生的文化自信等方面都具有极其重要的作用。

（二）基层外语教师也有可能参与外语教育政策制定

本研究的第一个问题中的第二个小问题是：广大一线中小学外语教师对于参与政策制定过程的意愿如何？为什么？根据这个问题，问卷中设置了"基层外语教师也有可能参与外语教育政策制定"的题项，结果如表 5-20 所示，有 76.1% 的教师持肯定态度。说明绝大多数一线外语教师还是有意愿并有可能参与到政策制定中来的，这也进一步说明广大基层外语教师越来越关心外语教育政策问题，大家都有参政议政的觉悟和意识，这种现象对于当前民族地区的外语教育来说应该是一个好的消息。然而这一结论与先导研究中的发现略有不同，原因可能在于不同年龄段的教师对于参政议政的态度会有差异。工作年限较长的教师参与意识会更强烈一些，但也有约 10% 的教师并不认为自己有参与政策制定的可能。正如凯里市某民族中学的肖老师所言："制定政策？我觉得没有可能吧，而且这个也不是我能定的，因为我们一般都是收到任务，而且经常会收到一些跟我们的实际不是很契合的任务……"

（三）为当前的基础外语教育政策建言献策

如果教育部门在制定外语教育政策的时候征求教师们的意见，绝大部分教师都是会积极建言献策的。表 5-20 显示，有 91% 的教师表示愿意为当前的基础外语教育政策建言献策。这体现了广大基层外语教师对于当前外语教育的责任和担当。

考虑到政策制定的严肃性和科学性，有必要考察不同工作年限的教师对于建言献策的积极性问题。首先，假设外语教师的工作年限与为当前的基础外语教育政策建言献策这两个变量之间是相互独立的关系，即无论是工作年限长的教师还是工作年限短的教师都不愿意为当前的基础外语教育政策贡献自己的智慧和力量。表5-21显示，工作年限在11~20年的教师，有95.2%的教师愿意为当前的基础外语教育政策建言献策，其次是工作年限在21年及以上的教师，比例为91.3%。我们认为这或许是因为资深的外语教师教学经验比较丰富，对学校和学生的基本情况都比较了解，也能够提出一些符合当地实际的建议和措施。工作年限在10年及以下的年轻教师中也有超过80%的教师愿意为当前的基础外语教育政策建言献策，说明年轻一代的外语教师也在逐步成长。

表5-21 工作年限与为当前的基础外语教育政策建言献策交叉统计

			为当前的基础外语教育政策建言献策					总计
			非常不同意	不太同意	不确定	基本同意	非常同意	
工作年限	5年及以下	频数	4	1	1	14	14	34
		占工作年限人数的百分比（%）	11.8	2.9	2.9	41.2	41.2	100.0
		占选项人数的百分比（%）	80.0	50.0	7.7	15.7	12.4	
		占全部人数的百分比（%）	1.8	0.5	0.5	6.3	6.3	15.3
	6~10年	频数	1	0	5	26	26	58
		占工作年限人数的百分比（%）	1.7	0	8.6	44.8	44.8	100.0
		占选项人数的百分比（%）	20.0	0	38.5	29.2	23.0	
		占全部人数的百分比（%）	0.5	0	2.3	11.7	11.7	26.1

续表

			为当前的基础外语教育政策建言献策					总计
			非常不同意	不太同意	不确定	基本同意	非常同意	
工作年限	11～20年	频数	0	1	3	31	49	84
		占工作年限人数的百分比（%）	0	1.2	3.6	36.9	58.3	100.0
		占选项人数的百分比（%）	0	50.0	23.1	34.8	43.4	
		占全部人数的百分比（%）	0	0.5	1.4	14.0	22.1	37.8
	21年及以上	频数	0	0	4	18	24	46
		占工作年限人数的百分比（%）	0	0	8.7	39.1	52.2	100.0
		占选项人数的百分比（%）	0	0	30.8	20.2	21.2	
		占全部人数的百分比（%）	0	0	1.8	8.1	10.8	20.7
总计		频数	5	2	13	89	113	222
		占选项人数的百分比（%）	100.0	100.0	100.0	100.0	100.0	
		占全部人数的百分比（%）	2.3	0.9	5.9	40.1	50.9	100.0

　　表5-22卡方检验结果显示，皮尔逊卡方渐进显著性（双侧）值为0.018，小于0.05。因此，结果拒绝原假设，即外语教师的工作年限与为当前的基础外语教育政策建言献策这两个变量之间存在一定的相关性，工作年限越长，越愿意为当前的基础外语教育政策建言献策。作为政策主体的相关行政部门，应充分考虑工作年限较长的外语教师在政策制定中的能动作用，共同致力于完善民族地区的外语教育政策。

表5-22　卡方检验

	值	自由度	渐进显著性（双侧）
皮尔逊卡方	24.414	12	0.018
似然比	20.852	12	0.053
线性关联	7.714	1	0.005

二 政策执行

从表 5 – 23 可以看出，在政策执行这个维度中，外语教学内容会严格按照课程标准中的要求执行的均值达到 4.24，说明大多数的外语教师都比较认同课程标准对于自己教学工作的指导作用。认为当前的外语教育政策在学校外语教育实践中得到了落实的均值却只有 3.72，这应该是教师从学校的中观层面来评估的，即学校并不能及时贯彻外语教育政策中相关的教学要求，但是教师自己会根据课程标准来开展自己的教学活动。外语教学活动中会融入民族文化的相关内容的均值也只有 3.98，说明这项工作开展的效果还不是很好。

表 5 – 23 政策执行的描述性统计

政策执行	N	均值	标准差
当前的外语教育政策在学校外语教育实践中得到了落实	222	3.72	1.057
外语教学内容会严格按照课程标准中的要求执行	222	4.24	0.915
外语教学活动中会融入民族文化的相关内容	222	3.98	1.063

（一） 当前的外语教育政策在学校外语教育实践中得到了落实

表 5 – 24 显示，有 62.6% 的教师认为当前的外语教育政策在学校外语教育实践中得到了落实。在访谈中，某学校高中部的陈老师说道：“学校要求每个老师都能用多媒体课件上课，这也是课程标准中有所要求的，我觉得在这一点上学校还是落实了政策的。但是其他方面，如学生的素质教育、情感教育等方面基本上没有做到，因为高考的压力实在是太大了。”有 12.6% 的教师认为当前的外语教育政策并没有在学校教育实践中得到落实，这与前面提及的教师专项资金培训很少得到落实应该有些关系。

（二） 外语教学内容会严格按照课程标准中的要求执行

表 5 – 24 显示，有 85.1% 的外语教师表示自己的外语教学内容会严格按照课程标准中的要求执行。课程标准对语言技能、语言知识、情感态度、学习策略和文化意识等五个方面分别提出了级别要求，教师是否都能做到呢？ 在访谈中，有些教师认为，从学生发展的角度来说，教师是愿意这样去做的，也是可以做到的，但是这样的话就会占用大量做题的时间，毕竟最后孩子们还要参加高考，因此，在组织自己的教学活动时，教师总是绞尽脑汁让学生既能学到语言知识又能在情感心智教育等方面有所收获。

表 5 – 24　政策执行各题项选项分布

		频数	有效百分比（%）	累计百分比（%）
当前的外语教育政策在学校外语教育实践中得到了落实	非常不同意	8	3.6	3.6
	不太同意	20	9.0	12.6
	不确定	55	24.8	37.4
	基本同意	82	36.9	74.3
	非常同意	57	25.7	100.0
	总　计	222	100.0	
外语教学内容会严格按照课程标准中的要求执行	非常不同意	5	2.3	2.3
	不太同意	7	3.2	5.4
	不确定	21	9.5	14.9
	基本同意	85	38.3	53.2
	非常同意	104	46.8	100.0
	总　计	222	100.0	
外语教学活动中会融入民族文化的相关内容	非常不同意	9	4.1	4.1
	不太同意	14	6.3	10.4
	不确定	31	14.0	24.3
	基本同意	86	38.7	63.1
	非常同意	82	36.9	100.0
	总　计	222	100.0	

（三）外语教学活动中会融入民族文化的相关内容

《英语课标 2017 版》的基本理念是发展英语学科核心素养，落实立德树人根本任务。其中英语学科核心素养的价值取向便是文化意识。要培育学生在国家认同和家国情怀、文化自信以及人类命运共同体等方面的意识，学会做人做事，有较高的文明素养和社会责任感。作为中华文化中的一分子，少数民族文化是重要的组成部分，少数民族物质文化、精神文化等都是民族文化传承的重要内容。在当前学科育人的背景下，在外语教学活动中融入民族文化的相关内容正体现了外语学科的育人价值。表 5 - 24 显示，有 75.7% 的教师表示自己的外语教学活动中会融入民族文化的相关内容，体现了一定的家国情怀和文化自信。

三　政策评价

政策评价是政策过程的一个重要环节，评价的主体、内容及方式都与学生有直接的关系。《英语课标 2011 版》中的"评价建议"部分明确提出："评价应反映以人为本的教育理念，突出学生的主体地位，发挥学生在评价过程中的积极作用。"民族地区基础教育阶段的外语教师在这方面的认识还是比较积极的，能够真正意识到学生在政策评价中的重要地位（见表 5 - 25）。

表 5 - 25　政策评价的描述性统计

政策评价	N	均值	标准差
外语课程的评价应体现学生在评价中的主体地位	222	4.26	0.832
外语课程的评价内容和方式应以促进学生的发展为目标	222	4.41	0.806

（一）外语课程的评价应体现学生在评价中的主体地位

表 5 - 26 显示，有 86.5% 的教师认为外语课程的评价应体现学生在

评价中的主体地位。《英语课标 2017 版》指出，新时代的外语学习方式已经发生深刻变革，更加关注语言学习者的不同特点和个体差异。尤其是民族地区的学生，其所处的语言环境和汉族地区的学生有较大的不同，相关评价体系的建立需要充分考虑其三语学习的困境及个体认知方面的差异，突出学生在政策评价中的主体地位。

表 5 – 26   政策评价各题项选项分布

		频数	有效百分比 （％）	累计百分比 （％）
外语课程的评价应体现学生在评价中的主体地位	非常不同意	3	1.4	1.4
	不太同意	5	2.3	3.6
	不确定	22	9.9	13.5
	基本同意	93	41.9	55.4
	非常同意	99	44.6	100.0
	总　计	222	100.0	
外语课程的评价内容和方式应以促进学生的发展为目标	非常不同意	2	0.9	0.9
	不太同意	4	1.8	2.7
	不确定	21	9.5	12.2
	基本同意	70	31.5	43.7
	非常同意	125	56.3	100.0
	总　计	222	100.0	

（二）外语课程的评价内容和方式应以促进学生的发展为目标

表 5 – 26 数据显示，87.8％的教师认为外语课程的评价内容和方式应以促进学生的发展为目标。国家英语课程标准指出，在评价标准的确定、评价内容及评价方式的选择以及评价的实施等方面，均应以促进学生的全面发展为基本目标。外语课程评价体系应秉承多元优化的评价标准以促进学生在综合语言运用能力方面的发展，并通过评价机制激发学生的学习兴趣，促进其自主学习能力、思维能力以及跨文化沟通意识和健康人格的发展。

第五节 基础外语教育政策价值研究

如前所述，政策价值研究是教育政策分析的核心领域，其主要内容是以价值目标为标准对价值事实进行评判，最终确立价值规范。首先需要确立政策公共价值追求，即教育公平与效率的博弈；其次要探讨政策主体价值倡导，即教育决策主体和执行主体的价值追求；最后是利益群体价值协调，即利益群体的价值冲突和取舍。

一 政策公共价值追求

从表5-27可以看出，政策公共价值追求各题项均值都在4分以上，说明贵州基础教育阶段的外语教师大多比较认可外语教育的公共价值属性，其中"外语教育需要关注民族地区学生外语学习的不同特点和个体差异"题项均值达到4.48，说明外语教师大多认为民族地区的外语教育有与汉族地区不一样的特殊性。

表5-27 政策公共价值追求描述性统计

政策公共价值追求	N	均值	标准差
新时代民族地区的外语教育是传承传播本民族文化的一种方式和平台	222	4.18	0.983
民族地区开展外语教育活动体现了教育公平	222	4.30	0.831
外语教育需要关注民族地区学生外语学习的不同特点和个体差异	222	4.48	0.789

少数民族学生学习外语涉及三语习得问题，与汉族学生的外语学习环境存在一定的差异。曾丽（2012）通过实证研究发现，在从单语、不平衡双语到不平衡三语的学习演变过程中，少数民族学生的多项元语

言意识任务并没有随着语言数量的增加而增长。他们在双语基础上学习作为第三语言的外语，与汉族学生学习作为第二语言的外语的确存在较大差异。如果没有掌握第一语言就开始学习第二语言，或者没有掌握第二语言就开始学习第三语言，非但没有优势，在有些任务中还会处于劣势。对少数民族学生在学习外语方面的规律和困难认识不足，往往会导致教学针对性不强，效果不理想。如果还是采用与汉族地区一样的教学方法和教学材料，势必会忽略他们在语音、词汇和句法意识等元语言意识发展方面的不足。

其中，民族地区开展外语教育活动体现了教育公平题项的均值达到4.30。外语教育是少数民族教育的重要组成部分，是提高整体国民素质，实现民族地区经济社会发展的一个重要途径，在一定程度上体现了教育公平。此外，新时代民族地区的外语教育是传承传播本民族文化的一种方式和平台这一题项的均值也达到了4.18，正如本研究前面所述，少数民族外语学习者通过学习外语来表达自己的生活世界及本民族文化元素，有助于深刻认识并正确了解自己的语言特征和文化属性，从不同的视角看待自己民族的语言和文化，进而增强自身的文化认同并坚定文化自信。

（一）新时代民族地区的外语教育是传承传播本民族文化的一种方式和平台

本研究第一个问题中的第三个小问题是：贵州外语教育的公共价值追求是否体现了对民族文化的传承传播？表 5－28 显示，有 85.1% 的教师认为新时代民族地区的外语教育是传承传播本民族文化的一种方式和平台，这一结果与现有研究的结论也基本相符。李强（2010：81~82）认为，民族文化传承与外语教育之间是对立统一的关系。一方面，外语教育的根本目的在于培养能够与来自不同文化背景的人进行跨文化交际的人才；另一方面，学习者也可以通过学习外语认知其他国家和民族的文化传统。而民族文化传承强调的是在教育机制的作用下，培养民族同胞对自身民族历史、人文和生活方面的民族意识和民族精神。两者可以在教育环境的作用下经过磨合、互相调适达到兼容的目标。

表 5 – 28　政策公共价值追求各题项选项分布

		频数	有效百分比（%）	累计百分比（%）
新时代民族地区的外语教育是传承传播本民族文化的一种方式和平台	非常不同意	7	3.2	3.2
	不太同意	11	5.0	8.1
	不确定	15	6.8	14.9
	基本同意	90	40.5	55.4
	非常同意	99	44.6	100.0
	总　计	222	100.0	
民族地区开展外语教育活动体现了教育公平	非常不同意	4	1.8	1.8
	不太同意	3	1.4	3.2
	不确定	20	9.0	12.2
	基本同意	90	40.5	52.7
	非常同意	105	47.3	100.0
	总　计	222	100.0	
外语教育需要关注民族地区学生外语学习的不同特点和个体差异	非常不同意	4	1.8	1.8
	不太同意	3	1.4	3.2
	不确定	8	3.6	6.8
	基本同意	74	33.3	40.1
	非常同意	133	59.9	100.0
	总　计	222	100.0	

（二）民族地区开展外语教育活动体现了教育公平

少数民族外语教育体现了"与国内同步、与国际接轨"的教育理念，外语教育政策的公共政策属性也强调其公平性和正义性。如前文所述，这种公平体现在机会平等、程序公平，但是这种公平是有条件的相对公平，其基本前提是在遵循市场经济规律的基础上，尽可能保证结果的公平，对市场竞争中的"弱势群体"提供积极的支持和帮助，缩小社会群体间的差距。公平的价值取向也是社会稳定和发展的保障，是维持社会群体团结的黏合剂；不公平感会加剧社会的不信任感，导致政体合法性下降。表 5 - 28 显示，有 87.8% 的教师认为民族地区开展外语教育活动体现了教育公平。尽管在实际的教学过程中面临各种困难，但是，相信通过各方的共同努力，民族地区的基础外语教育一定会有更大的改善。

（三）外语教育需要关注民族地区学生外语学习的不同特点和个体差异

从表 5 - 28 可以发现，有 93.2% 的教师认为外语教育需要关注民族地区学生外语学习的不同特点和个体差异。人本主义学习理论认为，教育要强调人的尊严和价值。教育者要研究学习者的心理需求和情感，以学习者为中心，使其人格受到尊重，个性得到发展，潜能得到发挥，创造力得到培养。教育要尊重个体的心理差异与独特性，其目的是帮助学生发展个性，这不仅仅是学生发展的需求，也是社会发展的必然要求，教育要尊重个体心理与行为的完整性。然而，通过现实调研，笔者发现，很少有学校会根据本地区本学校的学生特点制定相应的外语教育政策，正如表 5 - 20 所示，有 16.2% 的教师认为学校并不会根据课程标准制定校本课程实施方案，民族地区的中小学（被试样本）很少有学校会制定自己的课程实施方案。

二　政策主体价值倡导

从表 5 - 29 可以发现，政策主体价值倡导方面，新时代民族地区的外语课堂应以学生为中心组织教学活动题项的均值达到了 4.39，基础教育阶段的外语课程基本理念是落实立德树人的根本任务题项的均值达到了 4.37，外语课程中的文化意识体现了外语学科核心素养的价值取向题项的均值也达到了 4.33。本部分的均值较高，都在 4.3 以上。

表 5 - 29　政策主体价值倡导描述性统计

政策主体价值倡导	N	均值	标准差
基础教育阶段的外语课程基本理念是落实立德树人的根本任务	222	4.37	0.845
外语课程中的文化意识体现了外语学科核心素养的价值取向	222	4.33	0.854
新时代民族地区的外语课堂应以学生为中心组织教学活动	222	4.39	0.853

正如梅德明所言，在新时代要真正做到因材施教，学生应该拥有更多的选择权和主动权（史新蕾、王晓涵，2018）。尽量让学生主动创设属于他们的学习活动，为实现共同学习目标而进行相互协作，共同搭建学习平台并分担学习任务等。党的十九大报告着重强调要以人民为中心，办好人民满意的教育。这意味新时代的教育生态链中学生处于最核心的位置，在任何时候我们都不能忘记培养人的神圣使命。新时代教育的关键是素质教育，而素质教育的显性抓手就是要充分培育学生的学养，倡导素养育人。外语学科核心素养的四个方面即语言能力、文化意识、思维品质、学习能力都非常重要，是落实立德树人和学科育人的重要抓手。

（一）基础教育阶段的外语课程基本理念是落实立德树人的根本任务

教育部于 2014 年 3 月 30 日以教基二〔2014〕4 号印发《关于全面深化课程改革落实立德树人根本任务的意见》，第一部分便是充分认识全面深化课程改革、落实立德树人根本任务的重要性和紧迫性，足见课程改革在新时代的基础教育中的分量之重。要充分发挥人文学科的独特育人优势，提升学科育人的价值。表 5 - 30 显示 88.7% 的教师认为基础教育阶段的外语课程基本理念是落实立德树人的根本任务，认识到了这一基本原则，表明教育政策的价值倡导还是深入人心的。

（二）外语课程中的文化意识体现了外语学科核心素养的价值取向

王蔷（2017）认为，文化意识是外语学科的价值取向，决定了课程承载的文化。在建构文化意识过程中需要关注学生对跨文化的认知，包括学生跨文化态度的形成以及其跨文化行为。普通高中外语课程强调对学生语言能力、文化意识、思维品质和学习能力方面的综合培养兼具工具性和人文性。此外，还应帮助学生树立人类命运共同体意识和多元文化意识，使其加深对祖国文化的理解，增强爱国情怀，坚定文化自信。要发展健康的审美情趣和良好的鉴赏能力，并树立正确的人生观、世界观和价值观，更好地适应世界多极化、经济全球化以及社会信息化的发展趋势。表 5 – 30 显示 86.5% 的教师认为外语课程中的文化意识体现了外语学科核心素养的价值取向，课程的育人功能得到了重视。

表 5 – 30　政策主体价值倡导各题项选项分布

		频数	有效百分比（%）	累计百分比（%）
基础教育阶段的外语课程基本理念是落实立德树人的根本任务	非常不同意	4	1.8	1.8
	不太同意	4	1.8	3.6
	不确定	17	7.7	11.3
	基本同意	77	34.7	45.9
	非常同意	120	54.1	100.0
	总　计	222	100.0	
外语课程中的文化意识体现了外语学科核心素养的价值取向	非常不同意	4	1.8	1.8
	不太同意	3	1.4	3.2
	不确定	23	10.4	13.5
	基本同意	77	34.7	48.2
	非常同意	115	51.8	100.0
	总　计	222	100.0	

续表

		频数	有效百分比（%）	累计百分比（%）
新时代民族地区的外语课堂应以学生为中心组织教学活动	非常不同意	4	1.8	1.8
	不太同意	4	1.8	3.6
	不确定	18	8.1	11.7
	基本同意	71	32.0	43.7
	非常同意	125	56.3	100.0
	总　计	222	100.0	

（三）新时代民族地区的外语课堂应以学生为中心组织教学活动

陈坚林（2005b）曾撰文剖析"以学生为中心"的深刻内涵，认为人本主义心理学、乔姆斯基语言学理论及认知教学理论等为"以学生为中心"的教学奠定了坚实的基础。"以学生为中心"主张学习在自由开放的氛围中进行，鼓励学生涉猎未知的及不确定的领域，培养其做出抉择的勇气。学生被看作外语教学的主体，是知识的主动构建者。基础教育阶段的外语学习活动则强调以学生为主体的整合性学习，通过主题、语篇、知识（语言与文化知识）、技能、策略等维度来实现。表5-30显示有88.3%的教师表示认可这样的教学理念。

三　利益群体价值协调

表5-31表明，民族地区外语教师的地位和待遇有待进一步提高题项的均值最高，达到4.62，说明大家对于地位和待遇的提高有很高的期待。其次分别是认为新时代的外语教育注重培养学生的爱国意识和国际视野能力。随着中国的日益强大，中国文化被更多的国家和地区接受和认可，我们需要培养新时代具有国际视野的跨文化高素质人才。

表 5 - 31　利益群体价值协调描述性统计

利益群体价值协调	N	均值	标准差
新时代的外语教育注重培养学生的国际视野能力	222	4.46	0.821
新时代的外语教育注重培养学生的爱国意识	222	4.53	0.800
民族地区外语教师的地位和待遇有待进一步提高	222	4.62	0.756

（一）　新时代的外语教育注重培养学生的国际视野能力

表 5 - 32 显示，有 91.4% 的教师认为新时代的外语教育注重培养学生的国际视野能力。《英语课标 2017 版》中的"文化意识"部分，要求学生具有足够的文化知识为中外文化的异同提供可能的解释，并结合实际情况进行分析和比较；尊重和理解文化的多样性，具有国际视野能力，进一步坚定文化自信，有传播中国特色社会主义文化的意识，能够用所学的英语描述、比较中外文化现象。

（二）　新时代的外语教育注重培养学生的爱国意识

表 5 - 32 显示，92.3% 的教师认为新时代的外语教育注重培养学生的爱国意识。《英语课标 2017 版》明确要求帮助学生树立人类命运共同体意识以及多元文化意识；增强爱国意识，坚定文化自信，加深对祖国文化的理解，形成开放包容的态度。有国才有家，只有国家日益强大和繁荣昌盛，社会的稳定和谐才有保障，人民才能安居乐业。

（三）　民族地区外语教师的地位和待遇有待进一步提高

表 5 - 32 显示，有 94.1% 的教师认为民族地区外语教师的地位和待遇有待进一步提高。姜秋霞（2012：8）指出，外语教师是外语教育生态链中的重要因子，其数量和质量是影响教育系统内生能量的重要因素，在相关政策规划中应妥善解决好这个问题。保障教师的地位和待遇是确保教育生态系统良性运行的基本要求。

表 5 – 32　利益群体价值协调各题项选项分布

		频数	有效百分比 (%)	累计百分比 (%)
新时代的外语教育注重培养学生的国际视野能力	非常不同意	4	1.8	1.8
	不太同意	4	1.8	3.6
	不确定	11	5.0	8.6
	基本同意	70	31.5	40.1
	非常同意	133	59.9	100.0
	总　　计	222	100.0	
新时代的外语教育注重培养学生的爱国意识	非常不同意	4	1.8	1.8
	不太同意	3	1.4	3.2
	不确定	10	4.5	7.7
	基本同意	60	27.0	34.7
	非常同意	145	65.3	100.0
	总　　计	222	100.0	
民族地区外语教师的地位和待遇有待进一步提高	非常不同意	4	1.8	1.8
	不太同意	2	0.9	2.7
	不确定	7	3.2	5.9
	基本同意	49	22.1	27.9
	非常同意	160	72.1	100.0
	总　　计	222	100.0	

　　2001 年国务院颁布实施《关于基础教育改革与发展的决定》，之后基础教育开始实行在国务院领导下由地方政府分级管理的体制，县级政府成为基础教育财政支出的主体。由于区域地理位置、自然条件、历史因素等诸多原因，我国不同地区经济和社会发展极不均衡，中西部县级政府的义务教育经费能力与东部有较大差距（童星，2016），西部民族地区的教师待遇与上述地区相比差距更是较大，这些现象不能不引起相关部门的重视和关注。

第六节　开放式问题统计分析

以上对本研究调查问卷的量化数据部分进行了较为详细的描述和统计分析，本部分将对本研究调查问卷第三部分开放式问题的答案进行处理，主要使用内容分析法（秦晓晴，2009a：175），按照第四章第二节所述开放式问题的分析框架来对数据进行编码处理。

一　开放式问题 1 统计分析

开放式问题 1 表述为："您对当前贵州地区外语教育政策的制定、执行和评价有什么看法？"在 222 份有效问卷中，共有 100 份问卷对该问题进行了回答。笔者通过仔细阅读这些回答，按照内容主题进行手动归并处理。所有原始数据的频数总和为 172，各项目的频数分布见表 5 - 33。

表 5 - 33　开放式问题 1 答案统计

开放式问题 1 表述	答案涉及的维度归类	项目列表	频数	百分比（%）
您对当前贵州地区外语教育政策的制定、执行和评价有什么看法？	执行	尊重民族学生的个性特点	6	3.49
	制定	关注民族学生的学习主动性，注意民族文化传承	5	2.91
	制定	应多注重实际运用	3	1.74
	制定	要贴近实际	2	1.16
	执行	不适合农村学生，目前只关注考试分数	3	1.74
	评价	同意现在的评价方法	2	1.16
	评价	小学的外语教育应该以培养学生兴趣为主	9	5.23
	制定	多关注一线教师的声音	16	9.30
	评价	还有待完善	1	0.58
	评价	不切实际	4	2.33

开放式问题1表述	答案涉及的维度归类	项目列表	频数	百分比（%）
您对当前贵州地区外语教育政策的制定、执行和评价有什么看法？	执行	政策实施不完善	2	1.16
	制定	应注重交际	1	0.58
	执行	学生实际的运用能力不强	2	1.16
	制定	结合本地学生的实际情况来制定政策	15	8.72
	执行	多注重口语教学	1	0.58
	评价	应以学生的外语能力发展为主，而不是只为了考试	9	5.23
	执行	基层学校落实不到位	3	1.74
	制定	设立外语专项基金，加大教师培训力度	8	4.65
	制定	民族地区外语教材应多融入少数民族地区的文化内容	12	6.98
	制定	民族地区外语政策的制定应考虑政治、经济、外交、国家安全等因素	8	4.65
	执行	多采用情景教学法	1	0.58
	执行	国家应加大实施力度	1	0.58
	评价	评价方式应该更加多元，而不是仅仅通过笔试成绩来判断一个学生的能力	16	9.30
	执行	主要看学校领导的重视	1	0.58
	执行	政策的实施要到位而不是只注重形式	8	4.65
	制定	适当降低对学生的要求	1	0.58
	制定	应考虑民族地区之间的差异	7	4.07
	执行	严格执行教育政策	2	1.16
	评价	应试教育决定了评价标准	5	2.91
	执行	家长和学生不太重视	1	0.58
	执行	多关注过程	1	0.58
	制定	教材的编写应该简单些	1	0.58
	评价	考试制度的调适改革	1	0.58
	制定	中考外语试题应该平均分配听说读写分值比例，这样才能考察学生语言综合能力	2	1.16
	执行	探究方法，调动学生和教师的积极性	1	0.58
	制定	应该考虑当地人民的文化基础	3	1.74
	执行	少检查，多帮助	3	1.74
	评价	素质教育与应试教育的矛盾	5	2.91

以上编码所使用的代码主要涉及政策的制定、执行和评价。主要考察政策制定需要考虑的因素，执行中有哪些问题，对政策如何评价。笔者对表5-33进一步归类排序，从政策制定、政策执行和政策评价三方面进行统计分析。首先得到的是政策制定需要考虑的因素，见表5-34。

表5-34　政策制定考察因素

开放式问题1表述	答案涉及的维度归类	项目列表	频数	百分比（%）
您对当前贵州地区外语教育政策的制定、执行和评价有什么看法？	制定	多关注一线教师的声音	16	9.30
	制定	结合本地学生的实际情况来制定政策	15	8.72
	制定	民族地区外语教材应多融入少数民族地区的文化内容	12	6.98
	制定	设立外语专项基金，加大教师培训力度	8	4.65
	制定	民族地区外语政策的制定应考虑政治、经济、外交、国家安全等因素	8	4.65
	制定	应考虑民族地区之间的差异	7	4.07
	制定	关注民族学生的学习主动性，注意民族文化传承	5	2.91
	制定	应多注重实际运用	3	1.74
	制定	应该考虑当地人民的文化基础	3	1.74
	制定	要贴近实际	2	1.16
	制定	中考外语试题应该平均分配听说读写分值比例，这样才能考察学生语言综合能力	2	1.16
	制定	应注重交际	1	0.58
	制定	教材的编写应该简单些	1	0.58
	制定	适当降低对学生的要求	1	0.58

通过进一步对表5-34进行分析整理归类，笔者发现，贵州基础外语教育政策的制定需要考虑的因素有学生的因素和教师的因素两个方面。

其中学生的因素需要结合贵州学生的实际情况来制定政策，该项目的频数达到了15。如本研究前文所述，人本主义学习理论主张将学习者的学习看作个体因内在的需求而求知，在这一过程中，个体既学到了文化知识和良好的行为方式，更重要的是通过学习促进了自身人格的健全和完善。民族地区的学生由于长期受到民族母语环境的影响，在学习外语的过程中需要经历两次语言转换，先从民族母语到汉语，再从汉语到外语，因为外语和汉语之间是一一对应的关系，而少数民族语言与外语却没有这样的对应关系。长期在这样的环境中学习，难免会产生焦虑甚至在个人心智发展方面受到消极影响。为了缓解这种情况，有教师提出民族地区外语教材应多融入少数民族地区的文化内容，该项目的频数为 12。这样一来，民族学生的文化认同会逐步增强。文化适应理论认为语言学习者对所学语言的文化适应程度表现在其与该文化的社会距离和心理距离两个方面。如果学生在目的语文化中能找到与自己的民族文化相通的地方则更容易产生共鸣，从而愿意主动接受，这会逐步缩小其与该文化的社会距离和心理距离。

此外，教师的因素方面要多关注一线教师的声音，民族地区的外语教师是民族学生学习外语的黏合剂，他们既懂得当地民族语言，又懂外语，还懂汉语，能够在三种语言之间切换，解决民族学生外语学习中的实际困难。因此，在制定民族地区外语教育政策时应该发挥民族地区外语教师的积极性和能动性。另外，在考试测评及教材编写方面以更贴近民族学生的实际水平为宜。

以上分析了外语教育政策制定中需要考察的问题，下面考察政策执行中需要注意的问题。从表 5 - 35 可以看出，对于外语教育政策的执行，频数最高的是政策的实施要到位而不是只注重形式，频数为 8。要真正贯彻落实政策中的相关要求，如课程标准中的素质教育、情感教育等教育理念，其在民族地区的实施情况并不乐观。前面的访谈结果也说明，受考试导向的影响，很多教育理念在民族地区的基础教育阶段流于形式，甚至将学生的外语考试成绩和教师的业绩考核等直接关联，让部分教师苦不堪言。

表 5-35　政策执行考察因素

开放式问题1表述	答案涉及的维度归类	项目列表	频数	百分比（%）
您对当前贵州地区外语教育政策的制定、执行和评价有什么看法？	执行	政策的实施要到位而不是只注重形式	8	4.65
	执行	尊重民族学生的个性特点	6	3.49
	执行	基层学校落实不到位	3	1.74
	执行	不适合农村学生，目前只关注考试分数	3	1.74
	执行	少检查，多帮助	3	1.74
	执行	学生实际的运用能力不强	2	1.16
	执行	政策实施不完善	2	1.16
	执行	严格执行教育政策	2	1.16
	执行	主要看学校领导的重视	1	0.58
	执行	多注重口语教学	1	0.58
	执行	多采用情景教学法	1	0.58
	执行	国家应加大实施力度	1	0.58
	执行	家长和学生不太重视	1	0.58
	执行	多关注过程	1	0.58
	执行	探究方法，调动学生和教师的积极性	1	0.58

其次是尊重民族学生的个性特点，频数为6。民族学生外语学习涉及三语习得问题，而目前民族地区的外语教材又是按照统编教材在执行，其内容在社会距离和心理距离方面与民族学生都相距较远，因此在教材内容无法满足民族学生文化认同的情况下，教师在教学过程中应本着以人为本的原则，将民族文化的内容体现在外语教育中，从学生发展的角度灵活执行相关的教育政策。

以上分析了政策执行中需要注意的问题，下面从政策评价的角度分析需要注意的问题有哪些。表5-36显示政策评价的考察因素，频数最高的为16，是评价方式应该更加多元，而不是仅仅通过笔试成绩来判断一个学生的能力。其次是应以学生的外语能力发展为主，而不是只为了考试；小学的外语教育应该以培养学生兴趣为主。《英语课标2017版》也对评价做出这样的要求：高中英语课程应该建立以学生为主体，促进学生全面、健康而又个性地发展的课程评价体系，应聚焦并促进学生英语学科核心素养的形成及发展，通过形成性评价与终结性评价相结合的多元评价模式，强调评价的促学作用，重点关注学生在英语学习过程中所表现出的情感、态度和价值观等要素。《英语课标 2011 版》也指出，英语课程评价体系要有利于促进学生在综合语言运用能力方面的发展，通过多元优化的评价方式激发学生的学习兴趣，以此促进学生的自主学习能力、思维能力以及跨文化意识和健康人格的发展。从问卷调查中外语教师回答的情况来看，被试对于民族地区基础外语教育政策的多元评价体系寄予很高的期待。

以上对开放式问题 1 进行了编码统计分析，从贵州地区外语教育政策的制定、执行和评价三个方面进行了较为详细的阐述。总的来说，民族地区特殊的自然环境和人文环境是外语教育政策规划中需要特别考虑的问题。民族地区学生的外语学习能力、学习资源、学习方式等都有与汉族地区不一样的地方，为了促进该地区基础教育事业的全面发展，应从人本主义心理学的角度出发，保障民族地区学生的学习权利和要求，在评价方式方面更加多元和完善。

表 5 - 36　政策评价考察因素

开放式问题 1 表述	答案涉及的维度归类	项目列表	频数	百分比（%）
您对当前贵州地区外语教育政策的制定、执行和评价有什么看法？	评价	评价方式应该更加多元，而不是仅仅通过笔试成绩来判断一个学生的能力	16	9.30
	评价	应以学生的外语能力发展为主，而不是只为了考试	9	5.23
	评价	小学的外语教育应该以培养学生兴趣为主	9	5.23
	评价	应试教育决定了评价标准	5	2.91
	评价	素质教育与应试教育的矛盾	5	2.91
	评价	不切实际	4	2.33
	评价	同意现在的评价方法	2	1.16
	评价	还有待完善	1	0.58
	评价	考试制度的调适改革	1	0.58

二　开放式问题2统计分析

开放式问题2表述为：您对贵州地区基础教育阶段外语教育政策还有哪些方面的建议和看法？这是一个综合性的问题，教师们的回答也牵涉到许多方面，初始编码及频数统计见表5-37，各类统计总共频数为156。

表5-37　开放式问题2答案统计

开放式问题2表述	答案涉及基本概念编码	项目列表	频数	百分比（%）
您对贵州地区基础教育阶段外语教育政策还有哪些方面的建议和看法？	师资培训	教师培训严重缺乏	15	9.62
	评价标准	过分强调考试分数，忽略学生实际外语水平	12	7.69
	师资匮乏	外语教师资源匮乏	11	7.05
	民族特色	外语教材应该体现民族地区的特色，增加民族文化内容	11	7.05
	语言环境	缺少语言沟通环境	8	5.13
	个体差异	政策的制定应该考虑地区差异及民族学生的心理	8	5.13
	教师待遇	提高民族地区教师地位和待遇	7	4.49
	教学设施	教学设施有待完善	6	3.85
	因材施教	应因地制宜，因材施教	6	3.85
	不够重视	学校和地方都不太重视	6	3.85
	民族学生	教材应更贴近民族地区学生的特点	6	3.85
	兴趣不浓	学生对外语兴趣不浓	5	3.21
	基础较差	学生基础较差	4	2.56
	内容难度	内容多，对落后地区来说难度较大	4	2.56
	资源匮乏	教学资源欠缺	4	2.56
	教学困难	口语和听力是民族地区外语教育的难点	4	2.56
	运用太少	实际运用太少	3	1.92
	意识不强	学生学习外语的意识不强	3	1.92
	教育投入	加强民族地区基础教育投入	3	1.92
	缺乏调研	未深入教学一线了解教师和学生	3	1.92
	师资薄弱	师资力量薄弱	3	1.92
	效果一般	效果一般	2	1.28
	落实不好	政策落实不到位	2	1.28

续表

开放式问题2表述	答案涉及基本概念编码	项目列表	频数	百分比（％）
您对贵州地区基础教育阶段外语教育政策还有哪些方面的建议和看法？	家教缺失	留守儿童较多，家庭教育缺失	2	1.28
	经济落后	文化不繁荣，经济落后	2	1.28
	政策缺乏	缺乏民族地区的外语教育政策	2	1.28
	资源分配	资源分配不均衡	2	1.28
	师资匮乏	乡村外语教师缺乏	1	0.64
	难度较大	高年级难度较大	1	0.64
	学生实际	兼顾学生实际进行教学	1	0.64
	问题很多	问题很多	1	0.64
	内容太多	室内教学太多	1	0.64
	信息技术	信息技术投入不足	1	0.64
	文化冲突	语言和文化冲突	1	0.64
	更新观念	更新民族地区人们的观念	1	0.64
	国际意识	应体现文化品格及国际意识	1	0.64
	师资培训	加大对乡镇教师的培训	1	0.64
	课程衔接	初高中课程的衔接问题	1	0.64
	外语语种	民族地区基础教育阶段的多语种教育	1	0.64

　　笔者通过对初始编码进行仔细阅读归纳，发现主要分为五类，其中排在首位的是民族特色问题，频数为75，占48.08%；然后是教师教育问题，频数为38，占24.36%；教育保障问题频数为16，占10.26%；最后是政策执行问题及政策评价问题，分别占8.97%和8.33%。首先来看民族特色问题。

（一）民族特色问题

　　贵州基础外语教育政策的规划牵涉到多方面的内容，从本研究所收集的对开放式问题的回答来看，民族特色方面的问题需要重点关注。

　　贵州民族文化作为中国文化的有机组成部分，其瑰丽多姿的丰富内容越来越引起海内外的关注。如贵州少数民族的饮食文化、服饰文化、建筑文化、节庆文化、民间传说、景区文化、传统技艺、宗教文化、歌舞文化等都是我国民族文化中的瑰宝。传承传播这些优秀民族文化，是实现世界范围内的多元文化共享的有力举措。因此，作为外语教育综合改革的特色化道路选择的继承和传播贵州民族文化是民族地区的外语教师义不容辞的责任。

对于少数民族学生而言，其母语依赖观念是外语学习的一大障碍。母语一般定义为一个人自幼习得的语言，通常是思维和交际的天然工具，一般情况下是本民族语言（包括标准语和方言）。当前外语学界比较普遍的观点是，少数民族学生的民族语言是其母语或第一语言（L1），汉语是第二语言（L2），外语是第三语言（L3），在外语学习过程中母语难以直接参与，通常需要经过汉语这个中介进行转换，从而加大了民族学生外语学习的难度和复杂程度。在外语教育的基础阶段，民族学生的母语依赖观念较为普遍，绝大部分学生需要借助母语进行外语理解、记忆和写作，母语在其外语学习中发挥着重要作用，其中语言输出时的母语依赖观念最强。

因此，要在民族地区开展富有针对性的特色外语教学改革活动。特色外语教学改革必然会带动教材的建设和其他教学资源的开发。特色化教材旨在创建有意义的学习过程，达到提升语言能力和增进某一领域知识的目的，将贵州丰富的、特色鲜明的少数民族文化整合进外语教学内容，培养学生的多元文化意识，突出民族地区外语教学的特色。在此基础上开发民族地区地方课程和校本课程是促进民族地区基础教育内涵发展的重要途径之一，也是民族地区基础教育内涵发展的特色所在（安富海，2013）。此外，随着国家"一带一路"倡议的实施推进，对共建"一带一路"国家的语言生活的了解和研究更有利于国家对外合作的规划和调整，因此在民族地区外语语种的规划方面应该优先考虑共建"一带一路"国家的语言，这也更有利于本民族文化的传承和传播。

（二）教师教育问题

习近平总书记2018年5月2日在北京大学师生座谈会上强调，教育兴则国家兴，教育强则国家强；要建设高素质教师队伍，人才培养关键在教师；我们面临的新时代，既是近代以来中华民族发展的最好时代，也是实现中华民族伟大复兴的最关键时代（习近平，2018：4、7、11）。要办好人民满意的教育，教师是立教之本、兴教之源，承担着让每个孩子健康成长的重任。从本研究数据来看，当前民族地区基础教育阶段外语教师问题主要是师资匮乏、师资培训缺乏及教师待遇低等。

王坤（2020）认为，民族地区教师发展最突出的问题主要体现在三个层面。一是职前教师培养中教育理论与教育实践脱节，不能很好地满足民族地区教育教学实际工作的需求。当前我国教师教育中对职前教师培养具有普适性和同一性的特点，主要针对普遍性知识以及主流文化进行培训，对少数民族语言和文化的研修比较欠缺，对职前教师跨文化教育教学能力的训练并不多见。二是民族地区的入职教师大多缺乏相应的入职指导，教师流失现象比较严重。目前民族地区的在职教师来源情况较为复杂，主要包括公办教师、临聘代课教师和特岗教师，其中又以临聘代课教师和特岗教师居多。这两类教师本身的服务年限不太稳定，加之培训经费不足、硬件设施较差等条件的制约，入职教师未能得到及时有效、因人制宜的专业培训，部分入职教师因难以适应而放弃现有工作。三是在职教师的专业发展质量不高。其中的影响因素既有内因也有外因，内因方面如教师专业自主发展意识淡薄、教学科研能力不足、教师职业心理倦怠；外因方面如学校经费紧张、教学任务重、教师待遇不高、教育资源匮乏等。

（三）教育保障问题

教育保障问题包括教育经费的投入、教学设备的更新和完善、信息技术的利用及教育资源的分配等。本书第三章的调查数据显示，贵州于2013年在民族地区实施学前教育、城镇义务教育和高中阶段教育工程共计1064个，投入资金总计达21.85亿元，进一步夯实了民族地区的基础教育。2018年1~10月，黔南州一般公共预算收入完成92.76亿元，增收1.9亿元，增长2.09%。其中，州级完成18.05亿元，增收0.32亿元，增长1.82%；县区级完成74.71亿元，增收1.58亿元，增长 2.16%。在公共预算支出方面，教育支出 75.6 亿元，增长 9.45%。其中小学教育支出 273.22 万元，初中教育支出 974.7 万元，高中教育支出 7184.72 万元。这些费用是整个教育系统的统计结果，具体到外语教育方面就显得杯水车薪了，如某中学的彭老师提及该校教师上课的"小蜜蜂"[①] 都是由教师们自己掏钱购买的。

秦浩、金东海（2011）通过实证研究发现，西北民族地区义务教育经费投入总体上呈增长趋势，但是社会捐助和集资办学方面的经费却在持续减少。相对而言，在国外和我国东部沿海地区，捐资收入占到教育经费投入的较大比例，是教育经费投入的重要补充。我国西部民族地区经济相对落后，地方企业实力不够强大，因此对义务教育的捐资较少。此外，在经费投入方面的差异也比较大，特别是针对生均教育经费、生均公用经费、教育经费来源等指标的考量存在明显的差异。虽然这种差异与当地的经济实力差异有较大的关系，但是就义务教育而言，中央和省（区、市）各级政府对当地的教育经费投入不均也是主要的原因之一。

（四）政策执行问题

政策执行是政策过程中的重要一环，需要引起相关部门的重视。江凤娟、海路、苏德（2018：36）认为，国家层面的语言教育政策需要重视语言多元化，政策本身的空间允许政策执行者根据实际情况进行相应调整，地方层面的政策在整体上遵从国家政策，但也会根据实际情景在政策的解释、调整和执行方面不断地细化和调适，如根据各学校及学生的实际情况设计课程、选择或开发教材等。这需要充分的一线调研及考虑各学段之间的衔接问题，尤其是民族地区外语教育，更需要考虑少数民族学生的三语学习环境。

---

① "小蜜蜂"是一种便携式扩音器。体积较小、重量轻，好携带。因为中小学教师的课时较多，用嗓频繁，故大多数教师上课都通过该设备来扩大自己的声音从而缓解嗓子的压力。

教育政策的执行与教育活动的开展一样，其终极目标是促进人的发展并体现教育的价值。这一目标的实现，离不开政策执行者合理性与合目的性相统一的理性行为。换句话说，教育政策执行的有效开展，关键在于使效率与公平实现理性意义上的有机融合，需要各级政府、学校、校长、教师及学生等利益相关者依据相关教育政策的精神和规定，结合有关的政策资源和技术，坚持效率原则，即成本最小化、收益最大化。这需要克服盲目的功利主义，回归人本的教育价值。

石火学（2011）认为，农村中学地方课程建设存在的问题主要是过去和当前有关地方课程的教育政策执行的效果不理想。以教材改革的目标为例，地方课程教材改革目标是通过教材的多样化，鼓励优质教材竞争，防止低水平教材的重复建设，这也是地方课程建设的客观要求。同时，教师是地方课程建设的主体，合格和优秀的教师是地方课程实施的关键。为有效推进教育政策的执行和地方课程的实施，应切实加强和完善教师的培训工作，提高教师的教学能力。加大对教师的培训力度。针对教师人数过多、培训周期长的问题，可以分期分批进行培训，重点加强教学理念的更新、地方课程的建设和实施有效教学行为。可以通过课堂教学观摩、教学录像、名师示范、互动研讨、案例教学分析等方式，提高培训的针对性和实效性，有条件的学校应为教师参加跨县、市的地方课程建设教研活动提供资助。

教材是地方课程建设的主要载体，在很大程度上决定着农村地方课程建设的成败。一旦政策执行主体把严肃的教材选用与出版利益关联，教材的质量就很难保证，这种情况也在一定程度上阻碍了农村地方课程的建设和发展。

（五）政策评价问题

党的十九大明确提出：要全面贯彻党的教育方针，落实立德树人根本任务，发展素质教育，推进教育公平。《英语课标 2011 版》也明确提出英语课程的评价要秉承评价主体的多元化、评价形式和内容的多样化以及评价目标的多维化原则。应按照形成性评价与终结性评价相结合的方式对学生进行综合考评，保证对学生学习过程和学习结果的评价达到和谐统一，而不是总以考试为先，忽略学生实际语言运用能力的培养和发展。

对民族地区教育政策实施效果的衡量，满忠坤、孙振东（2014）提出，不仅要关注效率、效益等事实性指标，还要关注公平、发展、文化传承与保护等价值性指标，应更多地关注民族地区教育问题的内涵指标而非外延指标，即关注民族地区教育能否提升受益地区的教育质量，让受益者过上更好的更有品位的生活，而不是简单地关注教育资源和入学机会的均等。然而现实情况正如谢治菊、朱绍豪（2017）所言，现有的政策往往通过各种外推的方式试图改变民族地区教育质量偏低的问题，并未从文化属性、自身需求、社会公平的角度推动民族地区教育的内涵式发展，这在一定程度上催生了民族地区教育政策效果评价中的实用主义，即往往以工具理性与技术理性为导向，坚持客观标准，摒弃主观意识，强调评价中的效率导向而忽视价值目标。因此，为克服实用主义政策评价的不足，有必要引入后实证主义政策评价方法。从后实证主义的视角探讨民族地区教育政策实施效果的评价指标，一方面有利于从事实和价值双重层面分析民族地区教育政策的实施效果，另一方面有利于减少民族地区教育政策运行中的弊端，增强政策运行的活力和效益（何鉴孜、李亚，2014）。

第七节　本章小结

本章首先对调查问卷的信度和效度进行了检验，结果表明各项指标间的关联度较好，达到了分析的要求，可以用作分析工具。之后对调研对象的背景信息及问卷各维度进行了描述性统计分析，回答了本研究的第一个问题，此外，对问卷的开放式问题部分采用内容分析法进行编码处理，通过手工归并的方式，结合问卷的维度，阐述贵州基础外语教育政策规划中需要考虑的因素。为了进一步挖掘贵州基础外语教育政策规划中的现实问题，有必要对相关的政策文本如国家层面的教育政策文本、英语课程标准等进行分析，并结合相关利益群体的访谈材料形成三角验证，考察贵州基础外语教育政策与这些政策是如何对应衔接的，以回答本研究的第二个问题，也为规划贵州基础外语教育政策提供咨政参考。下章将对相关的政策文本及访谈质性数据进行整理和分析。

第六章 ▸▸▸
质性数据分析与讨论

本章所分析讨论的质性数据包括政策文本及访谈文本。笔者主要考察与基础教育、民族地区教育、基础外语教育、民族地区基础外语教育相关的政策文本，分析目前民族地区基础教育阶段外语教育在政策内容、政策过程和政策价值方面与国家相关的政策要求是如何对应衔接的。如政策内容方面各中小学普遍缺乏外语课程实施方案，那么我们需要考察国家宏观政策方面有没有相关的要求，如有没有要求各学校根据自己的实际情况制定相应的大纲或教学计划等。针对民族地区的特殊环境，在外语教育的规划方面，考虑是否需要做出相应的调整，如外语考试测评、外语教育培训等方面，是否应根据民族地区的实际情况在政策方面做出相应的调适。

本部分分析的基本思路有三点。一是国家层面的宏观教育政策，主要看政策的指导思想、实施办法、适用区域或人群等。二是地方层面的外语教育政策，主要看与国家层面的宏观教育政策之间的契合度如何，文本链之间如何有效整合并达到有机统一。三是访谈文本的编码处理。

第一节　国家层面的宏观教育政策

一　课程育人

2016 年 12 月 7 日，习近平总书记在全国高校思想政治工作会议上明确指出，高校思想政治工作关系高校培养什么样的人、如何培养人以及为谁培养人这个根本问题。要坚持把立德树人作为中心环节，把思想政治工作贯穿教育教学全过程，实现全程育人、全方位育人，努力开创我国高等教育事业发展新局面。做好高校思想政治工作，要用好课堂教学这个主渠道，其他各门课都要守好一段渠、种好责任田，使各类课程与思想政治理论课同向同行，形成协同效应（习近平，2017b：376、378）。

2017年8月，教育部印发了《中小学德育工作指南》（以下简称《德育指南》），明确提出"课程育人"的基本理念，倡导发挥课堂教学的主渠道作用，打造"全员育人、全程育人、全方位育人"的德育工作格局。坚持"育人为本，德育为先"，大力培育和弘扬社会主义核心价值观，以培养学生良好的思想品德和健全的人格为根本出发点，秉承学校教育与家庭教育、社会教育相结合的基本思路，将德育内容细化落实到基础教育阶段各学科课程的教学目标之中，贯穿教育教学的全过程。

2017年12月，教育部出台了《高校思想政治工作质量提升工程实施纲要》，要求大力推动以"课程思政"为目标的课堂教学改革，优化课程设置、修订专业教材、完善教学设计、加强教学管理，梳理各门专业课程所蕴含的思想政治教育元素和所承载的思想政治教育功能，将其融入课堂教学各环节，实现思想政治教育与知识体系教育的有机统一。

2018年6月，教育部部长陈宝生在新时代全国高等学校本科教育工作会议上强调，要在持续提升思政课质量的基础上，推动其他各门课"守好一段渠、种好责任田"，要明确所有课程的育人要素和责任，推动每一位专业课教师开展"课程思政"教学，做到"课程门门有思政，教师人人讲育人"。

在全面推进中国特色社会主义教育建设和发展新进程中，深入挖掘各个学科所蕴含的思想政治教育元素，弘扬和彰显立德树人的新时代价值观，构建协同育人的教学合力，使学生从所有课程中汲取智慧，坚定理想信念，夯实价值基础，其理论价值和实践意义都非常重大。育人不仅仅是思政课程的专属功能，其他专业课程的教师都应该着力培育扎实的思想政治教育素养和能力，体现一定的责任和担当。正如习近平总书记所言，一个优秀的老师既要精于"授业""解惑"，更要以"传道"为责任和使命；老师责任心有多大，人生舞台就有多大（习近平，2014：5、10）。

按照义务教育及普通高中课程方案和标准的基本要求，学校应紧紧围绕课程目标体系，结合学生的生活实际，充分利用时政媒体网络资源精心设计教学内容，深入挖掘各学科课程的思想内涵，优化教学方法，有机衔接学生的情感体验和道德实践，针对不同年级、不同学科及不同课程的特点，将德育内容有机整合到各门课程的教学活动中。表 6-1 显示了《德育指南》中不同学段的德育目标，其中包括小学低年级、小学中高年级、初中学段及高中学段。通过仔细研读这份政策文本，我们发现，在上述各学段目标中，爱党、爱国、爱人民、责任担当、中华文化认同等都高频出现，这说明国家从基础教育阶段就开始进行爱国主义教育，注重培养学生的道德素养，并通过课程育人的方式将学校教育和家庭教育、社会教育有机整合起来。这些举措丰富了新时代的育人内涵，发挥了新时代学校学科教育的育人功能。

表 6-1　中小学德育学段目标

学段	目标
小学低年级	教育和引导学生热爱中国共产党、热爱祖国和人民，爱亲敬长、爱集体、爱家乡，初步了解生活中的自然、社会常识和有关祖国的知识。保护环境，爱惜资源，养成良好的文明行为习惯，形成自信向上、诚实勇敢、有责任心等良好品质
小学中高年级	教育和引导学生热爱中国共产党、热爱祖国和人民，了解中华优秀传统文化，初步形成规则意识及民主法治观念，养成良好生活和行为习惯，形成诚实守信、有责任担当等优良品质

续表

学段	目标
初中学段	教育和引导学生热爱中国共产党、热爱祖国和人民，认同中华文化，继承革命传统，弘扬民族精神，树立规则意识、法治观念，培养公民意识，养成热爱劳动、自主自立、意志坚强的生活态度
高中学段	教育和引导学生热爱中国共产党、热爱祖国和人民，拥护中国特色社会主义道路，弘扬民族精神，增强民族自尊心、自信心和自豪感，学习运用马克思主义基本观点和方法观察问题、分析问题和解决问题，学会正确选择人生发展道路的相关知识，具备自主、自立、自强的态度和能力，初步形成正确的世界观、人生观和价值观

　　为实现德育目标，《德育指南》从六个方面提出了实施途径和具体要求，其中课程育人排在首位，之后是文化育人、活动育人、实践育人、管理育人和协同育人。详细内容见表6-2。在课程育人方面，课堂教学的主渠道作用受到了特别关注，要求德育课程不得减少课时或挪作他用；根据不同年级和不同课程特点，将德育内容融入各门课程教学中。

表6-2　中小学德育实施途径与要求

途径	要求
课程育人	充分发挥课堂教学的主渠道作用，将中小学德育内容细化落实到各学科课程的教学目标之中，贯穿教育教学全过程。按照义务教育、普通高中课程方案和标准，上好道德与法治、思想政治课，不得减少课时或挪作他用。围绕课程目标及不同年级和不同课程特点开展德育工作
文化育人	根据各学校办学理念，结合文明校园创建活动，因地制宜开展校园文化建设，将校园打造成为育人场所。学校校园建筑、设施、布置要安全健康、温馨舒适。积极建设校史陈列室、图书馆（室）、广播室、学校标志性景观。设计体现学校文化特色的校服，建设班级文化
活动育人	组织开展主题明确、内容丰富的教育实践活动，以正确的价值观引导学生积极向上。帮助学生形成良好的思想品德和行为习惯。利用中华传统节日开展介绍节日历史渊源、文化习俗等校园文化活动，增强传统节日的体验感
实践育人	结合实践活动课程要求，开展对学生身心发展有益的社会实践活动，增强其社会责任感、创新精神和实践能力。利用爱国主义教育基地、公益性文化设施等公共资源开展各类实践活动

续表

途径	要求
管理育人	推进学校治理现代化，将中小学德育工作要求贯穿于管理制度的每一个环节。健全校规校纪，规范学校治理行为，形成广泛认同和自觉遵守的制度规范。引导学生熟知学习生活中的基本行为规范
协同育人	争取家庭、社会共同参与和支持学校德育工作，引导家长注重家庭家风，营造积极向上的良好社会氛围。统筹家长委员会、家长会及家长接待日等各种家校沟通渠道，及时了解、沟通和反馈学生思想状况及行为表现

由表 6 - 3 可以看出，《德育指南》将中小学德育工作细化落实到各学科的教学当中，当然也包括外语学科。其要求加强对学生国际视野、国际理解和综合人文素养的培养。新时代的教育应更多注重课程的育人功能，而不是仅仅关注文化知识的灌输和传达。

表 6 - 3　课程育人方案一览

课程	德育要求
语文、历史、地理等	通过语言文字、传统文化以及历史地理常识等思想道德教育资源，对学生进行世界观、人生观和价值观方面的正确引导
数学、化学、物理等	促进学生培养在科学精神、科学方法、科学态度、科学探究能力和逻辑思维等方面的能力，树立勇于创新、求真求实的思想品质
音乐、美术、体育等	培养学生的审美情趣、意志品质、健康体魄、人文素养和生活方式
外语课	培养学生的国际视野、国际理解和综合人文素养
综合实践活动课	培养学生生活技能、动手实践、劳动习惯等方面的能力

笔者通过认真研读《德育指南》，发现其中有这样的表述和要求：

用好地方和学校课程。要结合地方自然地理特点、民族特色、传统文化以及重大历史事件、历史名人等，因地制宜开发地方和学校德育课程，引导学生了解家乡的历史文化、自然环境、人口状况和发展成就，培养学生爱家乡、爱祖国的感情，树立维护祖国统一、加强民族团结的意识。统筹安排地方和学校课程，开展法治教育、廉洁教育、反邪教教育、文明礼仪教育、环境教育、心理健康教育、劳动教育、毒品预防教育、影视教育等专题教育。

外语学科课程育人是培养具有国际视野和中国情怀的跨文化交际专业人才的关键环节，是培养外语专业领域社会主义建设者和接班人的重要抓手。外语学科课程思政不是一门课程，也不是在外语课程教学过程中增设一项活动或穿插思政教育的环节，更不是把外语课"思政化"，而是将思想政治教育有机融入外语教育教学的各环节、各方面，形成协同效应，实现思想政治教育与外语课程教学的无缝对接，确保立德树人润物无声，从而潜移默化地引导学生培养正确的思想意识和价值观念。

从本研究的实际调研来看，民族地区基础教育阶段的外语教育在课程育人方面还需要加大工作力度。加强对学生国际视野及跨文化沟通能力的培养，基本前提是要对自身文化有较为深刻的认识和理解，尤其是在具有地方特色的校本外语教材开发方面还可以做大量的工作。另外，在相关政策规划上也应该给予足够的重视和支持，突出外语学科的育人价值，在政策公共价值追求及政策主体价值倡导方面体现基础外语教育的核心价值取向。民族文化是国家的精髓所在，也是国家文化软实力的重要体现，在新时代文化"走出去"的今天，更应该利用好外语教育这个平台，将中华文化发扬光大，传承传播下去。

二　外语语种规划

2017 年，《国家语言文字事业"十三五"发展规划》扎实稳步推进，取得了重要的阶段性成果，主要体现在以下几个方面。①语言文字培训成果丰硕。各地开展了近 40 万人次的农村青壮年、农村教师和少数民族教师国家通用语言文字培训；全年参加普通话水平测试的人次共达到了 666.54 万。②语言资源保护成绩显著。1500 个中国语言资源保护工程调查点中已有 1073 个通过结项验收，完成率超过 70%，代表性成果《中国语言文化典藏》（20 册）正式出版。③外语语种覆盖面增加。经教育部备案或审批同意的全国外语本科专业覆盖了 83 个外语语种，比上年增加 11 个。④国家语委"皮书"系列正式推出，全面宣传了国家语言文字方针政策，展示了国家语言文字事业发展成就，积极引导了全体人民的语言意识。⑤新增 14 所孔子学院和 40 个孔子课堂，我国已累计在 146 个国家（地区）设立 525 所孔子学院和 1113 个孔子课堂。这些成果的获得一方面体现了党和国家对于语言文化事业的关心和重视，另一方面也体现了新时代背景下语言教育所承载的社会功能。让这些政策有效落地生根发芽，为地方经济发展、人才培养插上腾飞的翅膀，需要更多的愿意为此事业付出心血的人共同奋斗。

　　近年来，在高校尤其是外语类院校，开设的外语语种逐年增多，随着"一带一路"倡议的实施推进，共建"一带一路"国家的语言生活应该被纳入我国的外语教育政策规划中。但是从人才储备的角度来说，仅仅在高校开设这些外语语种并不足以保证国家对外语人才的需求，基础教育阶段的外语语种很有必要做出调整，而不是像现在这样只能选择有限的几个语种，正如文秋芳（2014）所言，我国中小学外语开设的语种极其单一，对学习第二、第三外语未提供任何条件。本研究调查问卷开放式问题部分也有教师提出民族地区基础外语教育中外语语种较少的问题，目前贵州民族地区的中小学生只能选择英语。某民族中学高一的一名学生说："我实在不喜欢学英语，从小学开始到现在已经学了将近 7 年，记得的单词很少，更不能开口说一句流利的英语，很是遗憾。我从高一上学期就开始自学日语，有时也在外面的培训班听课，自己也买些日语学习的光盘来自学，再加上看些日本的电影，我感觉自己对日语很感兴趣。听说高考可以选考日语，我就打算继续学习日语，反正听说高考的日语也不是很难。"

　　据教育部、国家语委发布的 2017 年中国语言文字事业发展状况，2017 年，我国的语言规划相关研究稳步推进发展。主要表现在全球视野下的现代汉语本体建设与应用研究深入推进，海外华语建设、华文教育和华人语言生活已经成为重要的研究热点；语言资源研究从"如何保护保存"转向"如何传承传播"；外语政策研究拓展到外语语种规划及教育规划、公示语译写规范以及中华思想文化对外翻译等领域；家庭语言规划、语言景观、母语和祖语传承等理论和前沿问题引起了广泛关注。

外语语种的规划目前只是在高等学校进行，近年来，非通用语种的规划逐渐引起广泛关注。从国家外语能力建设的层面来说，要提高外语人才储备，使其真正成为国家的战略资源，首先应该以人为本，在服务国家需要的同时兼顾个人发展，着力培养对相关语种和对象国感兴趣且具备语言天赋的学生，涉及邻国语言或跨境民族语言时向相关延边省区适当倾斜（董希骁，2017）。在与邻国接壤的边境民族地区，可以考虑将邻国语言作为外语学习的选项之一和外语能力评价的标准之一。语言种类是促进学习者元语言意识发展的要素。语言种类越相近，越容易促成迁移，从而促进学习者元语言意识的发展。因此，建议在民族地区开设与本民族文化和语言相近的区域性外语种类。学习这些语言对这些地区的少数民族学生来说相对容易，如果再进一步学习经济、管理、旅游等方面的专业知识，他们就是难得的综合性的国际人才（曾丽，2012：33）。

三　基础教育均衡发展

教育均衡发展是实现教育公平、促进社会和谐的重要途径。基础教育均衡发展是现代教育发展的必然趋势，是实现教育公平的必然要求（曹锡康，2011）。我国已经基本普及九年义务教育，学生入学机会不断增加，区域性差异逐步缩小，教育公平问题得到很大的改善。但是，随着经济社会的快速发展，广大人民群众对基础教育的期望值越来越高，对优质教育资源的需求也越来越大。基础教育发展的地区差异、城乡差异、校际差异、受教育者群体差异，以及由此带来的发展不均衡现象，已引起社会的广泛关注（翟博、孙百才，2012）。国家教育事业发展"十三五"规划纲要指出，要推动县域内义务教育均衡发展，加快推进县域内城乡义务教育学校五个"统一"① 和"两免一补"② 政策城乡全覆盖，基本实现县域校际资源均衡配置。完善校长教师轮岗交流机制和保障机制，推进城乡校长教师交流轮岗制度化、常态化。加速扩大优质教育资源覆盖面，着力提升辍学现象比较集中的农村、边远、贫困和民族地区教育质量。建立义务教育巩固率监测系统，全面落实控辍保学责任制。建立帮扶学习困难学生的责任制度，因地制宜促进农村初中普职教育融合，提供多种成长通道，妥善解决农村学生上学远和寄宿生家校往返交通问题。加大对贫困生帮扶力度，努力不让一个孩子掉队。

贵州省教育发展"十四五"规划指出，"十三五"以来，省委省政府高度重视教育工作，把教育摆在优先发展的战略地位。全省教育系统认真贯彻落实党的教育方针，坚决落实立德树人根本任务。德智体美劳全面培养的教育体系日趋完善，特色教育强省建设步履坚实有力，教育面貌正在发生格局性变化，"十三五"规划确定的主要目标任务如期完成。在西部率先实现县域义务教育基本均衡发展，提前 2 年实现 100%全覆盖。学前三年毛入园率、九年义务教育巩固率、高中阶段毛入学率分别达到 90.3%、95%、90.7%，与 2015 年相比均有所提高。2021 年

---

①　五个"统一"是指城乡义务教育学校建设标准统一、教师编制标准统一、生均公用经费基准定额统一、基本装备配置标准统一和"两免一补"政策城乡全覆盖。

②　"两免一补"是指国家全面免除义务教育阶段（小学和初中）学生的学杂费，对农村义务教育阶段学生免费提供教科书，对农村家庭经济困难寄宿生补助生活费的一项资助政策。该项政策体现了党中央、国务院对农村义务教育的高度重视和对农村困难群体的亲切关怀。认真落实好这项政策，对于促进农村税费改革、减轻农民负担、加快贫困地区脱贫致富步伐、推动农村义务教育事业高质量发展具有十分重要的意义。

贵州省教育事业发展概况数据显示，小学阶段教育在校生396.32万人，比上年减少9420人，下降0.24%；初中阶段在校生179.99万人，比上年增加19210人，增长1.08%；高中阶段在校生96.56万人，比上年减少9659人，下降0.99%。至于在校生人数下降的问题，原因是多方面的，其中之一在于家长及学生对于知识改变命运的的意识还不强。在本研究调研过程中，某民族中学的老师说："我们这里的学生学习意识不是很强，还没能完全领会那种通过知识走出大山、改变命运的理念。家长也不是特别重视，留守儿童较多，家庭辅导几乎为零。有些学生读到初二就辍学在家务农或外出打工了，觉得读书有点浪费时间。初中毕业后继续读高中的很少，一部分学生是因为成绩不好考不上，另外一部分学生选择读职业技术学校，这样就可以尽快学习一门手艺来维持生活。"

民族地区基础教育均衡发展具有重要的社会意义。早在西部大开发前，费孝通就指出："发展经济和教育是21世纪的两大主题，对于56个民族来说，教育是根本。"（冯文怀，1995）2015年10月，习近平总书记提出，2020年全面建成小康社会，最艰巨的任务在贫困地区，我们必须补上这个短板。扶贫必扶智，让贫困地区的孩子们接受良好教育是扶贫开发的重要任务，也是阻断贫困代际传递的重要途径（习近平，2015）。目前我国教育的非均衡发展现象中，尤以东部与西部、民族地区与汉族地区的差距较为明显。此外，民族地区区域内部也存在教育失衡现象，例如城乡教育、校际教育、地区差异等。如本书前文所述，贵州属于我国民族八省区的重要省份之一，省内各地区差异较大，教育资源相对匮乏。要推进基础教育均衡发展，需要充分考虑协调地区差异，尤其是民族聚居地区的基础教育，更需要家庭、学校、社会等多方面的关注和重视，在观念转变、资源配置、人才培养等方面切实考虑其特殊状况，合理布局，协调发展。民族地区的教育是我国教育事业发展的重点，也是我国民族工作的重要内容，而民族地区教育的均衡发展既是影响当地社会和谐稳定发展的重要因素，又是发挥教育促进当地经济发展和文化建设作用的重要前提，也是消除民族地区城乡差别的重要保障（陈荟、鲁文文，2019）。推进民族地区义务教育均衡发展要以新发展理念为指导，依靠全社会的力量，发挥教育各主体的主动性和积极性，从重"物"转向重"人"，从重"量"转向重"质"，从外延发展转向内涵发展。逐步缩小地区间、群体间发展差距，增强各民族繁荣稳定，促进社会公平正义、民主平等。增强社会活力，激发民族地区更多优秀人才脱颖而出，阻断贫困代际传递（袁梅、罗正鹏，2017）。

第二节　国家英语课程标准内容考察

近 20 年来，我国基础教育阶段的英语课程标准经数次修订，共制定出台了四个版本的课程标准（见表 6 - 4）。为方便起见，这四个课程标准分别简称《英语课标 2001 版》《英语课标 2003 版》《英语课标 2011 版》《英语课标 2017 版》。本部分重点讨论《英语课标 2011 版》和《英语课标 2017 版》，因为这两个版本是对前面两个版本的修订。

表 6 - 4　四个版本的英语课程标准

版本	学段
《全日制义务教育普通高级中学英语课程标准（实验稿）》（2001 年版）	小学、初中和高中
《普通高中英语课程标准（实验）》（2003 年版）	取代 2001 年实验稿中的高中部分
《义务教育英语课程标准（2011 年版）》	取代 2001 年实验稿中的小学和初中部分
《普通高中英语课程标准（2017 年版）》	取代 2003 年版《普通高中英语课程标准（实验）》

一 《英语课标 2011 版》

（一）《英语课标 2011 版》修订依据、理念及原则

从《英语课标 2001 版》到《英语课标 2011 版》，标志着我国义务教育英语课程改革基本完成了实验阶段的任务，进入一个全新的发展时期（王蔷，2013：34）。《英语课标 2001 版》实施十年，取得了一定的成绩，如其新课程理念得到了较为广泛的认同，课程质量及学生学习兴趣不断提高，学习过程更加灵活生动，课程资源更加丰富等。同时还存在一些问题，如新课程理念尚未全面转化为教师自觉的教学行为，地区及学校之间发展极不平衡，教师专业化水平还亟待提高，师资数量和质量亟须提高和增强，评价方式有待进一步改革深化。

《英语课标 2011 版》修订的依据是《国家中长期教育改革和发展规划纲要（2010—2020 年)》提出的义务教育均衡发展、注重质量的目标，这一目标成为此次课标修订的基本出发点。该版课标第一次明确提出了义务教育阶段英语课程的工具性与人文性的双重属性，这表明对英语课程的认识又迈向了一个新的高度（王蔷，2013：35）。修订旨在巩固和深化十年课程改革取得的成果和经验，力争解决十年改革过程中还存在的突出问题，以适应未来十年国家发展和教育改革的需要。鉴于全国各地外语教育发展的阶段性和地区不平衡性等因素，修订工作以全国义务教育阶段英语教育的中等发展水平为基准，在保持《英语课标 2001 版》总体结构和目标体系大致不变的前提下，适当调整部分具体目标要求，以更好地反映全国广大地区的教学实际水平和未来发展需求。由于各地对《英语课标 2001 版》认同度相对较高，其基本框架和目标体系在本次修订中保持不变。

从表 6-5 可以看出，课程理念可以分为以知识为本和以学生发展为本。教学方法方面，前者以传授、讲解和记忆为主，而后者强调启发、思考与探究。教学模式方面，前者一般以课本、课堂、教师为中

表 6 - 5　课程理念对比

课程理念	以知识为本	以学生发展为本
教学方法	传授、讲解、记忆	启发、思考、探究
教学模式	课本中心、课堂中心、教师中心	活动中心、任务中心、学生中心
互动模式	T→S；T→Ss	T←→S (s)；S←→S；S←→Ss；Ss←→Ss
学生角色	被动听讲，死记硬背	积极参与，合作学习
教师角色	知识传授者，课堂控制、组织者	学生学习的指导者、帮助者、促进者、资源提供者
教学要求	统一标准，整齐划一	面向全体，尊重差异

心，后者则以活动、任务、学生为中心组织教学活动。互动模式方面，前者由教师对学生单向传授，后者则为师生互动、生生互动。学生角色和教师角色方面，两者也有本质的不同，以知识为本的课程理念是学生被动听讲，死记硬背，教师是知识传授者，课堂控制、组织者；而以学生发展为本的课程理念则是学生积极参与，合作学习，教师是学生学习的指导者、帮助者、促进者、资源提供者。教学要求方面，前者是统一标准，整齐划一，而后者是面向全体，尊重差异。由此可见，《英语课标 2011 版》更加强调以人为本的科学发展观，这也是该次课程改革从头到尾体现的上位思想，即为了每个学生的发展，为了中华民族的复兴，面向每一个学生。《英语课标 2011 版》的课程性质是这样表述的：

> 具有工具性和人文性双重性质。就工具性而言，英语课程承担着培养学生基本英语素养和发展学生思维能力的任务……进一步促进思维能力的发展，为今后继续学习英语和用英语学习其他相关科学文化知识奠定基础。就人文性而言，英语课程承担着提高学生综合人文素养的任务，即学生通过英语课程能够开阔视野……形成良好的品格和正确的人生观与价值观。工具性和人文性统一的英语课程有利于为学生的终身发展奠定基础。

表 6 - 6 是《英语课标 2001 版》和《英语课标 2011 版》课程理念对比。我们发现，后者更加注重语言学习对学生发展的价值，关注学习者的不同特点和个体差异，着重评价学生的综合语言运用能力，在课程资源方面不仅仅是开发，更要丰富，重视实现资源的优化利用和完善。

表 6 - 6　《英语课标 2001 版》和《英语课标 2011 版》课程理念对比

《英语课标 2001 版》	《英语课标 2011 版》
面向全体学生，注重素质教育	注重素质教育，体现语言学习对学生发展的价值
整体设计目标，体现灵活开放	面向全体学生，关注学习者的不同特点和个体差异
突出学生主体，尊重个体差异	整体设计目标，充分考虑语言学习的渐进性和持续性
采用活动途径，倡导体验参与	强化学习过程，重视语言学习的实践性和应用性
注重过程评价，促进学生发展	优化评价方式，着重评价学生的综合语言运用能力
开发课程资源，拓展学用渠道	丰富课程资源，拓展英语学习渠道

（二）《英语课标 2011 版》价值考察

李宇明（2010：3）指出，中国正由"本土型国家"逐步过渡到"国际型国家"。"本土型国家"的外语需求主要在外交、军事、安全、翻译等较为有限的领域，通过培养一些高级外语人才即可满足。而"国际型国家"对外语的需求是多方面的，最突出的特点是需要外语服务甚至"外语生活"。

随着国家的进一步开放，中国与世界之间的往来会更加频繁和深入。作为一个和平发展大国，中国承担着重要的历史使命和国际责任与义务，英语则是国际交往和科技、文化交流的工具。对学生的发展而言，学好英语能更好地了解和认识世界，学习先进的科学文化知识，同时还能传播中国文化，增进与外国的沟通与理解。英语课程对国家和学生的发展都具有非常重要的价值（见表 6 - 7）。

（三）《英语课标 2011 版》修订对教学方面的建议

针对课标的修订，外语教师应该根据学生和学校所处地区特点，规划自己的教学实施方案。义务教育阶段的英语课程旨在为发展学生的综

表 6-7　英语课程对国家和学生发展的价值

对国家发展的价值	对学生发展的价值
有助于和平崛起的中国承担更重要的历史使命和国际责任	了解和认识世界，学习先进科学文化知识，传播中国文化，增进与外国的沟通与理解
英语成为国际交往和科技、文化交流的工具	接受教育和职业发展的机会增多
吸取人类文明成果、借鉴外国先进科学技术、增进中国和世界的相互理解	形成开放、包容的性格，发展跨文化交流的意识与能力，促进思维发展，形成正确的人生观、价值观和世界观
提高整体国民素养，培养具有创新能力和跨文化交际能力的人才，提高国际竞争力和国际交流能力	为参与知识创新和科技创新储备能力，为更好地适应世界的多极化、经济的全球化和社会的信息化奠定基础

资料来源：王蔷，2013：35。

合语言运用能力打好基础，促进学生整体人文素养的提高。外语教师应综合考虑语言技能、语言知识、情感态度、学习策略和文化意识这五个方面的课程目标，根据学生的发展状况，整体规划各个阶段的教学任务，有效整合课程资源、优化课堂教学、培养学生的自主学习能力，为其可持续发展奠定基础。此外，教师还应不断提高自身的专业化水平，努力适应新时代英语课程对教师提出的新要求。

具体来说，可以从学生的英语基础、语言运用能力、自主学习能力、跨文化交际能力、教材使用能力、学习效率、学习渠道、专业水平等方面有效组织教学活动。第一，教师应当坚持以学生为中心，既面向全体学生，又关注个体差异，在了解所有学生英语水平和发展需求的基础上，选择适当的教学方法，优化课堂教学，帮助学生奠定坚实的英语基础。第二，教师应注重语言实践，培养学生的语言运用能力。要处理好知识学习与能力发展的关系、语言操练与语言运用的关系以及常规教学与考试的关系，提高教学效率。第三，要培养学生的自主学习能力。根据学生的认知特点和学习风格，结合其母语学习经验，有计划、有步骤地指导学生发展具体的学习策略以培养其自主学习能力。第四，要逐步培养学生的跨文化交际意识。教师应结合教学内容，创设尽可能真实的跨文化交际情境。学生在深刻理解祖国文化的同时，也要对外国文化有所了解，从而拓展文化视野，形成跨文化交际意识和初步的跨文化交际能力。第五，要创造性地使用教材。教师应根据所在地区的教学实际需要，对教材进行适当取舍和调整。第六，要充分利用各种教学资源，提高学生的学习效率。基于教学目标、学习内容、学校条件和学生实际情况，教师应将现有的教学资源与现代教育技术进行整合，既发挥传统教学手段和教学资源的作用，也通过各种教育技术和手段提高学生英语学习效率。第七，通过组织课外活动，拓展学生学习渠道。教师应根据学生的年龄特点和需求，结合当地经济文化发展实际，为学生设计相应的活动形式和内容，使他们能够积极参与，并通过亲身体验和实践产生学习兴趣以拓展学习渠道。第八，教师应不断提高自身专业水平，适应课程要求。要不断更新学科专业知识，不断积累学科教学知识，常态化地开展教学反思，促进专业可持续发展。

二　《英语课标 2017 版》

（一）《英语课标 2017 版》修订依据

教育部于 2013 年启动了普通高中课程修订工作，总结 21 世纪以来我国普通高中课程改革的宝贵经验，在充分学习借鉴国际课程改革优秀成果的基础上，努力将普通高中课程方案和课程标准修订成既符合我国实际情况，又具有国际视野的纲领性教学文件，构建具有中国特色的普通高中课程体系。

如表 6 - 8 所示，《英语课标 2017 版》的基本理念共包括五个方面的内容：①发展英语学科核心素养，落实立德树人根本任务；②构建高中英语共同基础，满足学生个性发展需求；③实践英语学习活动观，着力提高学生学用能力；④完善英语课程评价体系，促进核心素养有效形成；⑤重视现代信息技术应用，丰富英语课程学习资源。

表 6 – 8 《英语课标 2017 版》的基本理念

基本理念	具体表述
发展英语学科核心素养，落实立德树人根本任务	以德育为魂、能力为重、基础为先、创新为上，注重发展学生英语语言运用能力，帮助他们学习、理解和鉴赏中外优秀文化，培育中国情怀，坚定文化自信，拓展国际视野，增进国际理解，逐步提升跨文化沟通能力、思辨能力、学习能力和创新能力，形成正确的世界观、人生观和价值观
构建高中英语共同基础，满足学生个性发展需求	有机衔接初中学段英语课程，为所有高中学生搭建英语学科核心素养的共同基础，使其形成必要的语言能力、文化意识、思维品质和学习能力。必修课程的内容与要求面向全体学生，同时遵循多样性和选择性原则，根据高中学生的不同发展需求，开设丰富的选修课程
实践英语学习活动观，着力提高学生学用能力	倡导指向学科核心素养的英语学习活动观和自主学习、合作学习、探究学习等学习方式。设计具有综合性、关联性和实践性特点的英语学习活动，使学生通过学习来理解、获取、阐释和评判语篇意义，分析中外文化异同，发展多元思维和批判性思维，提高英语学习及运用能力
完善英语课程评价体系，促进核心素养有效形成	建立以学生为主体，促进学生全面、健康而有个性地发展的课程评价体系。聚焦并促进学生英语学科核心素养的形成及发展，采用形成性评价与终结性评价相结合的多元评价方式，重视评价的促学作用，关注学生在学习过程中所表现出的情感、态度和价值观等要素，引导学生学会监控和调整自己的学习目标、学习方式和学习进程
重视现代信息技术应用，丰富英语课程学习资源	重视现代信息技术背景下教学模式和学习方式的变革，充分利用信息技术，促进信息技术与课程教学的深度融合，根据信息化环境下英语学习的特点，科学地组织和开展线上线下混合式教学，丰富课程资源，拓展学习渠道。在课程实施过程中，应重视营造信息化教学环境，及时了解和跟进科技的进步和学科的发展

通过仔细阅读分析，我们可以发现基本理念的五个方面实际上包含着五个核心词语，即"学科育人""个性发展""学用能力""课程评价""信息技术"。这五个方面形成了五位一体的英语学科核心价值取向，学科育人是英语课程标准的公共价值追求，是学科核心价值所在，因此处在中心位置。学生的个性发展及学用能力提高是利益群体价值协调，即学生通过学习英语实现价值诉求，是学科育人的目标，因此箭头是从内向外。课程评价属于政策评价的范畴，应该建立以学生为主体，促进学生全面发展的评价体系。信息技术是政策执行过程中的资源保障。两者都是为了更好地促进学科育人价值体现，因此箭头从外向内

（见图 6 - 1）。

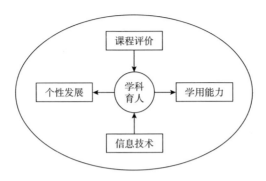

图 6 - 1　《英语课标 2017 版》的学科育人理念示意

《英语课标 2017 版》的基本原则是：坚持正确的政治方向；坚持反映时代要求；坚持科学论证；坚持继承发展。具体来说，就是要坚持社会主义办学方向，充分反映习近平新时代中国特色社会主义思想，继承和弘扬中华优秀传统文化，加强法治意识、国家安全、民族团结、生态文明等方面的教育；关注信息化环境下的教学改革，关注学生个性化、多样化的学习和发展需求，着力发展学生的核心素养；充分反映学生的成长需要，促进每个学生主动地、生动活泼地发展；确保课程改革的连续性，对改革中存在的问题有针对性地进行修订完善。

王蔷、王琦（2019）认为，这次高中英语课程标准的修订，"新"的地方主要体现在课程定位，即课程宗旨发生了变化。过去的课程以学科为本，强调综合语言运用能力，这一次的修订主要"新"在以下几个方面。

一是把课程定位为学科育人的课程。

二是课程目标发生了变化。这一次的课程目标主要由四个要素构成，分别是语言能力、文化意识、思维品质和学习能力。这四个方面是落实立德树人和学科育人的重要支撑。从图 6 - 2 可以发现，从《英语课标 2003 版》到《英语课标 2011 版》再到《英语课标 2017 版》，课程核心目标从综合语言运用能力转向了英语学科核心素养，更加强调英语课程的育人功能。

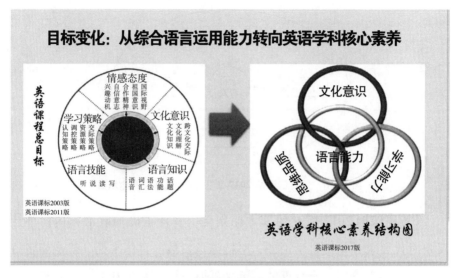

图 6 - 2　基础英语课程目标的演变

图 6 - 3　英语课程内容六要素整合

　　三是对课程内容进行调整，提出六个要素整合的课程内容（见图6 - 3）。作为培养学生英语学科核心素养的基础，课程内容包含主题语境、语篇类型等六个要素。其中主题语境涉及人文社会科学和自然科学领域等内容，为学科育人提供话题和语境；语篇类型包括口语和书面语篇以及不同的文体形式，如记叙文、说明文等连续性文本，以及图表、图示等非连续性文本，为语言学习提供文体素材；语言知识涵盖语音知识、词汇知识及语法知识等，是构成语言能力的重要基础；语言技能分理解性技能和表达性技能，前者包括听、说、读等，后者是学生理解语篇和对语篇做出回应的活动；文化知识包括中外优秀人文和科学知识，包含物质文明知识和精神文明知识，是学生形成跨文化意识及坚定文化自信的知识源泉；学习策略包括认知策略、调控策略、资源策略、交际策略等，有效选择和使用策略是帮助理解和表达、提高学习效率的手段，是学生形成自主学习和终身学习能力的必备条件。

（二）《英语课标 2017 版》修订对教学方面的建议

1. 主题语境方面

学生对主题语境和语篇理解的深度会直接影响学生的思维发展水平和语言学习成效，对于这一点教师要有正确的认识。要把对主题意义的探究视为教与学的核心任务，并以此整合学习内容，引领学生语言能力、文化意识、思维品质和学习能力的融合发展。教师可以通过积极创设与主题意义密切相关的语境，充分挖掘特定主题所承载的文化信息以及发展学生思维品质的关键点，以解决问题为目的，整合语言知识和语言技能的学习与发展，将特定主题与学生的生活建立密切关联，鼓励学生学习和运用语言。同时通过中外文化比较，培养学生的逻辑思维和批判性思维，引导学生建构多元文化视角。

2. 语篇类型方面

教师在教学时要认真研读和分析语篇，灵活整合语言知识学习、语言技能发展、文化意识形成和学习策略运用，落实学生英语学科核心素养的培养目标。教师和教材编写者应考虑语篇在促进学生思维发展、体现文化差异、形成正确价值观等方面的积极意义。除了课堂和教材所包含的语篇外，教师还应指导学生积极开展课外阅读活动，通过阅读提高思维、审美、鉴赏和评价的能力，拓展学生的学习视野。

3. 语言知识方面

可以通过设计多种形式的语音实践活动，引导学生进一步体验、感知、模仿英语的发音，以此形成良好的英语发音习惯，并通过学习相关的语音知识，形成一定的语音意识，使学生学会逐步借助语音知识有效地理解说话人的态度、意图和观点，表达自己所希望传递的意图和观点。教师可以根据高中学生的特点，组织丰富多样、切合学生实际的语音实践活动。

4. 文化知识方面

教师应恰当利用信息技术，根据语篇所承载的文化知识创设有意义的文化语境，帮助学生在语言练习和运用中学习和内化语言知识和文化知识；通过感知、比较、分析和鉴赏，加深对文化异同的理解，提高对文化差异的敏感度和处理文化差异的灵活性，从而帮助学生坚定文化自信，增强国家意识。结合教材各单元内容，有意识地帮助学生了解英美等国家文化背景知识，理解、分析、讨论语篇所承载的文化内涵和价值取向。学校和教师还可以通过开设校本课程来进行文化专题教学。

5. 语言技能方面

教师需要关注具体技能的训练及技能的综合运用，关注学生的生活经验及认知水平，选择贴近学生生活经验的主题，通过丰富多样的语境来激发学生参与学习和体验语言的兴趣，帮助学生在语言实践活动中反思和再现个人的生活和经历，通过发展语言技能来提高分析问题和解决问题的能力。

6. 学习策略方面

教师应重视对学生学习策略的培养，有意识地引导学生学习并尝试使用各种不同的学习策略，在此基础上逐步形成适合自己的学习方法。指导学生学会规划自己的学习并适时反思学习的效果，在学习过程中调控自己的情感。组织学生讨论策略的使用情况和作用，反思运用策略的效果。学习策略的培养可以帮助学生逐步形成适合自己的学习方式和方法，提高学生的自主学习能力，为学生可持续发展和终身学习奠定良好的基础。

综上所述，作为新时代的英语教师，需要具备核心专业素养（见图 6－4），包括英语学科素养和英语教学素养。前者包括基本的语言学知识与外语习得理论、英语专业知识与技能、英语语言意识及英语思维能力，后者包括学科教学知识及学科教学能力。在语言学知识与外语习得理论方面，了解基本语音学、形态学及词的分类等知识；英语专业知识与技能涉及语法知识、语言技能、英美文学；英语语言意识包括语用意识和跨文化交际能力；英语思维能力是指批判性思维与创造性思维。学科教学知识是文本解读的知识、教学的策略知识；学科教学能力是指文本解读的教学设计与课堂实施能力。本书第五章的实证调研发现，在问卷调查的政策内容维度，有 80.6% 的教师认为外语课程实施方案的指导有利于外语教学工作的开展，86.5% 的教师认为民族地区需要多元化的外语教育政策，87.8% 的教师认为当前民族地区基础外语教材中民族文化内容比较缺乏。

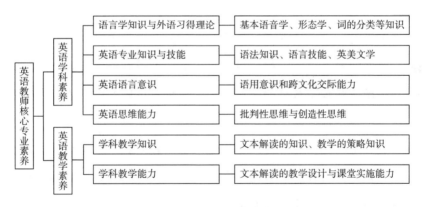

图 6－4　英语教师核心专业素养框架

通过本章对相关政策文本的分析解读，我们回到本研究的第二个问题：贵州基础外语教育政策与国家基础教育阶段的教育政策对应衔接情况如何？不难发现，国家宏观政策中已经明确规定课程内容及教学目标，也建议各地用好地方和学校课程，更要结合地方自然地理特点、民族特色、传统文化等因地制宜开发学校的课程并制定相应的教学实施方案。然而实际情况正如先导研究中所述，绝大多数中小学缺乏校本层面的外语课程实施方案，由此可见当前贵州地区基础教育阶段的外语教育与国家的相关教育政策契合程度并不理想。此外，处在教学第一线的外语教师也针对参与政策制定表达了相应的诉求和愿望。这与充分发挥教师作为政策主体在政策制定过程中的能动作用的要求比较吻合，学校及地方教育主管部门应该在学科发展及教学方面进行相应的规划，以保证教育工作的顺利开展。

在政策价值维度，利益群体价值协调的三个题项，有91.4%的教师认为新时代的外语教育注重培养学生的国际视野能力，92.3%的教师认为新时代的外语教育注重培养学生的爱国意识。当问及教师们如何贯彻执行这一要求时，有教师就提到民族地区的地方和校本课程开发力度非常有限，也没有时间在课堂上讲授这些东西。尽管部分教师有相应的意愿，但囿于师资力量、经费投入、考试测评等也只好搁浅。正如陈老师所言："我认为在民族地区基础外语教材中融入一些少数民族文化的内容就挺好的。这也体现了民族地区的特色，因为语言知识的东西可以涵盖在里面，而且这个素材是很贴近生活的。说到校本的教材，我们也愿意尝试做一些校本教材的开发，但是如果考试内容中不体现这些新内容的话，是很难推进的。即使有些老师做一点，也是按照个人的想法，没有形成一定的体系和规模，操作起来也比较困难。结合我们当地的民族文化的东西进行校本教材的开发，想法是挺好的，如果有多的时间和相关专家指点的话，我们也愿意尝试，我觉得还是可以的，这样，学生学习可能也会更有兴趣。但最后还得看考试，这也是个问题，考试不考的话，学生可能就不想学。本来学生是有兴趣的，但是考试后发现这个东西与考试没有太大关系，学生可能就会有那么一点点的失落。孩子们也还是蛮现实的，毕竟现在竞争压力那么大。"①

---

① 摘自对陈老师的访谈文本 CFT3 – 1811。访谈时间：2018 年 11 月 16 日。

第三节　访谈数据收集与分析

一　半结构式访谈设计

针对政策内容中校本课程实施方案缺失、民族文化缺位，政策过程中教师作为政策主体地位缺失，政策价值中教师待遇和地位有待提高等问题，笔者结合调查问卷，编制了访谈提纲，对地方教育部门领导，学校的副校长、外语教师及学生进行了半结构式访谈。访谈提纲的维度包括政策制定、外语课程实施方案、外语教育培训、多元文化教育等方面（访谈提纲见附录二及附录三），访谈人员基本情况见表6-9。

表6-9　访谈人员基本情况一览

	外语教师				行政领导			学生
	龙老师 T1	姚老师 T2	陈老师 T3	肖老师 T4	林副校长 L1	罗副校长 L2	潘科长 L3	7位高中学生
性别	女	男	女	女	女	女	男	年龄从15岁到18岁不等，性别为3个男生、4个女生
年龄（岁）	30	45	32	30	45	48	48	
学历	本科	本科	研究生	本科	本科	本科	大专	
职称	中教一级	中教高级	中教高级	中教一级	科级	科级	科级	
民族	侗族	侗族	苗族	苗族	苗族	苗族	苗族	
访谈转写文本代码	LFT1-1811	YMT2-1811	CFT3-1811	XFT4-1811	LFL1-1811	LFL2-1811	PML3-1811	SMG2N1—1811 SMG3N1～2—1811 SFG3N1～4—1811

二　访谈数据的整理分析

访谈用中文进行，之后将录音转写为文本并用字母和数字进行编码。采用主题分析的方法（Wilkinson，2004），数据来源共分为四个部分：州（市）级主管基础教育的领导、学校领导、外语教师、少数民族学生。之后对访谈转写文本按相关主体进行归类分析。访谈文稿代码用字母加数字标示。第一个字母代表姓氏，第二个字母代表性别（男性用 M，女性用 F），之后的字母及数字代表身份及编号，最后的四个数字表示访谈的年月。如"LFL2 - 1811"就表示姓罗的女性领导，在领导一类中编号为 2，于 2018 年 11 月接受访谈的转写文本。"YMT2 - 1811"表示姓姚的男教师，在教师一类的编号中是 2，于 2018 年 11 月接受访谈的转写文本。学生团体访谈的代码第一个字母 S 代表学生，第二个字母代表性别，第三个字母及数字代表年级，N 代表序号。如 SMG3N1 - 1811 代表一个高三的男生，在该年级男生中编号 1，于 2018 年 11 月接受访谈的转写文本。本次团体访谈按性别及年级给学生单独编号。为保护个人隐私，本研究中所有参与访谈的领导、教师和学生都统一为化名。通过对访谈的转写文本进行仔细分析，主要涉及以下六个方面的主题。

（一）　政策制定

针对基础外语政策的规划问题，笔者本次调研访谈的是贵州某自治州主管基础教育的潘科长。他较为详细地讲述了该地区基础教育阶段教育政策的发展过程，特别是该地区中小学的课程计划。

潘科长说，该地区有关基础教育的课程改革政策都是按照国家标准自上而下制定执行的，在有关课程改革的政策文本方面，国务院会做出明确项目要求。教育部根据这些政策要求，组织具体的改革行动。教育部基教司承担基础教育的宏观管理工作，拟定基础教育的基本教学文件，推进教学改革，为各级学校规划具体课程，当然也包括外语课程，并明确如何执行政策。

各省（区、市）教育厅（委员会）贯彻执行党和国家的教育方针、政策和法律、法规，拟订全省（区、市）教育事业发展规划，起草地方性教育法规草案及有关教育工作的实施意见，统筹和指导少数民族教育工作，协调对少数民族和民族地区的教育援助。在省级层面主要有两个部门直接负责国家相关教育政策的实施，一个是基础教育处，另一个是教研部门。前者承担全省（区、市）基础教育的统筹管理工作，拟定基础教育发展目标和评价标准并组织实施，指导基础教育教学改革，管理中小学教学用书和学具，组织审定中小学地方教材和教辅材料。后者根据国家和本省（区、市）的政策文件要求规划具体的教学活动，组织教师培训工作。其实各地区可以根据学校实际情况，根据总的课程标准做一些细微的调整，如制定校本课程实施方案。市、州级层面的主管部门叫教育局，指导、管理全市、州基础教育工作，制定基础教育发展目标，下设基础教育办及教科所，组织实施教研活动，如教师培训和课堂教学。地方层面的教研部门所管辖的学校和教师，通过使用指定的系列教材执行相关政策，完成教学任务。具体流程见图 6-5。

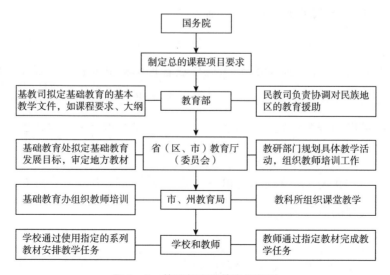

图 6-5 基础教育政策发展流程

　　教师们对于自己在教育政策制定中的参与情况，调研问卷单项选择题数据显示，44.6%的教师认为自己是政策落实者，这与上述潘科长访谈的结果基本一致，7.2%的教师认为自己是政策制定的参与者，39.2%的教师认为自己既是落实者也是参与者，9%的教师认为自己既不是落实者也不是参与者。单从数据来看，教师们对于自己在政策中的主体地位信心不足。正如肖老师所言："制定政策？我觉得没有可能吧，而且这个也不是我能定的，因为我们一般都是收到任务，而且经常会收到一些跟我们的实际不是很契合的任务……"①

　　高中的陈老师说："我觉得基础外语教育政策的制定有一线教师参与进去比较好，非常需要有一线教师去承担相应的角色。因为教师长期和学生打交道，了解学生的发展状况，如他们在学习上需要什么，有哪些真正的诉求。但是我不知道国家这方面是什么政策，就是政策的制定者一般都是哪些人。有些政策可能并没有体现出老师和学生的需求。政策制定者必须非常了解基础教育才行，真的必须站在基础教育的这种立场上，制定出的政策才会更有效。也不能只是为了经济发展、社会发展等，要考虑学生的发展才行。就是说有些政策不能落地，很矛盾。政策不好落地，就是因为缺乏一线调研。"②

　　党的十八大报告明确指出，要发挥人民主人翁精神，坚持依法治国的基本方略，广泛动员和组织人民依法管理国家事务和社会事务，积极投身社会主义现代化建设。上述受访教师提及的参与教育政策的制定问题，既可以理解为现代民主政治制度下的一项基本公民权利，也是我国推进民主政治的重要标志，其中渗透着以人为本思想和人文关怀，强调倾听基层"民意"，兼顾不同相关者的利益，通过协调平等与效率实现政府与教师的有效沟通。

────────────────

① 摘自对肖老师的访谈文本 XFT4 – 1811。访谈时间：2018 年 11 月 16 日。
② 摘自对陈老师的访谈文本 CFT3 – 1811。访谈时间：2018 年 11 月 16 日。

教师参与教育政策的制定，具有以下几方面的价值考量。

首先，可在一定程度上提高教育政策的合法性。一项政策只有具有合法性才能得到社会的认同和遵循。而要实现公共政策的合法性就需要以公众对该政策的基本认同和接受为前提（张治忠、廖小平，2007）。教师参与教育政策的制定是以教师对现存教育政策体系合法性的基本认同为前提条件的。教师参与的意义主要在于，根据政策制定中的不同环节，客观评价自己及教育政策目标群体利益的得失，努力将自己的看法和建议纳入教育政策制定的参考。教师参与有助于政府充分考虑和尊重广大一线教师的切身利益以及对相关教育问题的切身感受，最大限度减少教育政策制定的盲目性，在一定程度上体现教师参与的价值，增强教师在教育政策体系中的自主意识、教育责任感和集体荣誉感。

其次，可以保障教师群体的专业化发展。教师通过参与制定教育政策，可以极大地发挥其在教育系统中的特殊身份作用，有利于强化教师群体的专业化发展。教师掌握相关的教育信息和政策理论知识，知道如何将自己的价值取向融入政策文本，从而提升教师对该职业的专业认同感。而参与政策制定的荣誉和成就也将激励教师不断提高自身专业水平，参与政策制定本质上也是分享政府的教育决策权，也将保障教师群体专业化发展的权利和利益。

最后，有助于提高教育政策的质量，避免政策失误。杨红燕（2008）认为，不论是公共部门还是私人部门，都很少有某个个体行为者能够拥有解决综合性的、动态发展的多样性问题所需要的全部知识和信息。政府作为教育政策决策的核心权力主体，有时也会在一定程度上存在信息不充分、知识不齐全等情况，而作为专业化的社会群体，教师遍布于教育系统的各个领域和不同层面，对相关的教育状况最为了解，因此可以针对不同的教育问题，从相应的视角切入给政府提供解决问题的信息和方案，这些信息和方案往往能够较为及时准确地反映教育中的真实情况，以及教育政策目标群体的真实诉求，从而为教育政策的制定提供智力支持。

（二） 外语课程实施方案

对于部分教师所反映的外语课程实施方案欠缺的问题，笔者咨询了潘科长，他肯定了在民族地区使用具有地方特色的外语教材的重要性和必要性，但表示，由于受到诸多条件的限制，这项工作很难开展，在外语课程要求方面民族地区和其他地区没什么区别，还是按照国家的标准来执行。潘科长这样说道："我们这里的外语科目基本上都是英语，课程要求方面我们是按照国家规定的标准来执行的，没有地区和学校的课程标准，包括教材的选择都是由上级部门安排好之后我们负责传达到各学校就可以了。像你说的这种根据地方特色来做一些校本外语教材的开发工作，对于少数民族学生来说可能会感到比较亲切，兴趣也可能会更浓一些，但是牵涉到的部门很多，如经费支持、文化内容的审核等，目前来说没有这样的规划。像英语这种非常重要的科目，我们也不能够轻易去动它，轻易去改革。学校都是跟着国家的英语课程教学大纲来教学的，使用国家的课程计划及教学大纲，都是按照国家的政策在执行的。"①

笔者发现，贵州基础教育阶段的外语教育在政策规划上还是比较缺位的，尽管领导层面也认可民族地区校本外语教材会让民族地区学生更有兴趣，但是由于各方面条件所限，正如潘科长所言，一切都还是按照国家的英语课程标准在执行。《英语课标 2011 版》规定：

> 考虑到我国地域辽阔、民族众多、经济和教育发展不平衡的实际情况，各地可根据师资条件、资源配置等情况，制定本地区的课程实施方案……特别是小学英语课程的开设，要充分考虑师资力量的配备和教学条件等因素。……帮助学校因地制宜地落实本地课程

---

① 摘自对潘科长的访谈文本 PML3 –1811。访谈时间：2018 年 11 月 15 日。

实施方案，并注意做好学段之间的协调和衔接，尤其要做好小学与初中阶段的平稳过渡，促进地区英语教育的均衡发展。

因此，新时代民族地区要实现"与国内接轨，与国际同步"的目标，就需要勇于创新，在基础教育课程改革方面突破固有的局限，制定富有民族地区特色的外语教育新政策来指导基础外语教育工作。

（三）民族母语环境与外语教育

针对问卷部分反映出的民族母语环境与外语教育问题，笔者对中学的两位副校长分别进行了访谈，请她们从领导的角度谈谈如何看待贵州基础教育阶段的外语教育，少数民族学生的母语环境与外语教育之间有什么联系。罗副校长这样说道："我们学校共有 2000 名学生，少数民族学生占 90% 左右。我们这里的学生学习英语肯定有一些困难。绝大多数学生都是说自己的民族语言，有些学生连普通话都说不好，发音不准。民族地区的基层外语老师，本身自己的英语水平也不是很高，是蹩脚的英语。所以这边学英语的话是非常恼火的。学生学英语是很吃亏的，很多学的都是哑巴英语。教师的水平有限，也很难教出非常优秀的学生，毕竟环境对于语言学习来说还是很重要的。学校的外语教育基本上就是做做题呀这些，就是为考试而学的英语。基本上应用很少，目前的英语仅仅是用来考试的。"[1]

林副校长的回答比较简单，她这样说道："我们学校共有学生 2037 人，99% 以上是少数民族，以苗族和侗族为主。学生的整体英语水平不高，有点两极分化。尤其是英语口语，绝大部分孩子都不太敢开口说英语。主要是因为少数民族学生长期被民族语言所固化，口语跟不上，包括我正在读高中的儿子，虽然英语成绩很好，但是他的口语就不怎么样。"[2]

---

① 摘自对罗副校长的访谈文本 LFL2 – 1811。访谈时间：2018 年 11 月 15 日。
② 摘自对林副校长的访谈文本 LFL1 – 1811。访谈时间：2018 年 11 月 15 日。

　　两位副校长均提及民族地区学生的母语环境对其外语学习的影响，尤其是在口语方面难于开口表达。罗副校长提及的基层外语教师师资水平不高的现象，与姜秋霞、刘全国、李志强（2006）的调查情况基本吻合。正如本研究前面所述，外语教育政策的公共政策属性强调教育政策的公平和正义，民族地区的学生尽管从教育权利上来说实现了"与国内同步"，但是要提高民族地区"与国际接轨"的步伐，还需要在资源供给和教育方式上做出相应的调整，只有提高教师的职业水平和专业素养，让外语教师"睁眼看世界"，才能打开学生了解外面世界的窗口。

　　此外，对于外语学习与民族文化传承之间的关系，笔者对高中部的学生组织了一次集体访谈。学生们都认为外语是加强和外国人沟通交流的纽带，通过这个纽带可以传播我们的民族文化，如我们的少数民族服饰文化、饮食文化等。访谈实录如下："我们苗族算是少数民族里面人数比较多的，有些外国人特别喜欢我们的银饰。我们要想实现民族繁荣，就必须学习英语，接触外国的文化，跟外国人交流，从而把我们的银饰发扬光大。除了银饰，我还知道我们的一些特色菜也非常好吃，比如说我们这边有一道很有特色的菜，叫欧鲜（音译），就是酸汤鱼，还有那个酸菜汤，也不是一般的酸菜汤。有水盐菜汤跟酸菜汤，这两个在别的地区基本上都看不到也吃不到，只有苗家人才会做正宗的酸菜汤。现在我们国家强大了，我们的民族文化要'走出去'，我认为这也是一种文化传播方式。"[1]"我觉得非常有必要在我们的外语教学内容中融进我们民族文化的内容，政府应单独出台民族地区的外语教育政策。为什么有些同学选择到外面去发展，不愿意留在贵州？就是因为他们认为贵州没有发展前途，我们的经济能力跟发达地区比实在是差太多了，所以他们不愿意回来。但是现在政府已经开始重视贵州的发展，并且在这方

---

[1]　摘自对学生的访谈文本 SFG3N2‒1811。访谈时间：2018 年 11 月 15 日。

面有项目投资，我们如果想做好是可能的。现在不断有外国游客来这边旅游，要想让他们了解我们的文化，就必须学习他们的语言来告诉他们，我觉得学习英语很有必要，因为这样做可以帮助这里的学生了解自己的语言、自己的特色用英语怎么说，并且能告诉别人这就是我们的特色，就是我们的民族文化。"①

从以上的访谈实录可以看出，少数民族学生对本民族文化有较为强烈的认同感，也认为通过外语学习可以传播本民族的优秀文化和民族特色。制定或规划具有民族地区特色的外语教育政策具有一定的必要性和紧迫性。

（四）外语教育培训

外语教育培训方面，罗副校长认为市区学校的外语教师出去培训的机会还是比较多的。一方面，因为师资数量基本可以满足学校发展要求，派出教师参加培训后并不会对外语学科的教学工作造成很大的影响；另一方面，经费也比较充足。但是地处乡镇的学校情况就要稍微差一些。罗副校长说道："一般通过教研活动让老师们出去培训的机会还是挺多的，因为我们是市区里面的学校，但是乡镇一级的英语教师机会就不是太多。城乡差距很大，尤其是英语学科，其他像数学呀农村孩子还是很强的，比较重理轻文，所以语文和英语两科的城乡差距很明显。这可能与文化底蕴有关系，因为乡村地区的学生缺乏交流，所以语言运用能力就比较弱。据我所知，乡镇一级的英语老师还需要兼职教其他课程，因此外出培训的机会非常少。"②

而林副校长提出了另外一种思路：既然本校的外语教师出去学习的机会不多，那就想办法把外面的教师或志愿者请进来。她说道："由于各方面条件所限，我们本校的外语教师出去参加学习培训的机会并不是

① 摘自对学生的访谈文本 SFG3N1 - 1811。访谈时间：2018 年 11 月 15 日。
② 摘自对罗副校长的访谈文本 LFL2 - 1811。访谈时间：2018 年 11 月 15 日。

很多，我倒是希望能有一些优秀的志愿者到学校来支教或者交流学习，而且时间长一些，如三五个月或者更长就比较好。因为学校是才合并组建的，尽管少数几个外语教师的能力还是很不错的，外语教研团队总的来说在学校算得上师资力量较强的队伍，但是教师数量很少，只有27名，而且教师们的工作量都很大，要当班主任，要辅导学生上晚自习，还有的需要定点帮扶做家访。"①

教师们对于自己参加相关培训的问题表现出极大的兴趣。调查结果显示，超过90%的教师认为自己参加培训的目的是拓展自己的专业知识。然而除了专业知识，其他还需要提高的地方包括理解教材编写意图、学习案例评析等。高中的肖老师这样说道："肯定是想出去参加培训的。我觉得最需要的应该是课程设计方面的，因为大学毕业来教我们现在的学生，专业知识基本上还算是够用的。关于课程设计，需要学习如何让课程设计更贴近学生，包括一些信息技术的运用等，另外，还特别想听一线老师的教学经验。有时候也想听一下教材编写者的想法，了解一下他们编写教材的意图，比如说有些教材的内容我们就不太能理解，也许他们的初衷是好的，但是实际操作下来，我们的感受可能不一样，要是能听一下他们的想法就好了。还有案例评析，虽然上课也能上很好，但是有案例评析的话会讲得更清楚，比如他为什么要这样做，就更有指导性，更有操作性。"②

由于民族地区大多为偏远乡村，广大的外语教师获取优质培训或晋升的资源相对有限。新中国成立70多年来，国家制定了相关政策以发展乡村教师队伍。但是受各方面条件限制，当前乡村教师政策还存在以下问题：职业声望较低，吸引力不足；特色专业发展意识不够；评价机制存有偏差，社会服务功能缺失。建议采取多种手段提升乡村教师职业

---

① 摘自对林副校长的访谈文本 LFL1 – 1811。访谈时间：2018 年 11 月 15 日。
② 摘自对肖老师的访谈文本 XFT4 – 1811。访谈时间：2018 年 11 月 16 日。

吸引力，如改善教师的工作环境，在工资待遇、工作条件、家庭照顾、职业培训等方面加大政策支持力度；完善评价机制，激发乡村教师服务乡村教育的内生动力。

（五）多元文化教育

正如本研究前面所述，民族地区的外语关涉多元文化的内涵，如不同文化之间的交流、本民族文化的传播及外语教育中民族文化传承问题。罗副校长首先肯定了部分外语教师的个人教学行为，即在上课过程中添加一些本民族文化的内容以增加学生的学习兴趣。罗副校长说道："至于外语教育中的民族文化传承问题，我本身不是外语教师，学校也没有对学生和老师提这样的要求。但是学生学起来比较枯燥估计与这方面的缺失也有一定的关系。就是没有认同感，因为学的全是西方国家的东西。至于有些老师在上课的过程中尝试添加一些本民族文化的内容，那是他个人的教学方法，我觉得还是很好的。"[1]

关于外语语种的选择问题，罗副校长说道："不只是我们学校，其实这边的绝大多数中小学目前都只能选英语。主要是其他语种的师资非常有限，只有到大学以后如果感兴趣的话才可能选日语、阿拉伯语等。我们这个级别的学校不具备这样的师资。没有师资，也没有配套教材，所以就没办法去学习这些语言。现在都在提倡学习汉语，有许多孔子学院，要是全世界都学汉语就好了，但是汉语的普及目前还没有到英语这样的程度。"[2]

从罗副校长的谈话中，笔者发现这样几个关键点：民族地区学生学习外语很困难，学校层面对于外语教育中民族文化缺位的问题没有采取特别措施，民族地区的基础教育外语语种有限。这正好回答了本研究的第二个问题，即民族地区当前基础外语教育在政策规划方面比较缺乏，

---

① 摘自对罗副校长的访谈文本 LFL2 - 1811。访谈时间：2018 年 11 月 15 日。

② 摘自对罗副校长的访谈文本 LFL2 - 1811。访谈时间：2018 年 11 月 15 日。

与国家相关的教育政策契合程度并不理想。

本研究问卷调查中多数教师认为贵州基础外语教育中民族文化缺位的问题比较严重。笔者就此问题访谈了中学的姚老师。姚老师是初二年级的班主任，也是一位有多年教学经验的外语教师，他认为编校本外语教材的难度主要在于不方便协调不同民族的语言和文化，这确实是一个比较现实的问题。但是笔者认为，当前的信息技术日趋发达，资料收集与处理也比较方便，可以先试点几个民族的基础外语教材编辑工作，集中一部分民族地区的外语教师来统一编制，同时邀请了解相关民族历史文化的人士一起参与编辑修订。姚老师这样说："我们这个地区主要有侗族和苗族。目前的英语教材中确实很少提到少数民族文化的内容，缺位肯定是存在的。但是，编校本教材的话，学生怎么分呢？因为学生是苗族人和侗族人混合在一起的，但编教材的话，不能把侗语和苗语合在一起，也不能在一个教室里既有苗语的教材又有侗语的教材。有人提出让苗族学生与侗族学生互相学习对方的语言，但是老师不好教。所以这种教材也不好编。"[1]

姚老师的说法不无道理，在一个班级中，学生的民族成分众多，究竟该讲哪一个民族的文化呢？但本书强调的是民族文化而非民族语言，不论是侗族文化也好，苗族文化也罢，总归都属于中华民族文化，不同民族同胞之间可以相互学习彼此的文化内容。从实际情况来看，没有必要针对每一个少数民族都编制相应的外语教材，而是需要将各少数民族的文化内容整合到民族地区的外语教材中去，相关部门需要对民族地区的外语教材进行统一编制、修订和完善。

（六）信息技术与外语学习的整合

《英语课标 2017 版》明确提出要重视现代信息技术应用，丰富英语课程学习资源。应充分发挥现代教育技术在教学与服务方面的功能，

---

[1]　摘自对姚老师的访谈文本 YMT2 - 1811。访谈时间：2018 年 11 月 15 日。

让学生利用信息技术学习英语。笔者对学生进行了团体访谈，大多数学生表示会在网上下载一些软件来学习英语，或者下载慕课资源，观看外国留学生做的英语教学视频，充分利用信息技术的优势来获取自己需要的资源。学生集体访谈摘录如下："我有在网上下载一些软件来学习英语。比如网易云词典，主要用来查词的用法。还有就是看电影也可以学习，听音乐也可以。"①"我也是通过网易云词典学习英语的。我比较喜欢英语文化，也喜欢听英文歌、看英文电影，有的时候还会买一些英语杂志，如《英语街》。除了这些，我还会看一些英语学习的视频，就是一些外国留学生分享的自己做的英语教学视频。"②

　　近年来，随着信息时代的到来和教育信息化进程的逐渐加快，计算机实验室、多媒体教室、校园网络等现代教育技术设备已从物质层面逐步实现信息技术与课程的整合。从技术层面来看，学校信息化建设、各种教学资源的开发、教学网站的建设等在如火如荼地进行着。从实践层面来看，我们看到的只是在演示课和示范课上简单地应用信息技术，而在日常的教学中真正应用信息技术的却很少，因此需要加大对信息技术软环境和资源环境的研究和开发力度。在国家政策的支持下，既要加强关于"整合"理论的研究，不流于形式，又要探究具体的整合路径，真正实现信息技术与外语课程的深度融合。

第四节　本章小结

　　本章主要是对政策文本及访谈质性数据的整理和分析。首先就国家宏观层面的政策进行考察，从课程育人、外语语种规划、基础教育均衡

---

① 摘自对学生的访谈文本 SFG3N4 - 1811。访谈时间：2018 年 11 月 15 日。
② 摘自对学生的访谈文本 SFG3N3 - 1811。访谈时间：2018 年 11 月 15 日。

发展等方面进行阐述。之后对不同版本的英语课程标准的内容进行分析和解读，比较不同学段英语课程标准的基本理念和教学建议，从对国家发展和学生个人发展价值的角度进行对比分析，认为在新时代贵州基础外语教育政策规划中，应该明确外语学科在学生更好地了解世界、学习先进的科学文化知识及传播中国文化方面的育人价值，提高我国整体国民素养，培养具有创新能力和跨文化交际能力的人才，提高国家的国际竞争力和国民的国际跨文化交流能力。最后对本研究的访谈数据进行整理分析，分别从政策制定、外语课程实施方案、民族母语环境与外语教育、外语教育培训、多元文化教育、信息技术与外语学习的整合几个方面进行阐述和分析。

◄◄◄ 第七章
贵州基础外语教育政策规划建议

本书第五章和第六章分别从量化研究和质化研究的角度分析了贵州基础教育阶段外语教育政策规划的一些基本问题，本章主要依据前面几章的数据分析结果，结合人本主义学习理论、多元文化理论等从公众参与视角对贵州基础外语教育政策规划进行讨论并提出相应建议。

第一节　政策内容层面：凸显地方性与校本化特色

一　语言资源观视角下解决外语教育中的民族文化缺位问题

针对外语教育政策内容中民族文化缺位的问题，已有研究对此有过较为深刻的阐述。对于民族地区的学生来说，对本民族文化的认同和传承是无可推卸的责任和使命。随着世界各种思想文化之间的交流互动日趋频繁，文化已被认为是增强民族凝聚力和创造力的重要源泉，成为体现国家综合实力的重要因素。有必要在民族地区的外语教育中积极创建民族文化教育环境，体现新时代少数民族外语教育的多元文化意涵。

美国学者鲁伊斯提出的将语言作为问题（problem）、权利（right）和资源（resource）的观点（Ruiz，1984，2010）被当成语言规划的价值性范式，其中语言作为资源的价值观更是影响深远。语言资源观的价值逻辑是将语言看成不同国家或族群之间的经济桥梁或文化平台，在确保双语或多语活动不会对本族群产生不利影响的前提下，鼓励施行语言多样性的举措（王瑜、刘妍，2018）。当前民族地区基础教育阶段的外语教育中鲜有提及有关民族文化的内容，这种现象存在已久，从本书的文献综述部分就可以看出。为有效解决这个问题，在民族地区基础教育阶段的外语教育中融入民族文化的内容，光靠教师或者教育主管部门的努力是远远不够的，还需要各个利益群体通力合作才能把这项工作做好。学校可以形成制度，要求在教室或者教学楼布置板报或者壁画，体现当地的少数民族文化特色，如将侗族大歌、土家族的吊脚楼、水族的铜鼓舞等民族文化融入校园环境建设，使校园环境形成显著的民族特色，打造学校的民族文化景观，让各族学生有一种家的归属感；学生们利用课余时间驻足观赏、学习，激发对家乡的无限热爱之情，树立建设美丽家乡的远大志向。

近年来，随着中国的日益强大，越来越多的中国文化元素被世界所认可，苗族长桌宴、傣族泼水节等少数民族传统文化也正在逐步走向世界。1989年，在国家民委的联系协调下，以贵州省民族歌舞团一行35人为主体的中国少数民族艺术团赴北美参加国际民间艺术节并在加拿大和美国演出两周，所到之处均受到热烈欢迎。进入21世纪以来，在联合国教科文组织的推动下，"人类口头和非物质遗产"的抢救和保护工作掀起了全球性的热潮。2005年公布的世界非物质文化遗产代表作名录中，我国维吾尔族的木卡姆和蒙古族的长调列入其中，我国少数民族文化遗产的价值再一次受到世人瞩目（王文章，2002）。

语言资源观主张每一种语言都是人类的宝贵财富，是文化资源乃至经济资源。研究表明，具备多语能力的人的就业机会要大大多于单语者，原因就在于前者具备丰富的语言资源。对于民族地区的学生来说，母语是民族身份的标志，是最重要的一种资源，也是最能让自己表达情感和思想的工具。而外语好比一扇窗户，可以让民族地区的学生看到外面的世界，这也是一种重要的资源。建议在民族地区的基础教育阶段开设与自己民族文化和语言相近的区域性外语语种（曾丽，2012），使学生通过学习这些外语逐步了解有关国家经济、旅游、文化等方面的专业知识，增强跨文化沟通能力；同时，建议在多语言、多文化背景下加强对民族学生外语学习特点和规律的认识和研究。

如前所述，贵州基础教育阶段外语教学中民族文化内容的缺位现象比较严重，不论是在外语教材中还是外语教师的实际教学计划中都较少或者没有提及。问及原因，某附中的陈老师直言："学生们最后还得参加升学考试，如果平时学习的这些民族文化内容在考试中不能有所体现的话，学生会感觉很失望，毕竟现在的学生也还是比较现实的。"虽然以考试为导向的语言教育方式不太利于培养学生的实际语言运用能力，且这种现状短期内很难改变，但是对民族地区现行的基础外语考试测评模式进行适当调适，在原有基础上增加部分民族文化的内容，对于增强和坚定少数民族学生的本民族文化认同、文化自信等来说都是很有帮助的，也更有利于培养学生的爱国情怀，使其逐步增强国际视野能力，体现新时代民族地区外语教育政策的价值所在。

要逐渐解决贵州基础教育阶段外语教育中民族文化缺位的问题，提高贵州基础教育阶段的外语教育质量，增强民族文化传承意识，规划民族地区校本层面的外语课程实施方案就显得非常重要。正如本书第五章调查数据显示，有超过80％的教师认为外语课程实施方案的指导有利于外语教学工作的开展。国家颁布不同学段和不同版本的英语课程标准，一方面是因为在社会发展的不同时期和不同学段，外语教育的目标和要求会有所不同；另一方面也是考虑到我国的区域差异较大，不同地区的教育水平并不均衡。尽管如此，由于客观存在的现实困境，民族地区学生在外语学习中还是需要克服双重困难。现阶段民族地区的基础外语教育不论是大纲设置、教材编写还是实际的课堂教学，基本上都是按照汉语言文化背景下的外语教学模式来进行的。

占全国人口总数近10％的少数民族，在地理环境、文化背景、生活习惯及思维方式等方面都与汉族有较大差别。忽略民族母语的影响，采用汉语言文化背景下的外语教学理论和方法显然是不合适的（曾丽，2012：31）。因此，民族地区中小学的外语教育政策应该在国家课程标准的基础上，根据地区和学校实际，通过对教师和学生的广泛调研，制定校本的外语课程实施方案作为民族地区学校的外语教学工作指南。在调研中对学生的集体访谈部分，学生提及最多的便是希望有属于该地区的外语教育政策。如有学生说道："我觉得应该有一个当地的属于少数民族的外语教育大纲。因为我们这边学英语都比较困难，口语方面尤其困难。有属于我们自己的一个大纲会好一些。"

二　基于多元文化的外语教育政策规划

本研究调研数据显示，有78.1%的汉族外语教师及89.9%的少数民族外语教师都认为民族地区需要多元化的外语教育政策。贵州地区是一个多语多言的多元生态环境，既有汉族文化，也有各少数民族文化，同时还有外语文化。民族地区的外语教育要将不同民族的学生放在同一个班级进行教育，学生有不同的家庭背景和文化背景，还有个体差异如性格、生活习惯差异等。在这样的环境中开展外语教育活动，需要关照不同学生的需求。因此，在教育政策的规划上就需要体现多元化的特征，重点是教学内容多元化和外语语种多样化。

一是教学内容多元化。在具体的教学内容上，教师可以和学生一起进行研讨，共同商讨确定要学习哪些重要内容，还需要增加些什么内容。如前面提及的外语教材中民族文化缺位问题，教师可以组织学生分享自己的民族所特有的文化习俗和生活习惯有哪些典型特征，之后将这些内容收集起来装订成册，组织教师队伍来编制具有本校特色的外语教学材料，并使其在考试测评中占一定的比例，以增强学生的学习兴趣。笔者初步调研发现，少数民族学生对这种形式的外语教育非常感兴趣，如访谈时有个侗族学生说道："我觉得要是在外语教学中适当加入些我们民族文化的内容会更有趣。侗语中'门'的发音和英语中'门'的发音很相似，都念'/dɔː(r)/'。每次学到这个词，我就觉得很亲切。要是老师能多在这方面进行讲解拓展的话，就太好了。"由此可以看出，学生对本民族文化的认同还是比较强烈的，外语教师要实时地加以引导和培养。类似这种教学材料的开发和整理可以先在学校范围内进行试点，之后再逐步向校外推广，最后可以申请更高一级的教育主管部门在相关的考试测评政策中做些调适，有了前期的积累之后，慢慢促成更大范围的政策规划。

二是外语语种多样化。针对中小学外语语种的规划问题，有学者对法国和俄罗斯的外语教育政策进行了研究，发现这两个国家基础教育阶段可供学生选择的外语语种较多，莫斯科的中小学开设的外语语种竟有31 种之多（文秋芳，2014；李迎迎，2014），而我国目前中小学开设的外语语种极其单一，基本以英语为主。近年来，随着国家"一带一路"倡议的实施推进，共建"一带一路"国家的语言生活逐渐被外界了解和认识。"一带一路"需要语言铺路（李宇明，2015），应普遍增强语言意识，认识到个人和国家的语言能力在当今社会的重要意义，更要认识到国家的语言能力关涉国家软实力的提升及国家安全等问题（陆俭明，2016），因此，应根据民族地区学生的学习特点，在基础教育阶段开设相应的外语语种，为培养民族多语人才做好储备工作，同时，这也是对人类语言资源的保护和传承，少数民族文化也将得到更大范围的推广和传播。

三　基础外语教育信息化建设

信息化教育是促进新时代教育公平的有力举措，外语教育政策属于公共政策的范畴，为进一步促进公平正义，民族地区的外语教育需要坚持公平的价值取向，因为这直接与政策目标、政策内容和结果密切相关，有什么样的价值取向就有什么样的公共政策。何克抗（2011）认为，"教育信息化"的基本内涵是"信息与信息技术在教育、教学领域和教育、教学部门的普遍应用与推广"。这一内涵主要有三个要点。第一，教育信息化是信息与信息技术这两个方面在教育、教学中的应用和推广，而不是仅仅指信息技术这一个方面在教育、教学中的应用和推广。第二，信息与信息技术在教育、教学中的应用和推广涉及教育、教学领域和教育、教学部门这两大范畴，而不是仅仅涉及其中一个范畴。第三，教育信息化在强调将信息与信息技术在整个教育、教学领域和教育、教学部门中应用和推广的同时，必须把重点放在教学领域（教学过程、教学资源、教学评价）的应用和推广。忽略了这个重点，教育信息化就会本末倒置，就有可能迷失方向。

《教育信息化2.0行动计划》的颁布实施，标志着我国教育信息化从以"基础建设、设备配套、应用探索"为主要特征的时代，开始迈向以"育人为先、融合创新、系统推进、引领发展"为主要特征的2.0时代（雷朝滋，2018）。其核心在于通过信息技术与教育的融合共生，变革教育生态，最终实现教与学的创新发展（刘晓琳，2018：11）。基础教育信息化是实现党的十九大报告提出的"加快教育现代化""推进教育公平""建设学习型社会"的关键环节，在国家信息化发展战略中处于重要地位（陈纯槿、郅庭瑾，2018：129）。

《2020年全国教育事业发展概况》显示，全国义务教育阶段信息化基础条件有所改善，信息技术和教育教学的深度融合逐步加强。每百名小学生拥有教学用计算机台数由前一年的11.4台增加到11.8台，初中生拥有教学用计算机台数由前一年的15.5台增加到16.3台。建立校园网的学校比例继续提高。小学建立校园网学校比例为70.4%，比上年提高1.7个百分点；初中77.4%，比上年略有提高。总体来看，城乡差距依然较大。农村小学、初中建网学校比例分别为67.3%和74.1%，分别比城市学校低17.2个和12.6个百分点。由此可见，农村地区的教育信息化水平还需要进一步提升。贵州省 2021 年教育统计年鉴显示，全省继续夯实教育信息化环境建设，组织开展联网攻坚行动，实现全省中小学三个 100%，即 100% 学校宽带联网，100% 联网带宽不低于 100 兆，100% 学校建有多媒体教室，"优质资源班班通"得到普及深化。推进全省师生应用贵州省教育资源公共服务平台，网络学习空间开通率达 71.84%。

信息化教学环境让农村中小学获得到了优质的教育资源和教学方法。然而，让人忧虑的是，这些信息化教学资源的供给和乡村外语教师实际应用之间存在一定的供用矛盾，主要表现为"供而不用""供不适用""供不善用"。"供而不用"即已存在的信息化教学资源从未被乡村学校教师运用，成为无效供给。"供不适用"即部分信息化教学资源不适用于乡村教学。"供不善用"即乡村学校教师不擅长应用信息化教学资源，信息技术能力跟不上（潘新民、金慧颖，2022：86）。外语教师在实际操作中面临诸多困难，导致信息化教学资源在乡村中小学的闲置浪费现象比较严重。学校方面应加强培育乡村外语教师的信息素养能力，思考如何将信息技术与外语课程进行深度融合，提高课堂教学效率。

陈坚林、贾振霞（2017：7）对大数据时代的信息化外语学习方式进行了深入探究，认为要使我国的外语教学跟上时代发展的步伐，在重构外语教学生态时需要特别考虑教学对象、教学环境、教学生态方面的因素。目前来看，基础教育阶段的学生大都是 2000 年以后出生的，是真正伴随着互联网的发展而成长起来的一代，被称为"数字原住民"，具有"四个一代"① 的特征。面对这样的教学对象和教学环境，外语教

---

① 陈坚林教授将"四个一代"概括为：①技术的一代，一出生就进入信息技术迅猛发展的年代，使用电子化的产品已经成为他们的生活常态；②阅图的一代，这些学生从小就通过大量的图片（电影、动漫、广告等）获取所需信息，阅图摄取信息已经成为这些学生的习惯；③创新的一代，信息时代海量的资源使得这些学生见多识广，为他们的创新提供了条件；④急切的一代，这些学生习惯了互联网速度，对信息的获取变得十分急切，从而养成了他们崇尚变化、讲求效率的习惯。

学的新生态和新范式需要重新构建。应顺应国家的整体发展规划部署，如《国务院关于积极推进"互联网＋"行动计划的指导意见》与《国家教育事业发展"十三五"规划》等，将互联网的创新成果与社会各领域进行深度融合，积极推动技术进步、效率提升与组织变革，鼓励各级学校开发利用数字教育资源，探究网络教育新模式。鼓励广大一线外语教师利用信息技术提升教学水平，创新教学模式，加快优质教育资源向民族地区和边远地区覆盖。切实注重学生的个性化学习，通过采集分析学习过程的相关数据，探讨最符合学生学习规律的学习方式。

此外，需要真正践行以学生为中心的理念。通过将信息技术与外语课程进行深度整合，促进外语教学理念及教学方法的更新和转变。如本书第六章所述，外语教师的角色已从之前的知识传授者、课堂控制者变成了学生学习的帮助者、指导者、促进者、资源提供者与评估者，教师精心设计课程，通过现代信息技术实现"生—生""师—生"的深层互动与交流，充分发挥了学生的主动性、积极性和创造性。该过程在本质上强调学伴之间的联结与互动，而不是以教师为中心来组织教学活动，让学生充分领略到"当家做主"的滋味，通过一系列互动与交流完成教学计划、实现教学目标并提高外语教学质量（郭颖，2012；陈坚林，2017）。

第二节　政策过程层面：注重参与主体多元化特征

一　政府决策主体与公众参与的对应衔接

从社会治理实践领域来看，不难发现，虽然在政策制定过程中提出了体制内外的多元主体参与，但在相关权力没有进行合理有效配置的前提下，政府依然是政策规划的主体，专家与公众的参与更多的是停留在文本层面的理论探讨，或只是实践层面的形式参与（朱伟，2014：2）。政策的公共性要求政策代表公众利益、需求和意愿，并在政策制定过程中实现公众的参与。但是在实际的政策制定过程中，公众参与仍然处在"边缘化"与"形式化"的困境中，被罗伯特·达尔（Robert Dall）视为"民主治理基石"的公众参与，在现实的政策制定过程中反而成了"一个缺失的环节"（郭巍青，2006：283）。

从本研究中贵州基础外语教育政策规划来看，公众对该政策的接受程度会在一定程度上影响政策的执行效果。因为此类型的政策与广大的教师、学生及其他利益相关群体的利益密切相关，公众应积极参与政策制定过程，表达自己的想法和意愿，维护自身的利益。本书第五章调查数据表明，76.1%的教师认为基层外语教师也有可能参与外语教育政策制定，学生也表示希望自己的声音能够有人倾听，这都说明了基础教育阶段的外语教师及学生越来越关心外语教育政策规划。正如高中部的陈老师所说："我觉得基础外语教育政策的制定有一线教师参与进去比较好，非常需要有一线教师去承担相应的角色。因为教师长期和学生打交道，了解学生的发展状况，如他们在学习上需要什么，有哪些真正的诉求。"教师可以通过了解学生诉求，收集他们在外语学习方面所存在的问题，组织专门的学术研讨活动对这些问题进行分析归类，在外语教学中逐步整合学生感兴趣的相关内容，将学生的学业和考试压力通过分流的方式渐渐化解，营造轻松愉快的外语学习环境。

语言政策与规划研究专家戴维·约翰逊认为，语言政策并不一定需要由权威机构来颁布，它们也可以源自自下而上的运动或草根组织（Johnson，2013）。这种观点进一步扩展了以往政策研究的模式，体现了不同的利益相关者在政策规划中的能动作用，拓展了政策主体的参与空间。冯增俊、姚侃（2018：89）认为，语言的可传性特征决定了语言政策在其本质上就是语言教育政策。因此，我们可以认为，在贵州基础外语教育政策规划工作中，作为教育政策的两个重要利益相关群体，教师和学生都是可以作为政策主体参与到政策制定过程中的。这样广泛调研后所制定出来的政策才具有较强的可行性。

公众参与可以逐渐增进公众对政府决策的信任，在一定程度上监督政府决策的权力行使，从而让政策制定过程更加透明，形成能代表公共利益的公共政策，也促进公众对政策的接受，为政府决策提供合法性的基础（托马斯，2005：153）。公众参与政策制定过程的价值之一就是可以体现国家与公众之间政治关系的本质，为政府决策提供更多的资源，如知识与智力的支持。本研究理论基础部分也提及，公众参与作为制定教育政策的重要程序，是教育民主化、法治化的重要特征，并已逐步体现在国家相关的教育政策制定之中。因此，为有效促进公共利益，应在政府决策和公众参与之间进行对应衔接。

二　外语教师作为政策主体在政策规划中的能动性

如前所述，人的主观能动性既可以是一种特质，也可以是一种潜能或一种现象。作为教育活动场域中的焦点之一，教师对相关的教育政策有自己的解读和执行意愿，通常情况下是让宏观教育政策真正落地的主要执行者，同时还是微观层面教育政策制定的主要参与者。充分发挥教师在教育政策规划中的能动性，对于教育政策的执行和完善都将大有裨益。具体来说，教师参与教育政策规划的路径主要有以下三个。

一是教师会议。具体是指政府根据教育政策的实施范围，定期召开区域性或全国性的会议，邀请教师积极参与，让广大一线教师就相关的教育议题进行广泛而深入的讨论，实现"沟通政策信息、宣传动员、反馈意见、加强理解并提出政策建议"的目标（王建容、王建军，2012）。二是教师咨询。对教师进行咨询是政府实施教师参与政策制定的重要形式之一。特别是政策制定阶段的教师参与，可以极大地提高教育政策制定的透明度和效率。政策制定中的教师咨询属于双向交流，是政府主动向教师团体征求意见的过程。三是分享决策权。教师与政府相互合作共同协商，形成教育政策协作生产模式。在该模式下，教师可以真诚地分享教育政策信息和资源，通过教师与政府管理者的协调对教育政策制定的权力进行重新分配。通常情况下，政府在公共政策制定过程中会处于主导地位，一般民众的权力可能会被边缘化，二者之间是此消彼长的关系。因此，应加强教育政策制定中的教师参与，使教师与政府共同分享教育政策的制定权。为保证教师长期有效参与教育政策制定，应将教师参与政策制定制度化，如进一步完善人民代表大会制度，调整教育政策提案或决策的人大代表结构，增加各级各类教师的覆盖面；进一步细化教师参与政策制定的法律法规，实现从教育政策专家决策逐步转向公众视角，从观念碰撞向数据证实转变，从"坐而论道"转向实地研究，凸显教师调查、教师意见表达及决策在教育政策制定中的基础性作用（侯佛钢、张振改，2013：20）。

为提高教师的整体素质，加强其作为政策主体的参与质量与效果，应加大教师自身培养力度，做好教师教育培训工作。本研究调研结果显示，民族地区基础教育阶段的外语教师 90% 以上都最渴望参加国家级的外语教育培训。外语教师通过参加这样的培训项目，可以开阔自己的视野，真正了解其他地区的外语教师都在开展哪些教学研究项目，对自己的教学实践有哪些启发，思考如何通过类似的研究项目促进自己教学业务水平的提高，如何开展与学生的互动对话，激发学生外语学习的兴趣。教师需要认真思考如何设计好每一节课，与学生沟通，践行"教育有法，教无定法"的理念，在教学设计和实施要求方面符合少数民族学生的认知发展水平，正确认识和处理好"教"与"学"之间的关系，在教学过程中"以意义为中心"而不是"以机械语言操练为中心"，关注语言学习的真实性、人文性和趣味性，发挥利用好多种教学资源（杨鲁新，2018）。基础外语教师还需要根据学生的社会背景和认识发展状况提高个人语言及教学能力，并开展与学生年龄相适应的外语教学活动（Copland & Garton，2014）。

在教育培训的项目方面，国内外的中青年外语教师访学交流项目是一个不错的选择，可以让教师根据个人发展兴趣，选择对应的培训课程和教育计划，在政策上不断规范化、系统化、常态化乃至特色化，把民族地区外语教育培训政策落到实处。在培训的课程和方向上，可重点关注双语教育、三语教育、民族语言教育以及筑牢中华民族共同体意识教育等方面的相关理论及实践经验。做好这项工作对于建设民族地区多元课堂文化环境具有深远的理论和现实意义，有助于教师对政策规划提供更有针对性的建议。

三　专家论证与公众参与在政策规划中的协调

如前文所述，外语教育政策属于公共政策的范畴，是对社会价值所做的权威性分配，直接关系到公众的切身利益，这也是公众参与公共政策最直接和最原始的驱动力。在价值的选择上，公众参与具有知识运用上的合理性，而在技术领域，过多的公众参与虽然能在一定程度上提高行政规则的正当性，但可能会耗费大量行政资源。在对公众参与的研究中，中西方学者多从政治学层面把公众参与同民主结合起来，从政策过程层面把公众参与同专家论证有机衔接。

针对民族地区的外语教育问题，本书文献综述部分曾提及有不少专家学者都进行过专题研究，但大多是从理论思辨层面进行的政策规划探讨，如苏岚（2017）认为，在课程选择方面，少数民族学生不仅要理解、认可英语文化和汉语文化，还要让自己的民族文化通过外语来表达和传递。针对少数民族学生外语学习的实证研究多关注学习策略、学习态度，如原一川、钟维、吴建西等（2013）通过问卷调查了解云南跨境少数民族学生的三语教育态度，提出了在语种、目标等方面的外语教育政策规划。

从其他参与主体的视角来看，本研究中的访谈部分内容体现了学生对于区域性政策规划的意愿和态度，如："我觉得应该有一个当地的属于少数民族的外语教育大纲。因为我们这边学英语都比较困难，口语方面尤其困难。有属于我们自己的一个大纲会好一些。"① "我觉得非常有必要在我们的外语教学内容中融进我们民族文化的内容，政府应单独出台民族地区的外语教育政策。……现在不断有外国游客来这边旅游，要想让他们了解我们的文化，就应该在我们的外语教学内容中融进我们传统文化的内容，融进我们的特色，融进我们的民族文化。"② 这些都可以作为微观层面公众参与视角下的政策规划建议。基层外语教师也认为地方性的教育政策规划不能让教师这一政策规划主体缺位，如陈老师说："我觉得基础外语教育政策的制定有一线教师参与进去比较好，非常需要有一线教师去承担相应的角色。因为教师长期和学生打交道，了解学生的发展状况，如他们在学习上需要什么，有哪些真正的诉求。有些政策可能并没有体现出老师和学生的需求。政策制定者必须非常了解基础教育才行，真的必须站在基础教育的这种立场上，制定出的政策才会更有效。有些政策不能落地，很矛盾。政策不好落地，就是因为缺乏一线调研。"③

　　由此可见，基础外语教育政策规划需要从公众如教师和学生的实际情况出发，制定符合地方和校本特色的外语教育实施方案或政策规划方案。

第三节　政策价值层面：关照教育公平与学生发展

一　基础外语教育与国内同步

　　党的十七大报告指出："教育是民族振兴的基石，教育公平是社会

---

① 摘自对学生的访谈文本 SMG2N1 - 1811。访谈时间：2018 年 11 月 15 日。
② 摘自对学生的访谈文本 SFG3N1 - 1811。访谈时间：2018 年 11 月 15 日。
③ 摘自对陈老师的访谈文本 CFT3 - 1811。访谈时间：2018 年 11 月 16 日。

公平的重要基础。"教育公平是社会公平正义的价值理念在教育领域的具体体现，是构建社会主义和谐社会的客观要求，也是科学发展观在教育中的具体要求。改革开放以来，党和政府始终坚持以发展促公平，以惠民政策来保障教育公平，以规范管理来维护教育公平，将公平的理念作为教育发展的政策取向。

教育公平的基本内涵是人人享有平等的受教育权利，这是现代教育的基础性价值之一。教育公平通过对人的全面教育来实现社会公平，通过发展人的潜能来建立公平健康的社会流动体系。在社会等级差距客观存在的情况下，教育提供了公平竞争、向社会上层流动的可能性。在我国，义务教育是基础教育中的核心部分，具有基础性、公益性和公平性的特点。均衡发展是义务教育本质特点的要求，是实现教育公平的基础和起点。2000 年底，我国向世界宣布基本实现了"基本普及九年义务教育"和"基本扫除青壮年文盲"的"两基"目标，在总体上实现了人人享有最基本的基础教育的目标，保障了所有儿童最基本的受教育权利，为推进教育公平奠定了坚实的基础。

教育公平包括横向和纵向两个方面。横向公平指不同地区和民族的个人都应该享有平等接受教育的权利（个人特殊因素除外）。纵向公平涉及起点、过程和结果公平。起点公平是指所有的人都具有接受各级各类教育的平等机会，并能够通过教育来发展自己的潜在创造能力，不会受到家庭经济收入状况、性别、文化背景和其他方面因素的影响。过程公平则是指针对某些起点不公的现实，通过相关的制度、政策来体现和保障教育公平。如在某一教育阶段学习的过程中，每个人能够得到平等的对待并能平等地享受教育资源。结果公平则是针对教育的结果而言的，最终体现为学业成绩和教育质量上的平等（郑克岭，2007）。教育均衡发展是指在相关法律法规的监管下，保障公民或未来公民享有同等的受教育权利和义务。以制定政策及调整资源分配的方式提供相对均等的教育机会及条件，秉承公正客观的态度及科学有效的方法，实现教育效果与成功机会方面的相对均衡。民族教育的均衡发展和整个社会的良性运行与和谐发展息息相关。

民族地区教育的非均衡发展原因包括很多方面，但根本原因在于区域经济发展水平和文化发展水平上的差异。本研究认为贵州应该继续抓住西部大开发的有利时机，加大在民族教育方面的资金和人才投入力度。从本书第三章所统计的经费投入情况来看，民族地区在生均教育事业费用上与东部地区的差距比较明显。2017 年，贵州普通小学、初中及高中生均一般公共预算教育事业费支出分别为 9753.05 元、11273.06 元和 10637.85 元，尽管每一年较前一年都有所增长，但是东部地区如上海、浙江、广东 2017 年普通小学此项支出却分别是 20676.54 元、12908.55 元、9997.31 元；普通初中分别是 30573.39 元、2056412 元、16084.37 元；普通高中分别是 38966.34 元、23965.22 元、15642.56 元，相比之下差距是非常明显的，因此应加大民族地区教育方面的经费投入力度，地方各级财政需要在民族地区教育事业上给予一定的补助，可以通过设立民族地区教育专项基金等措施来扶持民族地区教育事业的发展。

此外，可以通过出台相关的惠民政策保障教育公平。我国幅员辽阔，民族众多，地区发展极不平衡。近年来党和政府采取了一系列惠民政策，如义务教育阶段实施的"两免一补"政策、家庭经济困难学生资助政策、保障进城务工人员子女接受义务教育政策、关注农村留守儿童健康成长及教育精准扶贫政策等，极大地改善了部分群体受教育困难的状况，基本体现了教育政策的价值所在，在一定程度上保证了政策的合法性和有效性。

本研究是建立在公共政策学、教育政策学等学科基础之上的，正如第二章的理论基础部分所言，公共政策的价值取向体现为公平、正义，而其核心内容是公共利益。学生是教育活动的主体，新时代的教育政策应该秉持以学生的全面发展为中心的教育理念。中学阶段的学生正处在青春期，情绪波动较大，再加上民族地区的自然条件相对比较封闭，获取信息资源的渠道也比较有限，外语学习的难度也较大，如果不根据学校和地区特点来制定相关的教育政策，教学效果很难保证，最为关键的是民族地区学生的个人成长和发展有可能会受到一定的影响。

二　基础外语教育与国际接轨

改革开放以来，我国的外语教育理念逐步从工具意识向语言文化意识转变，从单纯学习英美文化的"单向"文化输入逐步转变为"双向"式的跨文化互动交流。众所周知，一个民族的语言承载着该民族的历史和文化传统，并反映着民族同胞的思维和行为方式，负载着深刻的文化底蕴。现实中有不少学生的英汉互译文本支离破碎、惨不忍睹，出现了"只可意会不可言传"的尴尬情形。因此，外语教育理念应该从表层上的警惕英美文化强势"殖民"观念转变为基于本国文化自觉的跨文化沟通教育理念。

本研究调查数据显示，有 91.4% 的教师认为新时代的外语教育注重培养学生的国际视野能力。《英语课标 2017 版》中的"文化意识"部分也提出，学生应具有足够的文化知识，尊重和理解文化多样性，培养国际视野能力，进一步坚定文化自信，能够用所学的英语描述、比较中外文化现象。近年来，我国的国际影响力与日俱增，随着民族文化自信心的增强及近年来对外交流的长足发展，我们需要了解西方的文化背景，更需要把我们自己的文化和理念通过外语这一媒介传达给对方，外语教育中人文环境的变化必将促成跨文化意识的双向成长。这种双向成长以中华民族的伟大复兴及"中国文化走出去"战略为背景，强化本民族的语言文化素养，英语学习者应自觉地在英语语言文化和本民族语言文化之间进行对比学习，并养成主动感知文化差异及沟通文化差异的意识和能力（赵海燕，2013）。

新课程改革背景下，基础教育阶段的外语课程设计应紧跟时代发展要求，采用先进的教育理念不断革新课程教学模式。当前跨文化交际日益频繁，基础外语教育更应该强调对学生跨文化意识方面的培养，在语言学习之外，通过比较、理解和应用不同的语言文化，拓展国际视野，坚定文化自信，满足学生多样化和个性化的外语发展要求，提高学生的跨文化交际能力（黄敏，2018）。

当前民族地区的外语教育政策滞后于新时代的国家发展战略与态势，随着"自主创新""中国文化走出去"等政策的深入实施推进，亟须构建符合时代特点和体现民族地区优势的多元和谐外语教育政策。一方面，要与国内同步，分享优质教育资源；另一方面，要通过外语教育的平台与国际接轨，助力中国文化走向世界。

三　学生外语学习与个人成长

在1998年召开的世界首届高等教育大会的宣言中，联合国教科文组织要求国家和高等教育决策者把学生及其需要作为关注的重点来制定相关政策，同时预言"以学生为中心"的新理念必将对未来的教育格局产生重大影响。"以学生为中心"的教学理念，在20世纪90年代后多媒体和网络技术逐渐普及和建构主义学习理论影响下应运而生，强调学生是学习活动的主体，是意义的主动建构者（欧颖、方泽强，2016：89）。

建构主义学习理论认为，学习是学生自主建构原有学习经验与新经验的过程，通过自主建构学习经验，学生的学习效果和受教育质量才能达到理想状态。人本主义心理学强调天赋人性，关注人的意识所具有的主动性和自由选择性，主张人可以根据自己的意向来确定自身的价值所在。以上观点为"以学生为中心"的教学观奠定了坚实的基础（陈坚林，2005b：4）。时至今日，该理念也被认为是新时代基础教育改革的核心命题，突出强调以学生为中心的教育思想。"以学生为中心"主张学习环境的开放性和学习方式的灵活性。其既体现差异性又强调多样化，以满足学习者个性化的学习需求。教师鼓励学生勇于涉猎未知的及不确定的领域，培养自己做出抉择的信心和勇气。学生被看作外语教学的主体和外语知识的主动构建者。基础教育阶段的外语学习活动强调以学生为主体的整合性学习模式，通过主题语境、语篇类型、语言知识、文化知识、语言技能及学习策略等维度来实现。

本研究调查数据显示，有 88.3% 的外语教师认为新时代民族地区的外语课堂应以学生为中心组织教学活动。《英语课标 2017 版》的基本理念也强调落实立德树人根本任务，满足学生个性化发展需求。以学生为中心，强调教学应该从学生学习需要的角度出发，学生是学习的主体，教师围绕学生的需要进行教学，同时也要求学生具有较强的求知欲和学习能力，从被动学习转向主动学习。信息化时代大量学习资源的共享，为多元学习模式提供了丰富多彩的学习材料，满足了个性化的学习需要。学生通过参与式学习调整认知方式，从而获得丰富的学习体验，创设更多的学习机会和条件（尤慧、朱文芳，2019：125）。教学评估不再只关注学生的学习结果，而是把重点放在学习过程的体验上，承认学生之间的个体差异并尊重学生的自主选择。

然而，在凸显学生主体地位的同时也有可能会出现一些让人焦虑的问题。教师在课堂教学上放手，无疑会在一定程度上淡化教师的主导地位，学生自主性的发展有可能异化为一种"散漫"行为，甚至可能出现"以学代教""只学不教"的问题（乔丽军，2016）。学生是课堂活动的主体，基础教育阶段课堂教学的真正目的需指向学生的学习。课堂教学中的有关教学行为和课程设计是引起和促进学生有效学习的条件和手段，使学生能动参与课堂学习活动并有效完成学习任务是教师的作用所在（冉亚辉，2018）。因此，在课堂教学中，单纯的外向型兴趣驱动还不足以实现学生全面发展的目标，而应该与更高层次的内涵型价值驱动相结合，这才是学生情感自主及情绪自控的最佳动力。教师需要紧扣学科价值导向，深入理解兴趣驱动的真实内涵并正确处理其在教学中的地位，做到既生动活泼而又严肃认真，以价值目标为"体"，以激发兴趣为"用",力争做到"有的放矢",始终将价值导向贯穿于兴趣驱动的全过程。

人本主义学习理论主张将学习看作个体因内在的需求而求知的过程,在这一过程中,个体既学到了知识和良好的行为方式,更重要的是通过学习促进了自身人格的健全和完善。在本研究的田野调查阶段,笔者了解到有些学生的心理压力过大,有的来自家庭经济负担过重,有的因为外语考试成绩不理想,还有些是因为感情问题没有处理好等。然而,据笔者所知,这些学生的问题大多数没有能够得到较好的解决,学生感觉很失望,自然没有心思好好学习,成绩也上不去,形成恶性循环,甚至还有可能酿成一些悲剧。从这个层面来说,学校可以开展相关的心理辅导或者咨询课程,帮助学生不断克服在外语学习过程中遇到的困难,了解学生的心理发展变化,实现新时代新课标背景下的"课程育人"目标。

当前的基础外语教学改革注重培养学生的自主意识、自觉性及能动性,学生也逐渐意识到自我的主体地位并开始在课堂环境中充分展现自己各方面的才华,最大限度地获取各种教育资源。与此同时,部分学生的自我中心主义也随之膨胀,将个体利益凌驾于集体利益之上。当前,有限的教育资源并不能完全满足个体学生的所有诉求,政策的规划者需要协调个性发展与追求共性的价值诉求,让民族地区的外语教育为少数民族学生插上腾飞的翅膀,使其勇敢追梦未来。

第四节　本章小结

本章从政策过程规划、政策内容规划以及政策价值规划三个层面提出了有针对性的对策建议。首先,本研究认为贵州基础教育阶段外语教育政策内容规划应该凸显地方性和校本层面的特色。从语言资源观的角度逐渐解决外语教育中民族文化缺位的问题；从多元文化的视角制定贵州基础教育阶段的外语教育政策；逐渐缩小区域差异，加强贵州基础外语教育信息化建设。其次，提出了政策过程规划中的多元政策规划主体共同参与的观点，认为政府决策应该与公众参与进行对应衔接；要充分发挥教师作为政策主体在政策规划中的能动作用；专家论证应该与公众参与进行有机整合协调，关照其他利益群体如学生和教师的参与意愿。最后，政策价值规划方面需要关照基础教育阶段教育公平的理念和学生的全面发展，将学生的外语学习与个人成长结合起来，与国内同步，与国际接轨。

第一节　研究结论

　　本研究的主要内容是外语教育政策规划，包括政策内容规划、政策过程规划、政策价值规划。本研究属于政策规划研究，具有较强的跨学科性质。全书以外语教育政策内容、政策过程、政策价值为分析框架，以语言政策与规划理论、公共政策学理论等为理论基础，通过先导研究及正式研究，重点考察了三个问题，并针对这三个问题采用了量化研究与质化研究相结合的混合研究方法，具体来说，主要采用了问卷调查法、内容分析法、访谈法等收集量化及质性数据。调查问卷的编制维度主要是根据本研究的问题及其所牵涉的变量来设计的。问卷的正文部分主要包括政策内容、政策过程及政策价值三个维度。其中政策内容共有四个子维度，分别是外语课程实施方案、外语教育培训、教师工作计划、外语考试测评；政策过程包括三个子维度，分别是政策制定、政策执行及政策评价；政策价值包括政策公共价值追求、政策主体价值倡导以及利益群体价值协调。研究考察地区是贵州的民族自治州及黔北地区的几个少数民族乡镇，调查对象是上述地区基础教育阶段的外语教师、学生及相关的行政领导。笔者通过实地调研及网络交流，共收集到242份调查问卷，其中网络版86份，纸质版156份。剔除掉20份无效问卷后，最后有效问卷有222份。利用SPSS 22对有效样本的量化数据部分进行描述性统计分析，结合政策文本分析及访谈数据分析，形成三角验证，得出以下结论。

一　贵州基础外语教育在政策内容、政策过程及政策价值方面的基本特征

（一）政策内容方面

研究数据显示有超过 80% 的外语教师肯定了外语课程实施方案在教学工作中的重要性。他们认为外语课程实施方案的指导有利于外语教学工作的开展。有 16.2% 的教师认为学校并不会根据国家课程标准制定校本课程实施方案。调查中笔者发现，贵州中小学（被试样本）很少有校本层面的教学大纲，而按照《英语课标 2011 版》的要求，各学校应该根据自己的实际情况，制定符合本校实际的教学大纲。尤其是民族地区的学校，少数民族学生占比大多在 85% 以上，有的甚至超过 95%，如果按照统一的教学大纲，既体现不了地方特色，也会在一定程度上影响少数民族学生学习外语的积极性。国家层面的课程标准是针对全国各地的中小学的，而民族地区有非常特殊的文化语境和地域特色，学生学习外语实际上属于三语教育范畴，因此按照汉族地区的教学方法，采用一样的教学材料，而不加以调适，很难适应民族地区学生的实际情况。

此外，86.5% 的教师认为民族地区需要多元化的外语教育政策。贵州地区的多语多言环境为民族地区学生的外语学习增加了一定的难度。如果能考虑民族地区学生的心理及个性特征，采用民族文化进外语课堂的方法，激发民族地区学生外语学习的兴趣，其效果定会大不一样。此外，最为重要的一点是有 87.8% 的教师认为当前民族地区基础外语教材中民族文化内容比较缺乏。在当前的"中国文化走出去"背景下，民族文化缺位对于中国文化的传承传播以及与世界优秀文化的交流对话将会产生不利影响。

通过进一步分析，本研究发现，不论是汉族外语教师还是少数民

外语教师，绝大多数都认为民族地区需要多元化的外语教育政策。这说明从外语教师作为政策制定参与者的角度来说，民族地区基础外语教育政策的制定需要考虑多元化的因素，主要体现在教学材料的多元化、教学方法的多元化以及教学理念的多元化。

在外语教育培训方面，有90%以上的教师最渴望参加国家级的外语教育培训，92.3%的教师表示参加培训的目的是拓展自己的专业知识。教师只有不断地更新自己的专业知识结构，提高自己的教学业务水平，教学效果才能有所保障。在外语考试测评方面，超过90%的教师认为新时代的外语教学应注重对学生听、说、读、写等外语技能的训练。在教师工作计划方面，95%的教师表示会采用多媒体及信息技术开展外语教学活动，同时也有超过80%的教师表示能够根据民族地区学生的实际情况制定相应的教学计划，将近80%的教师表示自己所在的外语教研小组会统一制定集体备课教研活动方案，这也说明基础教育阶段的外语教育在教学准备活动方面做得还是不错的。

（二）政策过程方面

政策制定方面，对于是否有可能参与外语教育政策制定的问题，有76.1%的教师表示有这个可能；同时有91%的教师表示愿意为当前的基础外语教育政策建言献策，其中工作年限在11~20年的教师最多，占比95.2%，这表明工作年限长的教师更加愿意参与相关的政策制定过程。正如国外学者所言，教师不仅仅是政策的执行者，同时也应该是政策制定的参与者（Ricento & Hornberger，1996）。

政策执行方面，针对前面提及的贵州外语教育中民族文化缺位问题，有75.7%的教师表示自己的外语教学活动中会融入民族文化的相关内容。但从比例来看不是很高，于是笔者对教师进行了访谈，得知是因为教师们会受到外语课时的限制，如果在正常上课内容中加入太多课外的内容，将会大大影响课本内容的讲授。

政策评价方面，大多数教师都认为外语课程的评价应体现学生在评价中的主体地位，其内容和方式应以促进学生的发展为目标。随着评价体系的日趋完善，逐步形成了终结性评价和形成性评价相结合的方式，这样既考察了学生平时的学习效果，又综合考察了学生的整体水平，同时对教师的考核也比较客观。

（三）政策价值方面

有 85.1% 的教师认为新时代民族地区的外语教育是传承传播本民族文化的一种方式和平台，其公共价值追求在一定程度上体现了民族文化传承的功能。从政策价值所表现出的特征来看，政策公共价值追求部分各题项均值都在 4 分以上，说明外语教师大多比较认可民族地区外语教育的公共价值属性。尤其是在少数民族学生外语学习的不同特点及个体差异方面，更是有 93.2% 的教师认为外语教育需要关注民族地区学生外语学习的不同特点和个体差异。从政策主体价值倡导维度来看，多数教师都认为新时代民族地区的外语课堂应以学生为中心组织教学活动，培养学生的自主学习意识和能力；有 88.7% 的教师认为基础教育阶段的外语课程基本理念是落实立德树人的根本任务，这与《英语课标 2017 版》的理念是相符的，也说明大多数的外语教师还是关注国家的宏观外语教育政策的。

二　贵州基础外语教育政策与国家基础教育阶段的教育政策对应衔接有待完善

从上述政策内容、政策过程及政策价值三个方面所表现出来的特征来看，民族地区基础外语教育在政策规划方面还存在诸多不足，尤其是在外语教育培训、外语课程实施方案的制定方面亟须完善。

（一）政策内容方面

《英语课标 2001 版》明确指出：在义务教育阶段开设英语课程对于青少年的未来发展具有重要意义。学习英语不仅有利于他们更好地了解世界，学习先进的科学文化知识，传播中国文化，增进他们与各国青少年的相互沟通和理解，还能为他们提供更多的接受教育和职业发展的机会，帮助他们形成开放、包容的性格，发展跨文化交流的意识和能力，促进思维发展，形成正确的人生观、价值观和良好的人文素养。英语课程具有工具性和人文性的双重性质。

再对照下笔者个案研究的两所学校（分别用 A、B 代替）。首先看 A 校的情况。通过与学校副校长的交流得知，该校并没有根据国家英语课程标准来制定校本的外语课程实施方案。外语教研组组长给笔者提供了该校与外语教育相关的电子文本材料，主要是教研计划、教学活动方案、外语教研组集体备课方案（见附录四）等，里面的内容几乎都与考试密切相关，以知识传授为主要目的，忽视了学生的实际外语应用水平的培养和提升。B 校的七年级英语组计划中的核心内容是：加强备课组团队建设，全方位建设学习型团队；推进有效教学，全面提高教学质量（见附录六）。把提高教学质量的主攻点确定在课堂的有效教学上，要求强化打造精品课堂意识。学生的人文素养培养方面几乎没有提及。在外语教育培训方面，大多数教师表示希望有机会外出参加培训，也有通过教师培训专项基金出去培训过的教师，但是由于时间较短，他们感觉收获不是很大。从以上层面来进行考察，贵州基础外语教育政策内容与国家的宏观教育政策对应衔接还有待完善。

（二）政策过程方面

尽管数据显示有超过 90% 的教师愿意为当前的基础外语教育政策建言献策，但是现实情况是一线教师参与相关政策规划及讨论的机会微乎其微。甚至有教师提出："我不知道国家这方面是什么政策，就是政策的制定者一般都是哪些人。有些政策可能并没有体现出老师和学生的需求。政策制定者必须非常了解基础教育才行，真的必须站在基础教育的这种立场上，制定出的政策才会更有效。……"[1] 而《英语课标 2017

---

[1] 摘自对陈老师的访谈文本 CFT3－1811。访谈时间：2018 年 11 月 16 日。

版》中明确指出要积极发挥广大一线外语教师及学生在政策规划中的能动作用。这一点也体现出贵州基础外语教育政策与国家宏观教育政策之间的契合度不够。

（三）政策价值方面

数据显示，有 85.1% 的教师认为新时代民族地区的外语教育是传承传播本民族文化的一种方式和平台，体现了外语教育政策的公共价值追求。然而，教学实践中，由于外语课时有限、升学压力等，教师的教学内容较少关照到民族文化的内容，对于学生的外语学科核心素养的培养也只能是随便应付，尤其是偏远的乡镇很难贯彻执行《英语课标2017 版》中的理念。

三　公众参与规划贵州基础外语教育政策的必要性

第一，从公众参与即教师、学生及基础教育相关行政领导等利益群体参与的视角考察贵州基础外语教育政策规划问题，应本着"基于实践、问题驱动、政策指向"的基本理念，从贵州的实际情况出发，找准问题，再提出相关的咨政建议。本研究建议，在政策过程规划中实行多元政策主体共同参与。由于民族地区的教育环境与国家的外语教育政策要求之间存在一定的差距，应从各地区各学校的实际出发，将政府决策与公众参与的政策规划模式对应衔接，充分发挥教师作为政策主体在政策规划中的能动作用，在专家论证和公众参与之间进行合理协调。民族地区教师和学生在政策过程中的边缘化状态以及自我迷失，导致相关的教育政策执行效果不容乐观，政策主体的价值定位模糊，公众参与的意愿与现实政策要求还需要对应衔接。可拓展公众参与政策规划的渠道，如通过召开座谈会、听证会、研讨会或学术交流会议多方听取对策建议。

第二，在政策内容规划中凸显地方性与校本层面的特色。基于人本主义学习理论制定极富校本特色的外语课程实施方案是政策内容规划的重点。从语言资源观出发逐渐解决民族地区外语教育中的民族文化缺位问题，制定贵州多元化的外语教育政策，加强贵州基础教育阶段外语教育信息化建设。

第三，在政策价值规划方面关照教育公平与学生的全面发展。贵州基础教育阶段的外语教育政策价值在追求体现教育公平的同时，应该着力促进不同文化类型之间的交流互动，尤其是在学生的外语学习与个人成长方面，单纯的兴趣驱动不足以让学生回归课堂，应将内涵驱动与兴趣驱动有机结合。促成贵州基础教育阶段外语教育与国内同步，与国际接轨，让贵州的学生通过接受外语教育站得更高，看得更远。

第二节　研究启示

新时代背景下，贵州基础外语教育政策规划需要考虑当地特殊的人文环境和社会环境、学生所面临的多语多言的语言环境，以及广大教师和学生、基层行政领导参与政策规划的能动作用等。本研究基于前面的研究成果，从民族地区的实际情况出发，结合当前的教育政策规划理论与实践，得出了以下几个方面的启示。

一　凸显地区及校本特色的外语教育政策更能有效提高教学质量

改革开放 40 余年来，我国的外语教育在取得了较大成就的同时也还存在不少问题。如饱受诟病的"费时低效"，以英语为主要语种的同质专业盲目扩张以及在政策和规划上存在重大缺失（胡文仲，2001，2009）。这种缺失体现在政策制定缺乏中长期的全盘规划，更为突出的是在全球性区域性经济一体化进程加快、世界日益多元化的今天，我国外语教育政策的制定还是自上而下的权威模式，较少结合各地区及学校特色，以及社会发展对人才不同需求的实际，教师和学生在政策过程中的能动性没有得到体现。

正如 Canagarajah（2005：XIV）所言，地方性在当代全球化进程和知识话语体系中没有受到重视。他认为，在语言教育政策规划和实践中，应尊重地方性的价值及其法律性，而不是让其成为主流话语及权势群体机构的附属物。地方性应该成为从全新视角给语言、身份、知识和社会关系进行重新定位的学科知识。在更为多元的话语体系中，地方性应该成为建构语境性知识的关键力量。

我国各地区的情况差异很大，社会经济发展水平也不一样。民族地区大多地处相对偏远的西南或西北边境，自然条件相对落后，经济、文化、教育等资源也相对匮乏。在外语教育政策上应该因地制宜，根据民族地区的特殊环境，考虑学生外语学习的困难，从而制定相应的外语教育政策，既让民族地区的外语教育跟上汉族地区的水平，同时也提高整体少数民族同胞的外语水平和跨文化沟通能力，达到与国内同步、与国际接轨的目标。

二　提高基础外语教师的文化素养是提高学生外语水平的有力保障之一

民族的希望在教育，教育的希望在教师。民族地区的外语教师既懂本地区的民族语言，又懂外语，还懂汉语，具有其他地方外语教师没有的优势。这样的优势让这些教师具备了得天独厚的天然优势，在与民族地区学生交流的过程中，很容易产生共鸣，在外语教学方面也能够结合本民族的语言文化，增加民族地区学生外语学习的兴趣和动力。然而，由于各方面条件限制，如师资紧缺、课时安排较多，教师外出培训的机会非常少。在当今的信息化时代，如果教师不能实时更新自己的专业知识结构，拓展自己的知识面，就很难与学生分享前沿的学科知识动态，提高自己的教学质量，促进本地区外语教育事业的发展。因此，从这个层面来说，提高民族地区外语教师的专业水平，尤其要提高广大一线外语教师的信息化业务水平，将信息技术与外语教学实践进行深度融合，提高外语教学质量，满足学生的个性化学习需求，将民族地区的外语教育与民族文化传承有机结合起来，促进民族地区基础外语教育的全面发展。

三 基础教育中的核心价值观能帮助学生树立正确的人生观和价值观

基础外语教育必须体现国家意识和主流价值观，这对处于基础教育阶段的学生来说属于情感教育的范畴。新时代的外语教育以核心素养为人才培养标准，要培养具有中国情怀、国际视野、文化意识、思维品质、人文素养以及沟通能力的人（史新蕾、王晓涵，2018）。民族地区的外语教育要帮助学生确立正确的国家观、历史观、民族观和文化观。学生要对自己的国家、历史、民族和文化有清醒和正确的认识，否则就有可能在学习外语的过程中迷失方向，逐步产生文化落差，甚至文化自卑，进而使民族文化丧失根基和本源。需要在坚定本民族文化自信的同时，积极关心关注人类命运共同体的建设，与来自多元文化背景的人进行交流与合作。

四 以学生为中心的外语教学模式更能发挥学生潜能并促进其全面发展

《英语课标2017版》修订的基本原则是关注学生个性化、多样化的学习和发展需求，促进人才培养模式的转变，着力发展学生的核心素养；遵循教育教学规律以及学生的身心发展规律，根据学生的思想、学习及生活实际，了解学生的成长需要，促进每个学生的健康发展。由此不难看出，新时代民族地区的外语教育应将学生的发展作为课程目标的重要指标，充分考察民族地区学生在外语学习中的个性化需求，让学生的潜力得到最大限度的发挥和挖掘，真正践行以学生为中心的外语教学理念。

五　多元化的政策规划主体共同参与政策过程更能有效完善教育政策

如本研究前面所言，政策规划的三个主体层面分别是政府决策、专家论证及公众参与。政府决策在政策制定过程中占据主导地位，而专家论证在政策制定过程中的作用也不容忽视，通常是通过出版著作或发表文章对相关的政策进行解读，引导舆论。鉴于专家论证环节中个体知识结构的单一性（陈波，2005）、滞后性与政策时效性要求之间的矛盾和冲突，应进一步优化专家论证的结构。而公众自身的因素，如公众自身的知识储备不足等，也会影响公众参与的质量与效率。为使政策更能发挥其应有作用，应逐渐拓展政策规划参与主体的领域和视角，形成多元化的主体参与模式。

第三节　研究创新点

本研究主要考察的是贵州基础教育阶段外语教育政策规划，与以往类似研究既有联系又有区别，创新之处在于以下三点。

第一，在研究方法上，本研究采用量化研究与质化研究相结合的混合研究设计，突破了以往政策研究大多偏质化研究的局限。研究采用自下而上的实地调研来收集相关数据，访谈人员涉及教育部门分管基础教育的领导、中小学主管教学的副校长、中小学外语教研组的组长、外语骨干教师、外语一线教师、各年级的学生。在田野调查的过程中，笔者与基础教育阶段的外语教师和学生进行了广泛的接触和交流，同时也批判性地听取了相关行政领导的意见和建议，形成了相对客观的基础外语教育政策规划建议。

第二，在研究视角上，本研究立足于外语教育政策规划研究的新时代背景及贵州基础外语教育政策规划的现实状况，从公众参与的视角，结合教育学、公共政策学、语言政策学等学科理论研究贵州基础外语教育政策规划问题，突破了现有文献大多从政府决策及专家论证视角研究政策规划的局限，从政策内容规划、政策过程规划及政策价值规划三个维度，考察贵州基础外语教育中的外语课程实施方案、外语教育培训、政策制定、政策公共价值追求等，为新时代贵州基础教育阶段的外语教育提供政策规划上的支持和保障。

第三，在研究选题上，关注贵州基础教育阶段的外语教育政策规划问题，与现有研究形成互补。目前有关外语教育的文献绝大多数聚焦高等教育阶段的外语教育及相关政策规划。基础教育阶段的外语教育研究以教育实践为主，如关注高中外语的写作策略问题、如何提高外语阅读理解能力等，从政策学的视角对该问题展开研究的文献并不多见。

第四节　研究局限与研究展望

本研究虽然通过实证研究获得了较为翔实的研究数据，取得了一定的研究成果，但由于笔者个人的能力及条件有限，仍然存在一些不足和局限之处，主要有以下几个方面。

第一，本研究从公众参与的视角研究贵州基础外语教育政策规划问题，主要研究对象是基础教育阶段的教师和学生，以及与基础教育相关的行政领导。尽管这三类群体都是教育活动场域中最直接的利益相关者，也符合政策学研究的基本要求，但是由于时间及个人能力有限，其他的利益群体如政策制定专家等在本研究中并未涉及。这主要也是因为本研究采用的是自下而上的政策学研究路径和方法，不像历史—语篇范式偏重政策文本及政策制定者的研究，但从研究路径的完整性上来说这是本研究的局限之一。后续研究将在这方面进行拓展和挖掘。

　　第二，在研究的样本上，尽管从大的区域来说涵盖了贵州的三个少数民族自治州、其他少数民族县及乡镇，但是在学校的选择上初中和高中的样本较多，小学较少。一是因为部分学校在进行整合，许多村镇小学已经重新组合成新的学校；二是因为小学外语教师数量不多，这也给本研究的样本选择造成了一定的困难。之后的研究将在样本分布方面尽量保持均衡。

　　第三，资料的深度挖掘和分析技术水平也有待进一步提高。本研究的政策文本及访谈转写文本部分的分析均是通过人工归并分析的方式进行的，因此带有一定的主观性。在今后的研究中，笔者将尝试借助分析软件进行质性数据的分析，以增强研究材料分析的客观性和科学性。

贵州基础外语教育政策研究调查问卷
——中小学教师版

亲爱的老师：

您好！我们来自上海外国语大学语言政策与外语教育政策课题组，很荣幸邀请您参与此次问卷调查。本问卷调查的目的在于了解贵州基础外语教育实践及政策实施状况，希望能得到您的帮助。您的参与对我们的研究非常重要，请您依照个人真实想法如实填写。调查采用匿名形式，答案没有对错优劣之分，结果仅供本研究使用，请放心填写，谢谢！

第一部分：基本信息。请根据您的实际情况在相应选项上画√，不要遗漏，谢谢。

1. 性别：A. 男　　　B. 女

2. 民族：A. 汉族　　B. 少数民族

3. 会不会讲自己的民族语言：A. 会　　　B. 不会

4. 受教育程度：A. 专科　　B. 本科　　C. 研究生　　D. 其他

5. 从事外语教学工作的时长：

A. 5 年及以下　　B. 6 ~ 10 年　　C. 11 ~ 20 年　　D. 21 年及以上

6. 所任教的学校所在地区：

A. 黔东南　　B. 黔南　　C. 黔西南　　D. 其他民族县、乡镇

7. 目前您使用的外语教材是：

A. 人教版　　B. 仁爱版　　C. 湘少版　　D. 其他

8. 您现在所教的年级属于哪个学段？A. 小学　　B. 初中　　C. 高中

第二部分：单项选择题。

（一）贵州基础外语教育现状调查。请您根据自己的真实感受在相应的选项上画√并请逐项填写，不要遗漏，谢谢！

9. 您是通过以下哪种途径了解中小学外语教育政策的？_____。

A. 报纸电视宣传　　　　　　　B. 教育与培训

C. 专门的政策传达　　　　　　D. 其他

10. 您认为自己在外语教育政策中扮演的角色是_____。

A. 政策的落实者　　　　　　　B. 政策制定的参与者

C. 既是落实者也是参与者　　　D. 既不是落实者也不是参与者

11. 您认为制定基础外语教育政策需要_____。

A. 广泛听取各学校管理者的建议

B. 深入教学第一线听取教师及学生的意见

C. 了解学校基层情况

D. 考虑地区差异性和局限性

12. 您认为影响外语教育政策执行最关键的因素是_____。

A. 行政部门　　　　　　　　　B. 教研部门

C. 考试制度　　　　　　　　　D. 外语教育政策本身

（二）贵州基础外语教育政策内容、政策过程及政策价值考察。请您仔细阅读每一句话，并选择您认同的程度，在相应的数字上面打√。

1＝非常不同意　2＝不太同意　3＝不确定

4＝基本同意　　5＝非常同意

选项	非常不同意	不太同意	不确定	基本同意	非常同意
外语课程实施方案的指导有利于外语教学工作的开展	1	2	3	4	5
民族地区需要多元化的外语教育政策	1	2	3	4	5

续表

选项	非常 不同意	不太 同意	不确定	基本 同意	非常 同意
当前民族地区基础外语教材中民族文化内容比较缺乏	1	2	3	4	5
最渴望参加国家级的外语教育培训	1	2	3	4	5
参加培训的目的是拓展自己的专业知识	1	2	3	4	5
可以通过教育专项资金出去进修或参加教学研讨会	1	2	3	4	5
新时代的外语教学应注重对学生听、说、读、写等外语技能的训练	1	2	3	4	5
基础教育阶段应合理协调素质教育与应试教育之间的矛盾	1	2	3	4	5
学生外语分数的高低与学生实际水平之间并不一定成正比	1	2	3	4	5
会采用多媒体及信息技术开展外语教学活动	1	2	3	4	5
根据民族地区学生的实际情况制定相应的教学计划	1	2	3	4	5
外语教研小组会统一制定集体备课教研活动方案	1	2	3	4	5
学校根据国家课程标准制定校本课程实施方案	1	2	3	4	5
基层外语教师也有可能参与外语教育政策制定	1	2	3	4	5
为当前的基础外语教育政策建言献策	1	2	3	4	5
当前的外语教育政策在学校外语教育实践中得到了落实	1	2	3	4	5
外语教学内容会严格按照课程标准中的要求执行	1	2	3	4	5
外语教学活动中会融入民族文化的相关内容	1	2	3	4	5
外语课程的评价应体现学生在评价中的主体地位	1	2	3	4	5
外语课程的评价内容和方式应以促进学生的发展为目标	1	2	3	4	5
新时代民族地区的外语教育是传承传播本民族文化的一种方式和平台	1	2	3	4	5
民族地区开展外语教育活动体现了教育公平	1	2	3	4	5
外语教育需要关注民族地区学生外语学习的不同特点和个体差异	1	2	3	4	5

续表

选项	非常 不同意	不太 同意	不确定	基本 同意	非常 同意
基础教育阶段的外语课程基本理念是落实立德树人的根本任务	1	2	3	4	5
外语课程中的文化意识体现了外语学科核心素养的价值取向	1	2	3	4	5
新时代民族地区的外语课堂应以学生为中心组织教学活动	1	2	3	4	5
新时代的外语教育注重培养学生的国际视野能力	1	2	3	4	5
新时代的外语教育注重培养学生的爱国意识	1	2	3	4	5
民族地区外语教师的地位和待遇有待进一步提高	1	2	3	4	5

第三部分：开放式问题。填写说明：请根据自己的实际情况扼要填写。

1. 您对当前贵州外语教育政策的制定、执行和评价有什么看法？

2. 您对贵州基础教育阶段外语教育政策还有哪些方面的建议和看法？

感谢您的支持，如果您有进一步的想法和建议，请留下您的联系方式，也可以将您的想法发到我的邮箱：frankfu7882@ 126. com。

贵州基础外语教育政策研究教师访谈提纲

亲爱的老师：

您好！非常感谢您配合参与本次访谈。我们的目的是了解贵州省基础教育阶段外语教育实践及政策规划的一些基本情况，以期进一步促进贵州省中小学外语教育的全面发展。此卷不会透露您个人的任何信息，您的回答没有对错优劣之分，调查结果仅供本研究使用。请您根据自己的实际情况回答，谢谢您的帮助和配合！

1. 受访教师基本信息

性别	年龄	所教年级	学历	学位	备注

2. 请您根据实际情况简要回答以下问题，谢谢。

（1）请问您是什么民族？会自己的民族语言吗？

（2）您认为外语课程在民族地区中小学是作为必修课好还是作为选修课好？为什么？

（3）您认为民族地区的学生学习外语最大的困难是什么？

（4）你们学校在鼓励少数民族学生学习外语方面做了哪些工作？

（5）您认为在民族地区的外语教学中融入少数民族文化有可能吗？应如何操作？

（6）您会使用信息技术（多媒体网络、计算机、微信等）来开展或辅助外语教学吗？

（7）您的外语课上一般都采用哪些活动来提高少数民族学生的学习兴趣，如短剧表演、游戏、歌曲、讲故事等？

（8）您认为有必要编制少数民族外语教育的校本教材吗？为什么？

（9）您认为外语在民族地区中小学有受到重视吗？

（10）你们有集体备课吗？一般都是怎么进行的？

（11）教育部提出组织各学段学生发展核心素养（语言能力、文化意识、思维品质、学习能力）体系，您认为这个要求对您的教学理念和教学方法产生了哪些影响？

3. 请您根据实际情况简要回答有关政策方面的问题，谢谢。

（1）您认为一线教师有可能参与外语教育政策的制定吗？

（2）您认为有必要针对民族地区的学生制定相应的外语教育政策吗？

（3）您认为英语课程标准在贵校的落实情况如何？

（4）您认为制定外语教育政策的价值主要体现在哪些方面？

（5）您认为有必要在民族地区的外语教材中融入民族文化的相关内容吗？

4. 请您根据实际情况简要回答以下个人发展方面的问题，谢谢。

（1）如果有机会，您愿意外出参加相关外语教育培训吗？为什么？

（2）如果您有机会参加外语教育培训，您最希望在哪些方面得到提高，如学科专业知识、课程设计和现代教育技术（多媒体、信息网络）的应用能力方面的知识等？

（3）最希望能听到哪些培训专家的培训，一线骨干教师、教学科研人员、高校教授、课改专家、教材编写者或其他人员等？

（4）您认为哪种培训模式比较好，如教学观摩与实践、经验交流、案例评析或专题讲座？

再次感谢您的配合和参与！祝您工作愉快！

贵州基础外语教育政策研究学生访谈提纲

亲爱的同学：

　　您好！非常感谢您配合参与本次访谈。我们的目的是了解贵州省基础教育阶段外语教育实践及政策规划的一些基本情况，以期进一步促进贵州省中小学外语教育的全面发展。此卷不会透露您个人的任何信息，您的回答没有对错优劣之分，调查结果仅供本研究使用。请您根据自己的实际情况回答，谢谢您的帮助和配合！

　　1. 受访学生基本信息

性别	年龄	班级	民族

　　2. 请您根据实际情况简要回答以下问题，谢谢。

　　（1）请问您是哪个民族的？会不会自己的民族语言？

　　（2）你们这个民族都有哪些比较特殊的文化习俗和生活习惯？

　　（3）您如何看待本民族的文化传承这件事？

　　（4）您对目前学校的外语教育状况满意吗？具体表现在哪些方面？

　　（5）您觉得少数民族学生和汉族学生在学习外语方面有什么不同的地方吗？

　　（6）您觉得学习外语（英语）难吗？主要表现在哪些方面？

　　（7）您觉得外语学习和您的个人成长之间有关联吗？为什么？

　　（8）您觉得学习外语有可能帮助您实现个人理想吗？

（9）您会使用一些信息技术来学习外语吗？具体有哪些？

（10）您觉得民族学校有必要通过校本教材来开展外语教学吗？

（11）您觉得外语教育中融入一些你们民族的文化对于您的学习有帮助吗？

（12）您觉得自己作为学生有可能参与制定一些相关的外语教育政策吗？

再次感谢您的配合与参与！祝您学习进步！

A 校的外语教研组集体备课方案

Book 5 Unit 1 Great Scientists 集体备课流程

流程一

时间：2018 年 8 月 26 日　　　　地点：外语组办公室

参与人员：高二英语组全体教师　　　流程：

集体备课成员：

本组备课任务：Book 5 Unit 1 Great Scientists

确定集体备课初备时间：8月27日9~11点　地点：外语组办公室

流程二

时间：2018 年 8 月 27 日　　　　地点：外语组办公室

参与人员：

流程：

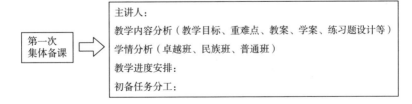

主讲人：

教学内容分析（教学目标、重难点、教案、学案、练习题设计等）

学情分析（卓越班、民族班、普通班）

教学进度安排：

初备任务分工：

流程三

时间：2018 年 8 月 29 日 15～17 点　　　　地点：外语组办公室

参与人员：

流程：

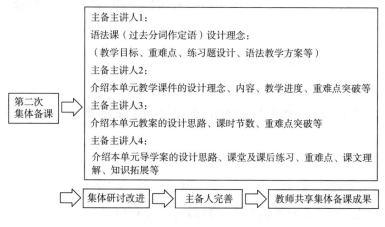

流程四

时间：2018 年 9 月 3～7 日　　　　地点：各班教室、外语组办公室

参与人员：

流程：

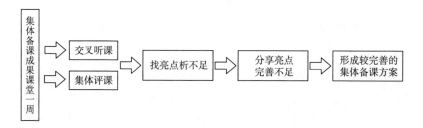

流程五

时间：2018 年 9 月 10 日 15～17 点　　　　地点：外语组办公室

参与人员：

流程：

附录五 ▸▸▸
B 校的英语组教研活动方案

各位尊敬的领导和老师下午好！首先，感谢学校领导的关心和信任，让我担任我校英语教研组的组长；其次，也很高兴能在我校认识在座的 25 位优秀的同仁和前辈。

万事开头难，我校英语组的工作千头万绪，很多东西都还在摸索和学习中，特别是新课改由传统教学到现代课堂教学的改革，这是一个探索而又不容易的过程。希望各位老师能够互相帮助，认同我们是一个集体，是一个和谐、勤奋的集体，共同把我校英语组的工作做好做强。我的话说完了，谢谢大家！

英语教研组活动议程：

第一项：自我介绍

感谢各位老师做的各有特色的自我介绍。同时希望在这一次的教研活动中，老师们可以互相探讨和交流新课程改革的问题，如果有好的建议和意见可以在研讨会上提出来，我们一起改进。

第二项：学习教研会议文件

第三项：七、八年级各备课组长进行发言和工作安排

第四项：教师讨论课改建议和要求

第五项：领导做指示和总结

第六项：抽签和落实

1. 抽签确定七年级 8 位教师、八年级 9 位教师落实一备情况，落实一备（在群里晒出助学案）→二备教师补充→组内其他教师建议、

补充（可以集体备课时讨论）→一备定案→组员共享→形成个人手写教案，以便下周后顺利进行教研和集体备课活动。

2. 九年级 9 位老师负责中考复习资料编写，任务分解，抽签落实。

2018 年 3 月 7 日

附录六 ▸▸▸
B校七年级英语组计划

本学期我担任我校英语教研组长并兼任七年级组教研组长。七年级英语组有教师……8人，都是有丰富的教学经验的优秀教师。现就本学期的年级组教学计划做如下安排。

（一）加强备课组团队建设，全方位建设学习型团队

1. 备课组必须坚持自主备课为主、集体备课为辅的原则。钻研教材，明确教学目标及重、难点，确定教学任务，设计教学活动，创设适合我校学生的教育教学活动。研究学情，分析教学情况，特别是学生的学习情况，研究教法和学法。

2. 鼓励同年级教师共用一份教案、开发适合自己年级的导学案，课后写教学反思。

3. 各备课组要加强信息沟通，承担教研任务，尽力实现资源的优化整合。设计好一份教案、上好一堂示范课、做好一个课件、读一本教育专著、写好一篇教育论文。

（二）推进有效教学，全面提高教学质量

1. 关注课堂教学质量。提高教学质量的关键在于提高课堂教学质量，要把提高教学质量的主攻点确定在课堂的有效教学上，强化打造精品课堂意识。有针对性地对教学过程各环节进行深入研究，通过集体备课与个人备课相结合，打造常态化的精品课堂。结合我校实际，课堂上要注重关注每一个学生，落实分层教学，要善于把学生的关注点转移到课堂教学中来。

2. 强化教学常规的落实，提高课堂教学效率，组织教师认真学习学校教学常规，指导检查教师的教学工作，特别抓好"备课""上课""课后辅导""培优辅导"等主要环节，鼓励教师充分发挥教学特长，有效提高教学效率。

3. 规范教学的每个环节。教研组要在落实教学常规方面发挥重要作用，要配合教务处做好教学常规落实的检查、督促工作；要定期组织教学研究活动，围绕相应的研究专题，组织相应的公开课、观摩课、示范课，通过研讨、观摩、评议等形式，使教研组全体英语教师能够共同提高，人人受益。

（三）具体工作安排

9 月

1. 制定本学期英语教研组工作计划。

2. 商讨并制定教研组会议和活动规定。

3. 加强七年级学生英语学习兴趣的培养，进行学习方法的指导。

4. 做好高一级学生英语学习的过渡、衔接工作，进行学习方法的指导。

10 月

1. 进行课改听评课交流活动。

2. 配合学校做好教案作业大检查。

11 月

1. 组织学生开展英语知识竞赛活动。

2. 开展学生学习习惯培养的研讨活动。

12 月

1. 开展复习课交流研讨。

2. 制定期末复习计划。

3. 进行期末测试，迎接期末考。

2018 年 9 月 1 日

参考文献

[1] 艾尔肯·吾买尔、杨令平,2010,《民族地区高师院校科学发展的探索与思考——以喀什师范学院为例》,《西南大学学报》(社会科学版)第 5 期,第 147~151 页。

[2] 安德森,詹姆斯·E,1990,《公共决策》,唐亮译,华夏出版社。

[3] 安丰存,2018,《"一带一路"背景下跨境语言活力与双向式双语教育研究》,《北方民族大学学报》(哲学社会科学版)第 1 期,第 56~64 页。

[4] 安丰存、赵磊,2017,《"一带一路"背景下我国外语教育政策刍议》,《延边大学学报》(社会科学版)第 4 期,第 26~32 页。

[5] 安富海,2013,《内涵发展:民族地区基础教育发展的路径》,《学术探索》第 11 期,第 138~142 页。

[6] 安富海,2017,《学习空间支持的智力流动:破解民族地区教师交流困境的有效途径》,《电化教育研究》第 9 期,第 102~107 页。

[7] 安燕,2015,《欠发达少数民族地区教师队伍建设问题与对策研究》,《黑龙江高教研究》第 12 期,第 97~99 页。

[8] 白金祥、孟庆侠,2000,《试论民族地区开展分流教育的必要性与可行性》,《黑龙江民族丛刊》第 2 期,第 54~57 页。

[9] 白亮,2008,《多元文化视野中的教师教育》,《民族教育研究》第 5 期,第 124~128 页。

[10] 毕进杰,2019,《从工具走向价值:教育政策执行的理性回归》,

《现代教育管理》第 10 期，第 71~76 页。

[11] 毕向群、王超，2015，《以多元文化视角审视英语教学——评〈多元族裔文化教育视野下的东西方英语教学对比研究〉》，《当代教育科学》第 13 期，第 3 页。

[12] 布热津斯基，兹比格纽，1998，《大棋局——美国的首要地位及其地缘战略》，中国国际问题研究所译，上海人民出版社。

[13] 蔡基刚，2006，《大学英语教学：回顾、反思和研究》，复旦大学出版社。

[14] 蔡基刚，2014，《我国大学英语教育的里程碑》，《教育与职业》第 19 期，第 113 页。

[15] 蔡群青、夏海鹰，2020，《立德树人落实机制下的香港国民教育发展策略》，《中国教育科学》（中英文）第 3 期，第 3~12 页。

[16] 蔡永良，2002，《论美国的语言政策》，《江苏社会科学》第 5 期，第 194~202 页。

[17] 曹传艳，2015，《基础教育英语教师资源现状的调查研究——基于桂林市中小学英语教师的调查》，广西师范大学硕士学位论文。

[18] 曹迪，2012，《我国外语教育政策与国家文化利益》，《现代教育管理》第 8 期，第 70~73 页。

[19] 曹迪，2019，《新中国 70 年英语教育政策文本的国家利益观分析》，《国家教育行政学院学报》第 12 期，第 9~17 页。

[20] 曹锡康，2011，《基础教育均衡发展研究综述》，《教育探索》第 12 期，第 18~20 页。

[21] 陈波，2005，《专家的局限性及其控制——政府决策咨询视角》，《行政与法》第 1 期，第 40~42 页。

[22] 陈纯槿、郅庭瑾，2018，《我国基础教育信息化均衡发展态势与走向》，《教育研究》第 8 期，第 129~141 页。

[23] 陈荟、鲁文文，2019，《我国民族地区教育均衡发展研究 70 年》，

《西南大学学报》（社会科学版）第 4 期，第 19～28＋197 页。

[24] 陈慧，2009，《民族地区课改中教师适应问题研究》，《广西师范大学学报》（哲学社会科学版）第 5 期，第 83～86 页。

[25] 陈坚林，2004，《现代外语教学研究——理论与方法》，上海外语教育出版社。

[26] 陈坚林，2005a，《从辅助走向主导——计算机外语教学发展的新趋势》，《外语电化教学》第 4 期，第 9～12＋49 页。

[27] 陈坚林，2005b，《关于"中心"的辨析——兼谈"基于计算机和课堂英语多媒体教学模式"中的"学生中心论"》，《外语电化教学》第 5 期，第 3～8 页。

[28] 陈坚林，2006，《大学英语教学新模式下计算机网络与外语课程的有机整合——对计算机"辅助"外语教学概念的生态学考察》，《外语电化教学》第 6 期，第 3～10 页。

[29] 陈坚林，2015，《大数据时代的慕课与外语教学研究——挑战与机遇》，《外语电化教学》第 1 期，第 3～8＋16 页。

[30] 陈坚林，2017，《重构大数据时代的外语教学新范式》，《社会科学报》10 月 12 日，第 5 版。

[31] 陈坚林，2018，《语言教育规划研究》结项报告。

[32] 陈坚林、贾振霞，2017，《大数据时代的信息化外语学习方式探索研究》，《外语电化教学》第 4 期，第 3～8＋16 页。

[33] 陈坚林、马牧青，2019，《信息化时代外语教学范式重构研究——理据与目标》，《外语电化教学》第 1 期，第 12～17 页。

[34] 陈坚林、王静，2016，《外语教育信息化进程中的常态变化与发展——基于教育信息化的可视化研究》，《外语电化教学》第 2 期，第 3～9 页。

[35] 陈明，2018，《人本主义心理学教育观与道家教育观的共通之处》，《现代大学教育》第 5 期，第 8～12 页。

［36］陈沛照，2010，《新中国少数民族教育60年》，《贵州民族研究》第1期，第145~151页。

［37］陈荣，2013，《论少数民族外语教育的文化自觉》，《贵州民族研究》第4期，第178~181页。

［38］陈向明，2000，《质的研究方法与社会科学研究》，教育科学出版社。

［39］陈向明，2001，《教师如何作质的研究》，教育科学出版社。

［40］陈艳君、蔡金亭、胡利平，2018，《外语高考改革新模式的反拨效应研究》，《外语学刊》第1期，第79~85页。

［41］陈永红，2015，《基于体演文化的外语教育专业特色化综合改革研究——以贵州民族文化在英语教学中的实践为例》，《贵州民族研究》第2期，第234~237页。

［42］陈章太，2005a，《论语言规划的基本原则》，《语言科学》第2期，第51~62页。

［43］陈章太，2005b，《语言规划研究》，商务印书馆。

［44］陈章太，2011，《关注中国语言生活》，《北华大学学报》（社会科学版）第5期，第4~9页。

［45］陈振明主编，2003，《公共政策分析》，中国人民大学出版社。

［46］程京艳，2020，《外语教育政策评估体系构建研究》，《外语学刊》第3期，第99~105页。

［47］程晓堂、孙晓慧，2010，《中国英语教师教育与专业发展面临的问题与挑战》，《外语教学理论与实践》第3期，第1~6页。

［48］程新元，2013，《新课改背景下民族地区高校美术学（教师教育）专业课程体系的构建》，《艺术百家》第8期，第372~374页。

［49］崔延强、林笑夷，2020，《我国民族教育政策研究的计量分析与评价》，《西南大学学报》（社会科学版）第1期，第89~97+195页。

［50］戴朝晖，2015，《MOOC 热点研究问题探析——全国首届 MOOC 时代高等外语教学学术研讨会启示》，《外语电化教学》第 1 期，第 73～78 页。

［51］戴坚，2001，《谈发展贵州民族地区基础教育》，《贵州民族学院学报》（哲学社会科学版）第 1 期，第 95～97 页。

［52］戴曼纯，2012，《以国家安全为导向的美国外语教育政策》，《外语教学与研究》第 4 期，第 585～595＋641 页。

［53］戴曼纯，2014，《语言政策与语言规划的学科性质》，《语言政策与规划研究》第 1 期，第 5～15 页。

［54］戴曼纯，2015，《哥伦比亚语言立法及语言教育政策》，《拉丁美洲研究》第 1 期，第 61～66 页。

［55］戴曼纯，2021，《语言政策与规划理论构建：超越规划和管理的语言治理》，《云南师范大学学报》（哲学社会科学版）第 2 期，第 29～38 页。

［56］戴妍、徐佳虹，2018，《民族地区教师信息素养提升的现实境遇与模式建构》，《北方民族大学学报》（哲学社会科学版）第 3 期，第 92～99 页。

［57］党宝宝，2019，《藏族中学生理科课程学习现状的调查与分析——以甘肃藏区为例》，《民族教育研究》第 4 期，第 38～47 页。

［58］道布，1998，《中国的语言政策和语言规划》，《民族研究》第 6 期，第 42～52 页。

［59］德罗尔，叶海卡，1996，《逆境中的政策制定》，王满传、尹宝虎、张萍译，上海远东出版社。

［60］邓小华，2012，《云南民族地区中小学信息技术教师科研现状调查与思考》，《中国远程教育》第 12 期，第 85～88 页。

［61］邓子纲，2020，《人工智能的全球治理与中国的战略选择》，《求

索》第 3 期，第 182～187 页。

[62] 董辉，2013，《少数民族地区大学英语教育存在的问题及对策研究》，《贵州民族研究》第 4 期，第 182～185 页。

[63] 董希骁，2017，《"一带一路"背景下我国欧洲非通用语种人才培养刍议》，《中国外语教育》第 2 期，第 8～15＋95 页。

[64] 范俊军编译，2006，《联合国教科文组织关于保护语言与文化多样性文件汇编》，民族出版社。

[65] 方秀才、陈坚林，2018，《中国高校外语教育信息化现状与规划建议》，《外语教学》第 2 期，第 57～62 页。

[66] 冯文怀，1995，《教育：21 世纪民族发展的主题——费孝通副委员长谈民族教育》，《中国民族》第 12 期，第 24 页。

[67] 冯瑗，2014，《外语教育技术学初建背景下高校外语课程的机遇与挑战——2013 第十届全国教育技术与外语教学学术研讨会述评》，《外语电化教学》第 1 期，第 76～80 页。

[68] 冯增俊、姚侃，2018，《比较教育视角下新时代中国语言教育政策的战略走向》，《比较教育研究》第 2 期，第 89～95 页。

[69] 弗林克尔、瓦伦，2004，《美国教育研究的设计与评估》，蔡永红等译，华夏出版社。

[70] 付克，1986，《中国外语教育史》，上海外语教育出版社。

[71] 付荣文、陈坚林，2019，《文化自觉视域下民族地区外语教育政策价值研究》，《贵州民族研究》第 3 期，第 228～232 页。

[72] 付荣文、曾家延，2020，《民族地区外语教育规划：政策内容与规划方略——基于对贵州省少数民族聚居地区基础教育的调研》，《民族教育研究》第 4 期，第 149～155 页。

[73] 傅荣、王克非，2008，《欧盟语言多元化政策及相关外语教学政策分析》，《外语教学与研究》第 1 期，第 14～19＋80 页。

[74] 改革开放以来的教育发展历史性成就和基本经验研究课题组，

2008，《改革开放 30 年中国教育重大理论成果》，教育科学出版社。

［75］盖兴之，2003，《三语教育三题》，《大理学院学报》第 6 期，第 83 ~ 88 页。

［76］高方银、余新，2015，《偏远少数民族地区区域性教育信息化建设应用现状调查分析——基于贵州省遵义市 5 个县（区、市）的问卷调查》，《中国教育信息化》第 3 期，第 63 ~ 65 + 70 页。

［77］高建明，2005，《论生态文化与文化生态》，《系统辩证学学报》第 3 期，第 82 ~ 85 页。

［78］高奇琦、杜运泉，2020，《全球治理体系大变革：中国与世界》，《探索与争鸣》第 3 期，第 4 + 193 页。

［79］高雪松、陶坚、龚阳，2018，《课程改革中的教师能动性与教师身份认同——社会文化理论视野》，《外语与外语教学》第 1 期，第 19 ~ 28 + 146 页。

［80］苟顺明，2014，《论少数民族地区教师的特殊素质——美国文化敏感型教师的启示》，《学术探索》第 4 期，第 139 ~ 143 页。

［81］苟顺明、王艳玲，2014，《民族地区教师的文化敏感性与教师培训的重构》，《当代教育与文化》第 2 期，第 25 ~ 30 页。

［82］古丽娜·玉素甫，2010，《新疆地区中小学教师教育技术能力发展策略研究》，《电化教育研究》第 8 期，第 116 ~ 120 页。

［83］顾明远，2020，《教育质量和教师队伍是建设教育强国的重中之重》，《宁波大学学报》（教育科学版）第 4 期，第 2 ~ 3 页。

［84］贵州省统计局、国家统计局贵州调查总队编，2018，《贵州统计年鉴 2018》，中国统计出版社。

［85］桂诗春主编，1992，《中国学生英语学习心理》，湖南教育出版社。

［86］郭林花、罗虹，2012，《母语依赖观念在少数民族学生英语学习

过程中的实证研究》，《民族教育研究》第 1 期，第 24 ~ 30 页。

［87］郭树勇，2020，《人类命运共同体面向的新型国际合作理论》，《世界经济与政治》第 5 期，第 23 ~ 50 + 155 ~ 156 页。

［88］郭巍青，2006，《公众充权与民主的政策科学：后现代主义的视角》，白钢、史卫民主编《中国公共政策分析（2006 年卷）》，中国社会科学出版社。

［89］郭晓梅、陈坚林，2019，《高校英语教师教育者学科教学知识结构及其可视化表征研究》，《外语电化教学》第 3 期，第 83 ~ 90 页。

［90］郭颖，2012，《论教育信息化在现代外语教学中的作用与实现途径》，《现代远距离教育》第 4 期，第 47 ~ 52 页。

［91］国建文、苏德，2020，《民族地区教师文化互动胜任力学习的困境及其超越——具身认知的视角》，《教师教育研究》第 3 期，第 47 ~ 52 页。

［92］哈贝马斯，1999，《公共领域的结构转型》，曹卫东等译，学林出版社。

［93］哈经雄、滕星主编，2001，《民族教育学通论》，教育科学出版社。

［94］海路、滕星，2009，《文化差异与民族地区校本课程开发——一种教育人类学的视角》，《中南民族大学学报》（人文社会科学版）第 2 期，第 1 ~ 7 页。

［95］韩宝成、常海潮，2011，《中外外语能力标准对比研究》，《中国外语》第 4 期，第 39 ~ 46 + 54 页。

［96］韩宝成、刘润清，2008，《我国基础教育阶段英语教育回眸与思考（一）——政策与目的》，《外语教学与研究》第 2 期，第 150 ~ 155 + 161 页。

［97］韩雪军、王凯，2015，《教育信息技术与民族地区卓越教师的成

长——基于内蒙古 A 旗民族小学巴特尔老师的叙事研究》,《现代教育技术》第 11 期,第 39 ~ 45 页。

[98] 郝洪梅,2004,《新加坡双语教育政策下的华文处境》,《国外外语教学》第 3 期,第 58 ~ 63 页。

[99] 何鉴孜、李亚,2014,《政策科学的"二次革命"——后实证主义政策分析的兴起与发展》,《中国行政管理》第 2 期,第 95 ~ 101 + 121 页。

[100] 何克抗,2011,《我国教育信息化理论研究新进展》,《中国电化教育》第 1 期,第 1 ~ 19 页。

[101] 何克抗,2019,《21 世纪以来的新兴信息技术对教育深化改革的重大影响》,《电化教育研究》第 3 期,第 5 ~ 12 页。

[102] 何丽芬,2014,《生态视域下民族地区教师专业发展》,《黑龙江民族丛刊》第 4 期,第 162 ~ 168 页。

[103] 和经纬,2020,《公共政策与管理研究的新视野——当季国际著名学术期刊论文评介(2019—2020)》,《公共管理评论》第 1 期,第 203 ~ 219 页。

[104] 贺新宇,2007,《民族地区义务教育经费投入的相关问题》,《财经科学》第 10 期,第 118 ~ 124 页。

[105] 贺新宇、易连云,2015,《多元文化视域下的民族地区和谐教育研究综述》,《西南民族大学学报》(人文社会科学版)第 2 期,第 215 ~ 220 页。

[106] 红梅,2010,《民族地区现代远程教育发展的长效机制研究》,《民族教育研究》第 2 期,第 61 ~ 66 页。

[107] 洪爱英、张绪忠,2016,《近 10 年来国内语言规划研究述评》,《社会科学战线》第 9 期,第 279 ~ 282 页。

[108] 洪梅,1996,《少数民族学生英语教学方法初探》,《中国民族教育》第 3 期,第 24 ~ 25 页。

[109] 侯佛钢、张振改，2013，《教师参与教育政策制定的困境分析及路径探索》，《教育理论与实践》第 31 期，第 17～20 页。

[110] 胡德映，2007，《云南少数民族三语教育》，云南大学出版社。

[111] 胡洪彬，2019，《课程思政：从理论基础到制度构建》，《重庆高教研究》第 1 期，第 112～120 页。

[112] 胡加圣、陈坚林，2013，《外语教育技术学论纲》，《外语电化教学》第 2 期，第 3～12 页。

[113] 胡加圣、冯青来、李艳，2010，《信息技术在与外语课程整合中的地位与作用解析——兼论外语教育技术的学科性》，《现代教育技术》第 12 期，第 72～77 页。

[114] 胡文仲，2001，《我国外语教育规划的得与失》，《外语教学与研究》第 4 期，第 245～251+320 页。

[115] 胡文仲，2009，《建国 60 年来我国外语教育的成就与缺失》，《外语界》第 5 期，第 10～17 页。

[116] 胡壮麟，2022，《中国外语教育政策面面观》，《外语电化教学》第 2 期，第 3～8 页。

[117] 花勇，2020，《论习近平全球治理观的时代背景、核心主张和治理方略》，《河海大学学报》（哲学社会科学版）第 2 期，第 1～8+105 页。

[118] 华丁，1998，《浅谈民族教育》，《贵州民族研究》第 1 期，第 145～148 页。

[119] 黄国营主编，1997，《英语教育学》，江西教育出版社。

[120] 黄建，2014，《论公共管理学中的后现代主义分析方法》，《技术经济与管理研究》第 12 期，第 88～91 页。

[121] 黄剑波，2007，《文化人类学散论》，民族出版社。

[122] 黄健毅、黎芳露，2020，《新时代民族地区乡村教师的特殊素养及培养路径》，《民族教育研究》第 1 期，第 85～90 页。

［123］黄敏，2018，《高中英语阅读教学中跨文化意识的培养——评〈文化意识与英语教学〉》，《教育发展研究》第 8 期，第 88 页。

［124］黄胜、陈世军，2019，《新时代民族地区师范专业人才培养的机遇、问题与策略》，《贵州社会科学》第 12 期，第 93～97 页。

［125］贾冠杰，1996，《外语教育心理学》，广西教育出版社。

［126］贾莉萍，2017，《文化生态视野下我国少数民族外语教育研究》，《边疆经济与文化》第 1 期，第 60～62 页。

［127］江凤娟、海路、苏德，2018，《从政策文本到学校行动：双语教育政策执行偏差研究——以广西壮族自治区为个案》，《民族教育研究》第 5 期，第 31～41 页。

［128］江绍伦，1985，《教与育的心理学》，邵瑞珍等译，江西教育出版社。

［129］姜秋霞，2012，《西部地区外语教育的生态语境及补偿机制研究》，《中国外语》第 6 期，第 4～10 页。

［130］姜秋霞、刘全国、李志强，2006，《西北民族地区外语基础教育现状调查——以甘肃省为例》，《外语教学与研究》第 2 期，第 129～135＋161 页。

［131］蒋小杰、杨镇宇，2020，《全球治理秩序的证成逻辑探析》，《云南民族大学学报》（哲学社会科学版）第 3 期，第 30～40 页。

［132］金力，2009，《少数民族地区大学英语教学模式改革对学生英语综合应用能力影响的研究》，《外国语文》第 6 期，第 132～138 页。

［133］居延安、冯志坚主编，1990，《公共关系实用大全》，上海文艺出版社。

［134］康翠萍、邓锐，2019，《民族地区学前教育政策回顾与新时代发展构想》，《中南民族大学学报》（人文社会科学版）第 6 期，第 72～77 页。

[135] 康晓伟，2012，《我国高等院校教师教育专业机构存在的问题及政策建议》，《湖南师范大学教育科学学报》第 4 期，第 24 ~ 27 页。

[136] 孔雁，2014，《英语教学培养大学生文化自觉和自信的路径》，《高等财经教育研究》第 2 期，第 45 ~ 48 页。

[137] 雷朝滋，2018，《教育信息化：从 10 走向 20——新时代我国教育信息化发展的走向与思路》，《华东师范大学学报》（教育科学版）第 1 期，第 98 ~ 103 + 164 页。

[138] 李长著、俞树煜，2004，《西北民族教育信息化进程探析》，《电化教育研究》第 12 期，第 8 ~ 12 页。

[139] 李晨、陈美华，2015，《新技术环境下的中国外语教育政策思考——第五届国际语言教育政策学术研讨会启示》，《外语电化教学》第 2 期，第 78 ~ 80 页。

[140] 李道平、单振运，1996，《公共关系协调原理与实务》，中国商业出版社、复旦大学出版社。

[141] 李红杰，1992，《民族教育学研究对象和体系浅见》，《北方民族》第 1 期，第 53 ~ 55 页。

[142] 李华君、龚彩云，2011，《民族地区农村教师专业发展路径探索》，《中国教育学刊》第 9 期，第 77 ~ 79 页。

[143] 李华、马静、宣芳、刘宋强，2017，《基于精准视域下甘肃省少数民族地区教育扶贫研究》，《电化教育研究》第 12 期，第 27 ~ 31 + 43 页。

[144] 李进主编，2009，《教师教育概论》，北京大学出版社。

[145] 李岚，2000，《民族地区加快发展需要信息化》，《黑龙江民族丛刊》第 2 期，第 50 ~ 53 页。

[146] 李力，2000，《加强对西部地区外语师范教育的研究》，《西南师范大学学报》（人文社会科学版）第 5 期，第 18 ~ 19 页。

［147］李丽生，2011，《经济全球化背景下实施区域性多元外语教育政策的必要性》，《中国外语》第 4 期，第 55～59 页。

［148］李俐、李智元，2020，《"双一流"建设背景下民族地区学前教师教育课程的变革——以西藏大学为例》，《西藏大学学报》（社会科学版）第 1 期，第 197～201 页。

［149］李良佑、张日昇、刘犁编著，1988，《中国英语教学史》，上海外语教育出版社。

［150］李林、卓么措、赵顺珍，2008，《青海省民族地区中小学教师教育技术能力建设实施的可行性分析》，《青海民族学院学报》（社会科学版）第 3 期，第 103～105 页。

［151］李玲，2011，《西部少数民族地区学前教育的现状调查与思考——以贵州省遵义务川仡佬族苗族自治县为例》，《黑龙江民族丛刊》第 2 期，第 171～175 页。

［152］李梅，2019，《精准扶贫背景下民族地区乡村教师培养模式研究》，《西藏大学学报》（社会科学版）第 1 期，第 216～220 页。

［153］李美华，2006，《教师教育形势探析和发展对策思考》，《青海社会科学》第 6 期，第 126～128 页。

［154］李明、么加利，2019，《民族地区师范院校教师教育地方课程建构研究——基于地方性知识开发视角》，《贵州民族研究》第 4 期，第 224～230 页。

［155］李强，2010，《外语教育与少数民族文化传承的关系》，《民族教育研究》第 3 期，第 80～82 页。

［156］李庆安、李洪玉、辛自强，2001，《英语教学心理学》，北京教育出版社。

［157］李少伶、周真主编，2005，《少数民族地区英语教学改革研究》，云南大学出版社。

［158］李适，2017，《核心素养：少数民族地区双语教师教育课程改革

的新走向》,《黑龙江高教研究》第 10 期,第 116~120 页。

[159] 李侠,2014,《英语教学中少数民族大学生语际语用能力培养策略研究》,《贵州民族研究》第 5 期,第 189~192 页。

[160] 李向阳,2020,《"一带一路"的高质量发展与机制化建设》,《世界经济与政治》第 5 期,第 51~70 + 157 页。

[161] 李孝川、王凌,2007,《贫困民族农村地区中小学教师压力调查研究——以云南省寻甸县六哨乡为个案》,《云南师范大学学报》(哲学社会科学版) 第 6 期,第 43~48 页。

[162] 李兴仁、丛铁华,2003,《从同化论到多元文化主义:澳大利亚语言政策研究》,周庆生主编《国家、民族与语言——语言政策国别研究》,语文出版社。

[163] 李学余,2004,《论公共政策制定中公众参与的必要性》,《广东行政学院学报》第 6 期,第 23~26 + 35 页。

[164] 李娅玲,2011,《当代法国外语教育政策的发展特征与趋势探析》,《比较教育研究》第 9 期,第 60~63 页。

[165] 李娅玲,2012,《中国外语教育政策发展研究》,北京大学出版社。

[166] 李艳红,2015,《美国关键语言教育政策的战略演变》,北京外国语大学博士学位论文。

[167] 李艳红,2016,《美国关键语言战略实施体系的构建和战略目标》,《外语研究》第 2 期,第 1~8 页。

[168] 李英姿,2016,《中国语境中"语言政策与规划"概念的演变及意义》,《外语学刊》第 3 期,第 15~19 页。

[169] 李迎迎,2014,《新时期莫斯科外语教育特色研究》,《解放军外国语学院学报》第 5 期,第 10~16 页。

[170] 李宇明,2010,《中国外语规划的若干思考》,《外国语》第 1 期,第 2~8 页。

［171］ 李宇明，2015，《"一带一路"需要语言铺路》，《中国科技术语》第 6 期，第 62 页。

［172］ 李泽林，2010，《我国少数民族地区双语教师培训政策研究》，《民族教育研究》第 2 期，第 10～15 页。

［173］ 廖文丽、张聪、黄伟，2010，《信息技术与外语课程整合研究与实践》，《湖南社会科学》第 5 期，第 187～189 页。

［174］ 林坤、黄真金，2016，《西部民族地区教育信息化建设探析》，《中南民族大学学报》（人文社会科学版）第 3 期，第 80～82 页。

［175］ 林小英，2007，《理解教育政策：现象、问题和价值》，《北京大学教育评论》第 4 期，第 42～54 页。

［176］ 林新事，2002，《西部少数民族地区中小学英语教育发展与思考》，《民族教育研究》第 2 期，第 28～32 页。

［177］ 林云，2016，《民族地区农村小规模学校教师队伍建设：问题与对策》，《教育与经济》第 5 期，第 84～90 页。

［178］ 刘复兴，2002，《教育政策价值分析的三维模式》，《教育研究》第 4 期，第 15～19＋73 页。

［179］ 刘复兴，2003，《教育政策的价值分析》，教育科学出版社。

［180］ 刘复兴、邢海燕，2021，《论教育政策执行评估中的公众参与问题》，《华南师范大学学报》（社会科学版）第 3 期，第 54～61 页。

［181］ 刘河燕，2016，《民族地区幼儿教师全纳教育素养的培养》，《社会科学家》第 12 期，第 119～122 页。

［182］ 刘鹤、石瑛、金祥雷，2019，《课程思政建设的理性内涵与实施路径》，《中国大学教学》第 3 期，第 59～62 页。

［183］ 刘翊、向晓红，2008，《四川民族地区外语教育现状及发展策略》，《西南民族大学学报》（人文社科版）第 10 期，第 253～

256 页。

[184] 刘辉，2017，《我国外语教育政策执行研究 ——以上海市中小学英语教育为例》，上海外国语大学博士学位论文。

[185] 刘慧，2011，《湖北省农村初中英语教师专业发展调查研究》，华中农业大学硕士学位论文。

[186] 刘建达，2015，《我国英语能力等级量表研制的基本思路》，《中国考试》第 1 期，第 7 ~ 11 + 15 页。

[187] 刘军、蒲定红、李祥，2020，《信息化助力民族地区教育精准扶贫的困境与突破路径》，《西北民族大学学报》（哲学社会科学版）第 3 期，第 51 ~ 58 页。

[188] 刘岚，2014，《论外语专业学生的文化自觉与自信》，《考试周刊》第 63 期，第 75 ~ 76 页。

[189] 刘曼玲，2006，《从教学改革看贵州高校少数民族大学生英语教育的困难因素及对策》，《贵州民族研究》第 5 期，第 178 ~ 182 页。

[190] 刘美兰，2014，《美国"关键语言"教育战略研究》，浙江大学博士学位论文。

[191] 刘汝山，2005，《澳大利亚语言政策的沿革对我们的启示》，中国人类语言学国际学术研讨会论文，哈尔滨。

[192] 刘汝山、刘金侠，2003，《澳大利亚语言政策与语言规划研究》，《中国海洋大学学报》（社会科学版）第 6 期，第 57 ~ 61 页。

[193] 刘森，2018，《基于学科核心素养的英语教学——2018TESOL 中国大会带来的思考》，《教师教育研究》第 5 期，第 56 ~ 60 页。

[194] 刘晓琳，2018，《基础教育学校信息化教学创新评价指标体系研制——面向 20 时代》，《中国电化教育》第 12 期，第 11 ~ 17 页。

[195] 刘雪莲，2005，《冲突理论对中国少数民族大学外语教育的指导

作用》,《湖北民族学院学报》(哲学社会科学版) 第 1 期, 第 135 ~ 137 页。

[196] 刘雪莲, 2008,《中国少数民族外语教育的文化生态环境》,《四川教育学院学报》第 6 期, 第 77 ~ 80 页。

[197] 刘艳秋, 2008,《教师继续教育是民族地区优质教育资源形成的保障》,《中央民族大学学报》(哲学社会科学版) 第 2 期, 第 139 ~ 143 页。

[198] 刘扬敏, 2020,《"一带一路"倡议下少数民族学生英语教育改革创新的路径》,《贵州民族研究》第 4 期, 第 172 ~ 177 页。

[199] 刘住洲, 2020,《教育公平感及其政策应用:思考与建设》,《人民论坛·学术前沿》第 8 期, 第 120 ~ 123 页。

[200] 卢德生、冯玉梓, 2010,《民族文化传承与教师的文化自觉》,《教育探索》第 11 期, 第 101 ~ 103 页。

[201] 卢琦、雷加强、李晓松等, 2020,《大国治沙:中国方案与全球范式》,《中国科学院院刊》第 6 期, 第 656 ~ 664 页。

[202] 鲁子问, 2006,《外语教育规划:提高外语教育效率的可能途径》,《教育研究与实验》第 5 期, 第 41 ~ 45 页。

[203] 鲁子问, 2008,《国家治理视野的语言政策》,《社会主义研究》第 6 期, 第 54 ~ 58 页。

[204] 鲁子问, 2014,《我国当前外语教育改革要议》,《云南师范大学学报》(哲学社会科学版) 第 1 期, 第 8 ~ 14 页。

[205] 陆道坤, 2018,《课程思政推行中若干核心问题及解决思路——基于专业课程思政的探讨》,《思想理论教育》第 3 期, 第 64 ~ 69 页。

[206] 陆俭明, 2016,《"一带一路"建设需要语言铺路搭桥》,《文化软实力研究》第 2 期, 第 31 ~ 35 页。

[207] 吕静, 2009,《教师职前实践性知识培养:现状与途径——以边

疆民族地区教师教育为例》，《全球教育展望》第 10 期，第 72 ~ 77 页。

[208] 吕鹏、付森，2021，《权利慰藉：政策制定中的知识分工与公众参与》，《浙江社会科学》第 12 期，第 58 ~ 67 页。

[209] 吕青，2006，《加快民族地区新型农民队伍建设是推进新农村建设的重中之重》，《新疆社会科学》第 4 期，第 54 ~ 56 页。

[210] 吕万英、罗虹，2012，《少数民族外语教育面临的困境及对策研究》，《中南民族大学学报》（人文社会科学版）第 5 期，第 171 ~ 175 页。

[211] 罗尔斯，约翰，1988，《正义论》，何怀宏等译，中国社会科学出版社。

[212] 罗虹、崔海英，2011，《论少数民族外语教育的文化生态》，《新疆社会科学》第 4 期，第 156 ~ 159 页。

[213] 罗江华、张诗亚，2011，《西部民族地区教育信息化发展两种路径之评析》，《民族教育研究》第 2 期，第 47 ~ 52 页。

[214] 罗竞、罗之勇，2013，《广西仫佬族文化对民族地区学前教育的启示》，《学术论坛》第 5 期，第 225 ~ 228 页。

[215] 罗军兵，2017，《实践取向视野下民族地区中小学教师特殊素养提升研究——基于云南省 G 县的教育考察》，《民族教育研究》第 6 期，第 103 ~ 108 页。

[216] 罗明东，2016，《乡村教师培养模式新探索——边疆民族地区教师教育模式改革的创新实践》，《学术探索》第 10 期，第 138 ~ 142 页。

[217] 罗森布鲁姆，戴维·H、罗伯特·S 克拉夫丘克、理查德·M 克勒肯，2013，《公共行政学：管理、政治和法律的途径》，张成福等校译，中国人民大学出版社。

[218] 马德君、宗雯、杨青、胡继亮，2016，《西北民族地区城镇化与

信息化》,《财经科学》第 7 期, 第 99 ~ 110 页。

[219] 马洪江、陈松、黄辛建, 2009,《西部少数民族地区农村教育问
题研究——以四川省马尔康县为例》,《中国教育学刊》第 9 期,
第 31 ~ 33 页。

[220] 马健云、陈恩伦, 2019,《我国教育扶贫政策的执行困境与治理
路径》,《教育与经济》第 6 期, 第 10 ~ 17 页。

[221] 马菁, 2011,《近十年来国内文化生态问题研究综述》,《湖南社
会科学》第 1 期, 第 26 ~ 31 页。

[222] 马晓凤, 2015,《整体观念下少数民族教师教育培训的"因材施
教"》,《贵州民族研究》第 3 期, 第 214 ~ 217 页。

[223] 马骍, 2017,《民族地区教师资源配置的城乡考察——基于 2003
年和 2013 年省际数据的比较分析》,《西南民族大学学报》(人
文社科版) 第 9 期, 第 220 ~ 225 页。

[224] 满忠坤、孙振东, 2014,《民族地区教育发展与民生改善的依存
问题》,《教育发展研究》第 Z2 期, 第 21 ~ 27 页。

[225] 梅红英, 2014,《关于青海省少数民族学生大学英语教学的思
考——基于调查问卷的分析》,《山西财经大学学报》第 S1 期,
第 126 ~ 128 页。

[226] 孟凡丽, 2007,《论少数民族地区跨文化教师的培养》,《教师教
育研究》第 3 期, 第 12 ~ 16 页。

[227] 孟卫青, 2008a,《教育政策分析:价值、内容与过程》,《现代
教育论丛》第 5 期, 第 38 ~ 41 + 49 页。

[228] 孟卫青, 2008b,《教育政策分析的三维模式》,《教育科学研究》
第 Z1 期, 第 21 ~ 23 页。

[229] 莫姚, 2010,《新课标下高中英语跨文化意识的培养》,《安庆师
范学院学报》(社会科学版) 第 6 期, 第 119 ~ 121 页。

[230] 那格尔, 斯图亚特编著, 1990,《政策研究百科全书》, 林明等

译，科学技术文献出版社。

[231] 倪胜利，2014a，《民族地区基础教育均衡发展与多元文化教师培养》，《民族教育研究》第 3 期，第 124～128 页。

[232] 倪胜利，2014b，《自组织原理与民族地区教育均衡发展》，《国家教育行政学院学报》第 6 期，第 40～44 页。

[233] 宁骚主编，2003，《公共政策学》，高等教育出版社。

[234] 牛佳、林晓，2020，《Cooper 八问方案国内外研究综述》，《外语学刊》第 3 期，第 106～112 页。

[235] 钮维敢，2020，《中国特色全球治理观视域下的"一带一路"倡议及其特点》，《宁夏社会科学》第 3 期，第 112～120 页。

[236] 欧阳恩剑、刘波，2019，《公众参与：教育政策公平价值的重要保障》，《高教探索》第 3 期，第 55～60 页。

[237] 欧阳明昆、钟海青，2016，《广西边境民族地区教师队伍建设现状与对策研究——基于三个中越边境县的实地调查》，《民族教育研究》第 2 期，第 62～67 页。

[238] 欧以克，2012，《广西边境地区民族教育面临的问题及对策》，《民族教育研究》第 1 期，第 100～104 页。

[239] 欧颖、方泽强，2016，《"以学为中心"的教学：审视与探索》，《现代教育管理》第 8 期，第 89～93 页。

[240] 潘才奎、刘贤伟、马永红，2018，《基于民族地区教师文化敏感性的上岗培训研究》，《贵州民族研究》第 12 期，第 243～246 页。

[241] 潘文荣、刘英，2019，《文化输出对出口及"一带一路"经济发展水平影响的实证》，《统计与决策》第 17 期，第 135～138 页。

[242] 潘新民、金慧颖，2022，《乡村学校信息化优质教学资源供给困境与出路》，《课程·教材·教法》第 7 期，第 84～89＋146 页。

[243] 潘章仙，2010，《后殖民时代英国外语教育的多元文化认同研

究——〈全民的外语：生活的外语——外语教育发展战略〉评析》，《比较教育研究》第 3 期，第 41 ~ 45 + 54 页。

[244] 彭华民主编，2014，《人类行为与社会环境》，高等教育出版社。

[245] 彭谦、周松，2015，《民族地区信息化建设面临的困境与出路》，《黑龙江民族丛刊》第 4 期，第 8 ~ 12 页。

[246] 戚雨村，1994，《语言·文化·对比》，胡文仲主编《文化与交际》，外语教学与研究出版社。

[247] 祁型雨、李春光，2020，《我国教育政策价值的反思与前瞻》，《现代教育管理》第 3 期，第 29 ~ 35 页。

[248] 钱文静、张有奎，2020，《人类命运共同体研究的可视化知识图谱分析》，《西南民族大学学报》（人文社科版）第 7 期，第 222 ~ 230 页。

[249] 黔东南州人民政府，2016，《黔东南州 2016 年度民族教育发展计划》，http：//wwwqdngovcn/zwgk_5871642/zdlyxxgk/fzgh_5872129/zfndjhjzdgz_5872131/202110/t20211008_70752155html。

[250] 黔南州人民政府，2018，《黔南州 2018 年 1 - 10 月财政收支情况》，http：//wwwqiannangovcn/zwgkztym/zczj _ 5668781/zfxxgk _ 5668788/fdzdgknr _ 5668791/czxx/czsz _ 5668801/202007/t20200715 _ 61621376html。

[251] 乔丽军，2016，《基础教育课程改革的问题表征与理性反思》，《教育发展研究》第 2 期，第 24 ~ 27 + 34 页。

[252] 秦浩、金东海，2011，《西北民族地区农村义务教育经费投入调查研究——基于甘肃、新疆、宁夏 6 个民族县的调查》，《民族教育研究》第 6 期，第 61 ~ 66 页。

[253] 秦晓晴，2009a，《外语教学问卷调查法》，外语教学与研究出版社。

[254] 秦晓晴，2009b，《外语教学问卷调查研究的发展趋势及选题特

点》，秦晓晴主编《外语教育》第 8 卷，华中科技大学出版社。

[255] 冉亚辉，2018，《以学习为中心：中国基础教育课堂的基本教学逻辑》，《课程·教材·教法》第 6 期，第 46～52 页。

[256] 任胜洪、黄欢，2019，《乡村教师政策 70 年：历程回顾与问题反思》，《吉首大学学报》（社会科学版）第 6 期，第 41～50 页。

[257] 任胜洪、吴卫、胡雪芳，2018，《改革开放 40 年民族地区教师队伍建设的政策回顾及展望》，《民族教育研究》第 6 期，第 18～24 页。

[258] 茹克叶·穆罕默德、崔延虎，1996，《新疆民族外语教育的思考》，《新疆师范大学学报》（哲学社会科学版）第 4 期，第 66～70 页。

[259] 邵红万、陈新仁，2012，《信息技术与外语课程：从辅助到常态化的学科性融合》，《外语电化教学》第 6 期，第 34～41 页。

[260] 沈费伟，2018，《教育信息化：实现农村教育精准扶贫的战略选择》，《中国电化教育》第 12 期，第 54～60 页。

[261] 沈骑，2008，《困惑·理解·误构——基于后现代知识观的教师角色研究》，《教育发展研究》第 2 期，第 45～47 页。

[262] 沈骑，2011a，《全球化背景下我国外语教育政策研究框架建构》，《外国语（上海外国语大学学报)》第 1 期，第 70～77 页。

[263] 沈骑，2011b，《外语教育政策研究的价值之维》，《外语教学》第 2 期，第 44～47 页。

[264] 沈骑，2017a，《全球化 30 时代中国外语教育政策的价值困局与定位》，《当代外语研究》第 4 期，第 26～31＋109 页。

[265] 沈骑，2017b，《中国外语教育规划：方向与议程》，《中国外语》第 5 期，第 11～20 页。

[266] 沈骑，2018，《语言规划视域下的大学外语教学改革》，《外语教学》第 6 期，第 49～53 页。

[267] 沈骑，2019，《新中国外语教育规划 70 年：范式变迁与战略转型》，《新疆师范大学学》（哲学社会科学版）第 5 期，第 68 ~ 77 页。

[268] 沈骑，2020，《全球治理视域下的中国语言安全规划》，《语言文字应用》第 2 期，第 18 ~ 26 页。

[269] 沈骑，2021，《语言规划视域下的国家话语能力建设》，《云南师范大学学报》（哲学社会科学版）第 4 期，第 58 ~ 66 页。

[270] 沈骑、曹新宇，2019，《全球治理视域下中国国家外语能力建设的范式转型》，《外语界》第 6 期，第 45 ~ 52 页。

[271] 沈骑、赵丹，2020，《全球治理视域下的国家语言能力规划》，《云南师范大学学报》（哲学社会科学版）第 3 期，第 47 ~ 53 页。

[272] 盛静，2012，《关于加强民族地区师资培养的几点思考——以内蒙古高等师范教育为例》，《黑龙江民族丛刊》第 4 期，第 181 ~ 186 页。

[273] 师文慧，2013，《西南民族地区教育信息化建设初探》，《黑龙江民族丛刊》第 2 期，第 165 ~ 169 页。

[274] 石火学，2011，《农村中学地方课程建设问题与策略分析》，《中国教育学刊》第 2 期，第 41 ~ 43 页。

[275] 石心，2012，《民族地区中小学教师专业化发展探析——以甘肃临夏回族自治州东乡县为例》，《民族教育研究》第 2 期，第 87 ~ 91 页。

[276] 石玉昌，2019，《西部民族地区基础教育信息化 70 年：经验总结与路径新探》，《民族教育研究》第 4 期，第 131 ~ 138 页。

[277] 石玉芳，2010，《贵州少数民族地区信息技术教育现状与促进策略研究》，《中国远程教育》第 5 期，第 65 ~ 67 页。

[278] 史光孝，2014，《隐性课程视角下的大学英语课程设计研究》，

科学出版社。

[279] 史新蕾、王晓涵，2018，《谈当前中国基础外语教育面临的机遇与挑战——专访〈普通高中英语课程标准〉修订组组长梅德明》，《英语学习》第 8 期，第 25 ~ 30 页。

[280] 舒莉、孙渝红、高晓莹等，2012，《"9·11 事件"后美国外语教育政策研究》，《中外教育研究》第 1 期，第 7 ~ 8 页。

[281] 束定芳，2013，《关于我国外语教育规划与布局的思考》，《外语教学与研究》第 3 期，第 426 ~ 435 页。

[282] 搜狐网，2018，《刘军：贵州省教育信息化发展现状与未来》，https：//wwwsohucom/a/235773669_195079？_trans_ = 000019_wzwza。

[283] 苏德、薛寒，2020，《我国民族高等教育政策的历史演进与逻辑透视》，《贵州民族研究》第 5 期，第 155 ~ 161 页。

[284] 苏德、张良，2018，《民族地区教师培训的困境与突围：基于参训教师的视角——以内蒙古东、西乌珠穆沁旗四所蒙古族小学为个案》，《贵州民族研究》第 11 期，第 248 ~ 252 页。

[285] 苏岚，2017，《论少数民族外语教育的多元文化认同》，《贵州民族研究》第 6 期，第 239 ~ 243 页。

[286] 苏力、葛云松、张守文等，1999，《规制与发展——第三部门的法律环境》，浙江人民出版社。

[287] 孙德刚，2015，《多元文化共存下的民族教育政策定位研究》，《贵州民族研究》第 7 期，第 200 ~ 203 页。

[288] 孙光，1988，《政策科学》，浙江教育出版社。

[289] 孙吉胜，2020，《当前全球治理与中国全球治理话语权提升》，《外交评论（外交学院学报）》第 3 期，第 1 ~ 22 + 165 页。

[290] 孙荔，2018，《少数民族地区教师道德专业化的价值追寻及其实现》，《贵州民族研究》第 6 期，第 227 ~ 230 页。

[291] 孙绵涛、冯宏岩，2020，《教育政策研究范式及其方法论探析》，

《现代教育管理》第 2 期，第 17 ~ 24 页。

[292] 孙薇、郁钰，2016，《应试教育与素质教育并非水火不容》，《中国教育学刊》第 5 期，第 23 ~ 25 页。

[293] 塔娜，2017，《试论牧区双语教师职业发展现实困境及其改进策略》，《民族教育研究》第 2 期，第 99 ~ 103 页。

[294] 覃乃生，2009，《少数民族农村地区初中英语教学策略》，《广西民族大学学报》（哲学社会科学版）第 S1 期，第 214 ~ 215 页。

[295] 唐开福、黄得昊，2014，《边疆民族地区教师队伍建设的主要问题与对策思考——以云南省 G 县为例》，《基础教育》第 1 期，第 90 ~ 96 页。

[296] 唐兴萍，2013，《关于提高贵州少数民族地区农村英语教学水平的思考》，《贵州民族研究》第 3 期，第 199 ~ 202 页。

[297] 唐兴萍，2019，《加拿大多元文化语言教育政策及启示》，《北方民族大学学报》（哲学社会科学版）第 5 期，第 171 ~ 176 页。

[298] 唐玉溪、何伟光，2020，《智能教育政策变迁的中国模式》，《教育研究与实验》第 1 期，第 40 ~ 46 页。

[299] 陶继忠，1988，《少数民族外语教学中存在的问题及解决办法》，《外国语文》第 2 期，第 112 ~ 114 页。

[300] 陶平生，2020，《全球治理视角下共建"一带一路"国际规则的遵循、完善和创新》，《管理世界》第 5 期，第 161 ~ 171 + 203 + 16 页。

[301] 田振清、陈梅、周越等，2002a，《内蒙古地区民族中学信息技术教师培训方案的设计与相关思考》，《电化教育研究》第 11 期，第 58 ~ 61 页。

[302] 田振清、陈梅、周越等，2002b，《内蒙古地区农村中小学信息技术教育基本状况的调查与分析》，《中国电化教育》第 7 期，第 19 ~ 21 页。

[303] 童星，2016，《近十年我国小学师资队伍发展状况的区域对比研究》，《上海教育科研》第 1 期，第 5~9 页。

[304] 托马斯，约翰·克莱顿，2005，《公共决策中的公民参与：公共管理者的新技能与新策略》，孙柏瑛等译，中国人民大学出版社。

[305] 万力勇、舒艾，2017，《以信息化促进民族地区义务教育均衡发展：机制与策略》，《中南民族大学学报》（人文社会科学版）第 3 期，第 59~62 页。

[306] 万力勇、赵呈领，2016，《基于 UTAUT 模型的民族地区中小学教师信息技术采纳与使用影响因素研究》，《现代远距离教育》第 2 期，第 70~75 页。

[307] 王斌华编著，2003，《双语教育与双语教学》，上海教育出版社。

[308] 王春福、陈震聃，2014，《西方公共政策学史稿》，中国社会科学出版社。

[309] 王春辉，2020，《论语言与国家治理》，《云南师范大学学报》（哲学社会科学版）第 3 期，第 29~37 页。

[310] 王德新、李诗隽，2022，《新时代公众参与的社会治理创新》，《哈尔滨工业大学学报》（社会科学版）第 2 期，第 66~72 页。

[311] 王福美，2014，《我国语言政策与语言规划研究概述》，《民族翻译》第 4 期，第 25~30 页。

[312] 王福生，1991，《政策学研究》，四川人民出版社。

[313] 王革，2018，《"文化回应教学"模式与民族地区外语教学改革》，《民族教育研究》第 4 期，第 65~70 页。

[314] 王光明、廖晶，2018，《改革开放 40 年来我国中小学教师政策的发展历程及特点分析》，《课程·教材·教法》第 11 期，第 4~10 页。

[315] 王宏武，2008，《中日两国英语教育政策的对比研究》，《宁夏大

学学报》（人文社会科学版）第 5 期，第 172 ~ 174 页。

［316］王辉，2015，《全球化、英语传播与中国的语言规划研究》，社会科学文献出版社。

［317］王家芝，2008，《外语师资教育：理论模式及其应用研究》，《外语界》第 5 期，第 30 ~ 37 + 51 页。

［318］王嘉毅、赵明仁，2012，《民族地区教师队伍建设的现状、问题与对策研究》，《西北民族研究》第 1 期，第 29 ~ 39 + 77 页。

［319］王建容、王建军，2012，《公共政策制定中公民参与的形式及其选择维度》，《探索》第 1 期，第 75 ~ 79 页。

［320］王鉴，2002，《跨越民族文化的教育使者——民族地区双文化教师口述研究》，《中央民族大学学报》（哲学社会科学版）第 1 期，第 110 ~ 114 页。

［321］王进军，2011，《泰国多元化外语教育政策的发展特征及趋势》，《比较教育研究》第 9 期，第 69 ~ 72 页。

［322］王晋军，2015，《中国和东盟国家外语政策对比研究》，云南大学出版社。

［323］王克非，2011，《外语教育政策与社会经济发展》，《外语界》第 1 期，第 2 ~ 7 页。

［324］王坤，2020，《少数民族贫困地区教师嵌入式发展的内涵、特点及路径》，《民族教育研究》第 3 期，第 41 ~ 46 页。

［325］王乐，2020，《新中国 70 年我国社会教育政策回望、演进与前行》，《陕西师范大学学报》（哲学社会科学版）第 3 期，第 161 ~ 169 页。

［326］王莉梅、王振福、何高大，2008，《网络信息技术与外语课程整合研究新进展——2007 全国网络信息技术与外语课程整合学术研讨会述评》，《外语电化教学》第 1 期，第 72 ~ 76 页。

［327］王淼，2014《民族地区农村教师流动特点、成因与对策研

究——以湖南通道侗族自治县为例》,《民族教育研究》第 2 期,第 88 ~ 92 页。

[328] 王铭玉,2015,《现代外语教学多维研究》,上海外语教育出版社。

[329] 王蔷,2011,《我国小学英语课程政策与实施分析》,《中国外语》第 4 期,第 47 ~ 54 页。

[330] 王蔷,2013,《深化改革理念 提升课程质量——解读〈义务教育英语课程标准(2011 年版)〉的主要变化》,《课程·教材·教法》第 1 期,第 34 ~ 40 页。

[331] 王蔷,2017,《核心素养背景下英语阅读教学:问题、原则、目标与路径》,《英语学习》第 2X 期,第 19 ~ 23 页。

[332] 王蔷、田贵森、钱小芳等,2007,《外语师范教育:现状与建议》,《中国高校英语教师教育与发展研究》,外语教学与研究出版社。

[333] 王蔷、王琦,2019,《2019 版普通高中英语(北师大版)教材的修订依据、主要变化与特色》,《基础教育课程》第 15 期,第 59 ~ 65 页。

[334] 王荣英,2008,《美国文化输出与我国文化外交战略》,《求索》第 3 期,第 79 ~ 81 页。

[335] 王森,2013,《俄罗斯外语教育政策与外语教学变革》,《比较教育研究》第 10 期,第 85 ~ 91 页。

[336] 王世枚,2003,《民族院校中教师教育模式探讨》,《中南民族大学学报》(人文社会科学版)第 4 期,第 153 ~ 155 页。

[337] 王世枚,2011,《民族院校教师教育在转型中的发展策略》,《民族教育研究》第 4 期,第 67 ~ 71 页。

[338] 王桐、司晓宏,2020,《七十年来我国义务教育政策的演变与发展》,《现代教育管理》第 6 期,第 34 ~ 40 页。

[339] 王文斌，2020，《少数民族基础外语教育的思想自觉和自觉行为》，《云南师范大学学报》（哲学社会科学版）第 5 期，第 22～30 页。

[340] 王文章，2002，《保护传统艺术 弘扬优秀文化——在抢救和保护中国人类口头和非物质遗产座谈会上的讲话》，《文艺研究》第 4 期，第 4～6 页。

[341] 王文哲、陈建宏，2011，《生态补偿中的公众参与研究》，《求索》第 2 期，第 113～114 + 112 页。

[342] 王希，2016，《高校少数民族外语教育文化认同探索》，《黑龙江高教研究》第 1 期，第 87～89 页。

[343] 王霞，2006，《少数民族地区高校教师信息素养现状分析及对策》，《中南民族大学学报》（人文社会科学版）第 S1 期，第 43～44 页。

[344] 王雪梅，2017，《对国家战略视角下外语学科发展规划的思考》，《中国外语》第 5 期，第 29～37 页。

[345] 王亚鹏，2002，《少数民族认同研究的现状》，《心理科学进展》第 1 期，第 102～107 页。

[346] 王延彦、林清，1993，《公共关系学》，南京大学出版社。

[347] 王艳玲，2017，《多元文化背景下的教师文化身份认同——基于民族地区"外来教师"的案例考察》，《全球教育展望》第 8 期，第 95～109 页。

[348] 王艳玲、苟顺明，2012，《美国多元文化教师教育的实施策略与启示》，《教师教育研究》第 5 期，第 85～91 页。

[349] 王瑜、刘妍，2018，《语言规划取向下双语教育政策价值逻辑分析》，《比较教育研究》第 11 期，第 98～105 页。

[350] 王宇翔，2009，《从对考试内容和分数的理性解读看素质教育与考试的关系》，《教育探索》第 12 期，第 135～136 页。

［351］ 王正毅，2020，《全球治理的政治逻辑及其挑战》，《探索与争鸣》第 3 期，第 5～8＋193 页。

［352］ 韦启卫，2008，《少数民族地区农村中小学英语课堂全英语教学技巧》，《教学与管理》第 21 期，第 138～139 页。

［353］ 未丰，2017，《让"教育云"成为助推教育发展的新"引擎"——贵州黔西南布依族苗族自治州教育信息化考察报告》，《中国民族教育》第 Z1 期，第 57～59 页。

［354］ 魏宏君，2005，《中国少数民族"三语教学"形式简析》，《石河子大学学报》（哲学社会科学版）第 4 期，第 83～84 页。

［355］ 文秋芳，2014，《法国与俄罗斯中小学外语教育对我国的启示》，《外国语（上海外国语大学学报）》第 6 期，第 11～14 页。

［356］ 文远竹，2014，《转型中的微力量：微博公共事件中的公众参与》，世界图书出版广东有限公司。

［357］ 乌兰，2008，《少数民族地区教师专业发展保障体系探索》，《黑龙江民族丛刊》第 1 期，第 166～171 页。

［358］ 吴驰，2018，《改革开放 40 年我国中小学英语教科书的成就、问题和建议》，《中国教育学刊》第 10 期，第 35～39 页。

［359］ 吴迪、王天华，2019，《文化生态视域下少数民族外语教育的多元文化认同路径探析》，《黑龙江民族丛刊》第 5 期，第 158～161 页。

［360］ 吴海荣、廖伯琴，2010，《基于多元文化视野下的民族地区科学教育述评及启示》，《外国中小学教育》第 11 期，第 6～10 页。

［361］ 吴平，2006，《提高民族地区教师信息素质教育水平的对策研究》，《中南民族大学学报》（人文社会科学版）第 5 期，第 180～182 页。

［362］ 吴启迪，2004，《在大学英语教学改革试点工作视频会议上的讲话》，《中国外语》第 1 期，第 5～9 页。

[363] 吴铁军、谢利君、丁燕，2017，《少数民族外语教育的现实困境与对策——基于文化互动维度的分析》，《贵州民族研究》第 10 期，第 245～249 页。

[364] 吴学忠，2011，《跨文化交流背景下音乐融入外语教育的理论与实践研究》，华东师范大学博士学位论文。

[365] 吴一安，2008，《外语教师研究：成果与启示》，《外语教学理论与实践》第 3 期，第 32～39 页。

[366] 吴永忠，2002，《国外师资培养制度对我国少数民族地区师资培养的启示》，《贵州民族研究》第 2 期，第 134～138 页。

[367] 吴志成、王慧婷，2020，《全球治理体系面临的挑战与中国的应对》，《天津社会科学》第 3 期，第 65～70 页。

[368] 吴遵民主编，2006，《基础教育决策论——中国基础教育政策制定与决策机制的改革研究》，华东师范大学出版社。

[369] 伍启元，1988，《公共政策》，台湾商务印书馆。

[370] 武小川，2016，《公众参与社会治理的法治化研究》，中国社会科学出版社。

[371] 习近平，2014，《做党和人民满意的好老师——同北京师范大学师生代表座谈时的讲话》，人民出版社。

[372] 习近平，2015，《教育是阻断贫困代际传递重要途径》，《京华时报》9 月 10 日。

[373] 习近平，2017a，《决胜全面建成小康社会　夺取新时代中国特色社会主义伟大胜利——在中国共产党第十九次全国代表大会上的报告》，人民出版社。

[374] 习近平，2017b，《习近平谈治国理政》第二卷，外文出版社。

[375] 习近平，2018，《在北京大学师生座谈会上的讲话》，人民出版社。

[376] 夏璐，2016，《芬兰、韩国英语教育变革对我国英语教育模式的

启示》，《教学与管理》第 3 期，第 116~120 页。

[377] 项波、吴仰祺、杨路萍，2020，《高校课程思政建设的"四个维度"》，《黑龙江高教研究》第 4 期，第 152~155 页。

[378] 肖慧，2014，《贵州去年投入 2185 亿元推进民族地区基础教育》，中国新闻网，http：//wwwchinanewscomcn/edu/2014/02 - 27/5889944shtml。

[379] 谢倩，2013，《我国中长期外语教育政策规划的初步设想》，《语言文字应用》第 1 期，第 21~27 页。

[380] 谢锚逊，2012，《缺失与回归：公众人对教育政策的诉求》，《教育理论与实践》第 13 期，第 24~27 页。

[381] 谢治菊、朱绍豪，2017，《民族教育政策实施效果评估：理论基础、指标设计与应用反思》，《民族教育研究》第 5 期，第 5~11 页。

[382] 许锋华，2013，《连片特困民族地区教师队伍建设的困境、原因及出路——基于武陵山区的调查研究》，《民族教育研究》第 5 期，第 72~76 页。

[383] 许继红，2007，《论西部民族地区职业教育师资培养的模式系统及其管理》，《中央民族大学学报》（哲学社会科学版）第 6 期，第 35~39 页。

[384] 许克琪，2004，《"双语教学"热中应关注中华民族文化遗失问题》，《外语教学》第 3 期，第 86~89 页。

[385] 薛二勇、傅王倩、李健，2019，《学前教育立法的政策基础、挑战与应对》，《中国教育学刊》第 12 期，第 37~44 页。

[386] 薛勇军、杨林，2017，《边疆民族地区民办教育相关问题研究》，《思想战线》第 2 期，第 26~30 页。

[387] 薛正斌，2017，《我国民族地区多元文化背景下的教师能力标准建构》，《教育科学研究》第 11 期，第 79~83 页。

[388] 闫寒冰、苗冬玲、单俊豪等，2019，《"互联网＋"时代教师信

息技术能力培训的方向与路径》,《中国远程教育》第 1 期, 第 1～8 页。

[389] 严峰, 2017,《贵州省民族地区高校英语教育中跨文化交际能力培养的研究与对策》,《贵州民族研究》第 6 期, 第 235～238 页。

[390] 严玉明, 2003,《21 世纪少数民族预科教育的改革与发展》,《中央民族大学学报》(哲学社会科学版) 第 2 期, 第 33～38 页。

[391] 严兆府, 2013,《新疆高校少数民族外语教育认同研究》,《教育评论》第 6 期, 第 114～116 页。

[392] 杨聪、王科琼, 2003,《加大对西部民族地区的教育投入 促进全面建设小康社会》,《贵州民族研究》第 4 期, 第 164～168 页。

[393] 杨翠娥、黄祥祥, 2008,《民族地区中小学教师职业压力及原因探析》,《湖南师范大学教育科学学报》第 1 期, 第 111～114 页。

[394] 杨芳, 2008,《哲学视野中的公共政策学》,《理论探讨》第 3 期, 第 137～139 页。

[395] 杨改学, 2010,《农村教育信息化发展中的关键问题》,《中国电化教育》第 9 期, 第 36～38 页。

[396] 杨改学、古丽娜·玉素甫, 2013,《少数民族基础教育信息化发展的新思路》,《电化教育研究》第 9 期, 第 30～34 页。

[397] 杨红燕, 2008,《试论我国教师的专业化发展》, 华中师范大学硕士学位论文。

[398] 杨军昌、周惠群, 2018,《贵州民族地区基础教育资源配置的问题与优化分析——以黔东南苗族侗族自治州为例》,《贵州民族研究》第 9 期, 第 241～246 页。

[399] 杨丽萍，2008，《新课改与民族地区教师教育模式的变革——以广西师范大学教改实践为例》，《民族教育研究》第 1 期，第 70 ~ 74 页。

[400] 杨鲁新，2018，《从研究者成为教师教育者：自我叙事研究》，《外语与外语教学》第 4 期，第 54 ~ 64 + 148 页。

[401] 杨明宏，2013，《云南少数民族地区新教师入职适应性研究》，《教育评论》第 2 期，第 57 ~ 59 页。

[402] 杨胜才、谢春林，2020，《新中国 70 年民族语言教育政策分析》，《民族教育研究》第 2 期，第 96 ~ 103 页。

[403] 杨世莹，2016，《SPSS 22 统计分析案例教程》，中国水利水电出版社。

[404] 杨蔚，2020，《外语专业教育中的课程思政研究》，《当代教育理论与实践》第 3 期，第 17 ~ 21 页。

[405] 杨旭、刘瑾，2020，《贵州民族地区基础教育外语教师教学能力调查研究》，《云南师范大学学报》（哲学社会科学版）第 5 期，第 41 ~ 49 页。

[406] 杨延宁，2014，《应用语言学研究的质性研究方法》，商务印书馆。

[407] 杨艳、肖云南、杨彩梅，2013，《加拿大语言教育政策的启示》，《江苏高教》第 3 期，第 154 ~ 155 页。

[408] 杨颖，2008，《我国高中英语教学大纲与课程标准的比较研究》，北京师范大学课程与教学国际学术论坛暨首届研讨会论文，北京。

[409] 杨玉，2011，《文化生态学视角下边疆民族地区大学英语文化教学研究》，《西南民族大学学报》（人文社会科学版）第 S2 期，第 96 ~ 99 页。

[410] 杨玉，2012，《和谐语言生态：少数民族外语教育的文化使命研

究》，《继续教育研究》第 10 期，第 142～144 页。

[411] 姚亚平，2006，《中国语言规划研究》，商务印书馆。

[412] 叶澜，1991，《教育概论》，人民教育出版社。

[413] 伊敏，1997，《论少数民族地区普及外语教育的必要性》，《民族教育研究》第 4 期，第 55～56 页。

[414] 易斌，2010，《改革开放 30 年中国基础教育英语课程变革研究（1978—2008）》，湖南师范大学博士学位论文。

[415] 鄞益奋，2019，《公共政策评估：理性主义和建构主义的耦合》，《中国行政管理》第 11 期，第 92～96 页。

[416] 尹辉、李葆卫、王孟娟，2017，《西藏高校藏族学生英语教育认同实证研究》，《西藏民族大学学报》（哲学社会科学版）第 4 期，第 130～136 页。

[417] 尹枝萍，2014，《西南民族地区复杂语言国情与外语教育问题探究》，《贵州民族研究》第 1 期，第 181～184 页。

[418] 尤慧、朱文芳，2019，《以学生为中心多元学习模式的研究——基于高等教育信息化的视角》，《延边大学学报》（社会科学版）第 1 期，第 121～128＋145 页。

[419] 于贵芳、温珂，2020，《公共政策视角下的组织行为研究理论综述》，《科学学研究》第 5 期，第 895～903 页。

[420] 于东兴，2020，《中国语言政策规划：新时代中国语言文字规范标准思考——新时代语言文字规范化标准化学术研讨会暨第四届中国语言政策研究热点与趋势研讨会综述》，《浙江大学学报》（人文社会科学版）第 2 期，第 70～78 页。

[421] 于涵、陈康、高升，2018，《新高考外语科的功能定位与改革方向》，《课程·教材·教法》第 6 期，第 27～33 页。

[422] 余伟能，2009，《新课程改革下高中英语课程管理研究》，中山大学硕士学位论文。

［423］ 玉丽，2008，《民族地区师资面临的问题与挑战——我国西部民族地区教师质量分析报告》，《教育科学研究》第 3 期，第 25 ~ 29 页。

［424］ 袁贵仁主编，2012，《百年大计 教育为本——党的十六大以来教育事业改革发展回顾（2002—2012）》。

［425］ 袁晖光、杨克瑞，2020，《教育政策内容、过程、环境与价值趋势研究》，《现代教育管理》第 2 期，第 25 ~ 31 页。

［426］ 袁梅，2018，《以新发展理念引领民族地区义务教育均衡发展》，《教育研究》第 3 期，第 77 ~ 82 页。

［427］ 袁梅、罗正鹏，2017，《试论当前民族地区义务教育均衡发展的困难及其应对——基于青海、贵州、云南部分民族地区的调查研究》，《教育学报》第 2 期，第 93 ~ 99 页。

［428］ 袁梅、张良、田联刚，2020，《民族基础教育政策变迁历程、逻辑及展望》，《西南民族大学学报》（人文社会科学版）第 5 期，第 219 ~ 225 页。

［429］ 原一川、钟维、吴建西等，2013，《三语背景下云南跨境民族外语教育规划》，《云南师范大学学报》（哲学社会科学版）第 6 期，第 18 ~ 25 页。

［430］ 约翰逊，戴维，2016，《语言政策》，方小兵译，外语教学与研究出版社。

［431］ 臧伟，2017，《大学生创业就业教育的实证论析——以北方民族院校为例》，《黑龙江民族丛刊》第 6 期，第 171 ~ 175 页。

［432］ 曾立，2002，《西部开发与少数民族地区外语教育发展的新契机》，《民族论坛》第 5 期，第 26 页。

［433］ 曾丽，2010，《苗族学生在三语习得中元语言意识的发展》，西南大学博士学位论文。

［434］ 曾丽，2011，《儿童三语习得中元语言意识的发展对我国少数民

族外语教育政策制定的启示》，《外语教学与研究》第 5 期，第 748 ~ 755 + 801 页。

[435] 曾丽，2012，《从"三语习得"视阈探讨我国少数民族地区的外语教育》，《民族教育研究》第 1 期，第 31 ~ 35 页。

[436] 曾敏，2015，《外语教育中的文化安全研究》，华中师范大学博士学位论文。

[437] 翟博、孙百才，2012，《中国基础教育均衡发展实证研究报告》，《教育研究》第 5 期，第 22 ~ 30 页。

[438] 张爱春，2010，《黔中民族地区农村英语教学探析》，《贵州民族研究》第 5 期，第 146 ~ 149 页。

[439] 张沉香，2011，《大学外语教育政策的反思与构建》，湖南师范大学博士学位论文。

[440] 张华、王亚军，2014，《民族地区教师培训的实践检视与理念突围》，《四川师范大学学报》（社会科学版）第 6 期，第 78 ~ 83 页。

[441] 张建伟，2016，《中国与德语国家外语教育政策比较及启示》，《学习与实践》第 10 期，第 134 ~ 140 页。

[442] 张建云，2018，《新时代的内涵阐释》，《学术界》第 9 期，第 18 ~ 26 页。

[443] 张杰夫，2016，《全日制远程教学有效促进边远、民族地区教育发展的成因与启示》，《中国电化教育》第 12 期，第 59 ~ 66 页。

[444] 张津海，2012，《少数民族学生个体因素与外语学习》，中央民族大学出版社。

[445] 张进清、温荣，2020，《新中国 70 年民族地区教师研究的逻辑演进及发展趋向》，《民族教育研究》第 1 期，第 78 ~ 84 页。

[446] 张乐天，2019，《新时代我国教育发展与教育指标的新建构——兼谈 OECD 教育指标的借鉴意义》，《南京师大学报》（社会科学

版）第 4 期，第 13~19 页。

［447］张乐天主编，2002，《教育政策法规的理论与实践》，华东师范大学出版社。

［448］张鹭、李桂花，2020，《"人类命运共同体"视域下全球治理的挑战与中国方案选择》，《社会主义研究》第 1 期，第 103~110 页。

［449］张力、董威，2013，《西南民族地区高职教育师资素质初探》，《黑龙江民族丛刊》第 2 期，第 170~174 页。

［450］张良、袁梅，2018，《改革开放以来民族教育信息化研究的热点与脉络演进——基于 CiteSpace 知识图谱软件的量化分析》，《民族教育研究》第 6 期，第 39~47 页。

［451］张倩苇、王咸伟、胡小勇等，2012，《贵州边远地区农村教育信息化发展的阶段性特征与政策选择》，《电化教育研究》第 11 期，第 5~10+16 页。

［452］张秋云，2010，《美国的外语师资培训及其对我国的启示》，《教育探索》第 7 期，第 151~152 页。

［453］张天伟，2016，《语言政策与规划研究：路径与方法》，《外语电化教学》第 2 期，第 40~47 页。

［454］张天伟、高新宁，2017，《语言政策的话语研究路向：理论、方法与框架——高考外语改革政策的批评认知案例研究》，《外语研究》第 6 期，第 19~25 页。

［455］张天伟、吉布森·弗格森，2020，《语言政策与规划的学科属性及其发展趋势——吉布森·弗格森教授访谈录》，《外语研究》第 3 期，第 1~4 页。

［456］张炜、周洪宇，2022，《教育强国建设：指数与指向》，《教育研究》第 1 期，第 146~159 页。

［457］张蔚磊，2014，《美国 21 世纪初外语教育政策述评》，《外语界》

第 2 期，第 90 ~ 96 页。

[458] 张蔚磊，2017，《国外语言政策与规划理论研究述评》，《外国语（上海外国语大学学报）》第 5 期，第 77 ~ 85 页。

[459] 张晓峰，2005，《政治理性主义与中国转型时期公共政策中人的问题》，《理论探讨》第 3 期，第 86 ~ 88 页。

[460] 张新平，1999，《教育政策概念的规范化探讨》，《湖北大学学报》（哲学社会科学版）第 1 期，第 89 ~ 93 页。

[461] 张新贤、焦道利，2009，《西部少数民族地区教师培训的发展研究》，《现代教育技术》第 10 期，第 58 ~ 61 页。

[462] 张学强，2009，《多元文化教育的实质与民族地区教师的文化品性》，《民族教育研究》第 3 期，第 5 ~ 11 页。

[463] 张尧学，2003，《关于大学本科公共英语教学改革的再思考》，《中国高等教育》第 12 期，第 19 ~ 21 页。

[464] 张贞爱，2007，《少数民族多语人才资源开发与三种语言教育体系构建》，《延边大学学报》（社会科学版）第 6 期，第 71 ~ 74 页。

[465] 张正东编著，1987，《外语教育学》，重庆出版社。

[466] 张志伟，2017，《文化生态视角下新疆少数民族外语教育研究》，《内蒙古师范大学学报》（教育科学版）第 6 期，第 136 ~ 139 页。

[467] 张治国，2009，《全球化背景下中美语言教育政策的比较研究》，华东师范大学博士学位论文。

[468] 张治国，2017，《新中国成立初期外语教育政策研究及其启示》，《外语界》第 2 期，第 53 ~ 60 + 66 页。

[469] 张治忠、廖小平，2007，《解读公共服务型政府的价值维度——基于新公共服务理论的视角》，《湖南师范大学社会科学学报》第 6 期，第 39 ~ 42 页。

[470] 章兼中主编，1992，《外语教育学》，浙江教育出版社。

[471] 赵海燕，2013，《论我国英语教育跨文化意识的双向成长》，《中国教育学刊》第 11 期，第 67～69 页。

[472] 赵剑宏，2013，《蒙汉双语教育背景下蒙古族学生英语学习研究》，中央民族大学博士学位论文。

[473] 赵剑宏，2014，《内蒙古民族基础教育阶段外语教育政策发展历程》，《内蒙古师范大学学报》（教育科学版）第 7 期，第 17～19 页。

[474] 赵俊红，2015，《民族基础教育功能发挥的现实障碍与优化路径》，《教育评论》第 2 期，第 145～147 页。

[475] 赵克志，2014，《加快普及 15 年基础教育　不让孩子们输在起跑线上》，中国共产党新闻网，http：//cpcpeoplecomcn/n/2014/0305/c64102－24537983html。

[476] 赵蓉晖，2014，《中国外语规划与外语政策的基本问题》，《云南师范大学学报》（哲学社会科学版）第 1 期，第 1～7 页。

[477] 赵顺珍、卓玛措、李林等，2009，《青海民族地区中小学教育信息化中存在的问题及对策》，《青海民族学院学报》（社会科学版）第 2 期，第 117～119 页。

[478] 赵雯、王海啸、余渭深，2014，《大学英语"语言能力"框架的建构》，《外语与外语教学》第 1 期，第 15～21 页。

[479] 赵希、张学敏，2016，《我国民族八省区教育经费投入回顾与前瞻——基于 2005～2014 年的数据分析》，《教育发展研究》第 17 期，第 1～9 页。

[480] 赵鑫，2019，《民族地区乡村教师职业吸引力提升的理念与路径》，《教育研究》第 1 期，第 131～140 页。

[481] 赵兴民，2011，《四川民族地区青年教师工作挫折成因探析》，《民族教育研究》第 2 期，第 88～91 页。

[482] 赵耀，2019，《中国基础外语教育政策研究综述》，《语言政策与语言教育》第 1 期，第 108～115＋120 页。

[483] 赵志远、刘澜波，2020，《民族政策多维分析框架的尝试性构建》，《湖北民族大学学报》（哲学社会科学版）第 3 期，第 79～85 页。

[484] 郑克岭，2007，《推进教育公平　促进民族教育均衡发展》，《黑龙江民族丛刊》第 4 期，第 189～192 页。

[485] 郑丽萍，2013，《基于教师教学需求的少数民族地区高校外语教育反思》，《广西社会科学》第 1 期，第 185～188 页。

[486] 郑石明，2007，《城市政策规划中的公众参与——北京东四八条胡同拆迁问题及其理论分析》，《社会科学家》第 6 期，第 58～60＋64 页。

[487] 郑新民，2017，《英语博士成长札记》，安徽大学出版社。

[488] 郑新民、杨春红，2015，《澳大利亚语言教育政策发展历程中的特征与趋势分析》，《高教探索》第 2 期，第 55～60 页。

[489] 郑也夫，2007，《后物欲时代的来临》，上海人民出版社。

[490] 中华人民共和国教育部，2012，《义务教育英语课程标准（2011年版)》，北京师范大学出版社。

[491] 钟海青，2009，《民族地区实行教师资格制度的思考》，《广西民族大学学报》（哲学社会科学版）第 4 期，第 172～175 页。

[492] 钟海青、江玲丽，2017，《本土化：边境民族地区乡村教师队伍建设的重要途径——基于广西边境民族地区的教育调查》，《民族教育研究》第 6 期，第 5～11 页。

[493] 钟启泉，2004，《课程与教学概论》，华东师范大学出版社。

[494] 钟裕民、陈辉，2020，《公共政策正向排斥的应然向度：政治哲学的视域》，《学海》第 3 期，第 160～165 页。

[495] 周杰、胡加圣、陈燕婷，2019，《大数据驱动的外语教学与科研

创新——大数据背景下的外语教学与科研创新研讨会暨首期"爱未来"外语教育技术科创工作坊述评》，《外语电化教学》第 3 期，第 116 ~ 120 页。

[496] 周树春，2018，《民族复兴历史进程中的外语教育战略新路向》，《中国外语》第 1 期，第 11 ~ 15 页。

[497] 周星，2020，《公众参与我国共享经济协同监管的驱动机理及引导策略研究——以共享单车行业为例》，天津大学博士学位论文。

[498] 朱纯编著，1994，《外语教学心理学》，上海外语教育出版社。

[499] 朱东风、吴月静，2003，《迈向战略、行动与政策的一体化——论复合型总体规划体系的构建》，《城市规划汇刊》第 4 期，第 85 ~ 89 + 96 页。

[500] 朱姝，2013，《班克斯教育思想研究》，中央民族大学博士学位论文。

[501] 朱伟，2014，《民意、知识与权力——政策制定过程中公众、专家与政府的互动模式研究》，南京大学出版社。

[502] 朱晔，2016，《"一带一路"战略视角下中亚五国独立后的语言政策：评析与应对》，《语言政策与规划研究》第 2 期，第 41 ~ 50 页。

[503] 祝春芝，2012，《义务教育均衡背景下民族贫困地区农村教师现状与对策——以湘西土家族苗族自治州为例》，《湖南师范大学教育科学学报》第 2 期，第 93 ~ 95 页。

[504] 祝智庭主编，2002，《现代教育技术——走向信息化教育》，教育科学出版社。

[505] 邹长虹，2014，《新加坡的语言政策及其对我国外语教育政策的启示》，《社会科学家》第 2 期，第 114 ~ 116 页。

[506] 邹慧明，2020，《公众参与教育改革：可为、难为与应为》，《教

育研究与实验》第 6 期，第 24 ~ 31 页。

[507] 邹乐，2003，《扩大公共政策过程中的公民参与》，《四川行政学院学报》第 5 期，第 12 ~ 14 页。

[508] 邹为诚，2011，《论外语教育政策研究的性质、任务和方法——代〈中国外语〉外语教育政策研究专栏主持人话语》，《中国外语》第 4 期，第 26 ~ 30 页。

[509] 邹为诚，2015，《六国基础教育英语课程比较研究》，《外语教学与研究》第 3 期，第 437 ~ 446 页。

[510] Adamson, B. & A. W. Feng, 2009, "A Comparison of Trilingual Education Policies for Ethnic Minorities in China," *Compare: A Journal of Comparative & International Education* 39(3): 321 – 333.

[511] Ager, D. 2001, *Motivation in Language Planning and Language Policy*, Multilingual Matters.

[512] Baker, C. , 2001, *Foundations of Bilingual Education and Bilingualism* (3rd ed.), Multilingual Matters.

[513] Bild, E. & M. Swain, 1989, "Minority Language Students in a French Immersion Programme: Their French Proficiency," *Journal of Multilingual and Multicultural Development* 10(2): 255 – 274.

[514] Bussmann, H. , 2000, *Routledge Dictionary of Language and Linguistics*, Routledge.

[515] Canagarajah, A. S. , 2005, *Reclaiming the Local in Language Policy and Practice*, Lawrence Erlbaum Associates.

[516] Cenoz, J. & F. Genesee, 1998, "Psycholinguistic Perspectives on Multilingualism and Multilingual Education," in J. Cenoz and F. Genesee (eds.), *Beyond Bilingualism: Multilingualism and Multilingual Education*, Multilingual Matters.

[517] Cenoz, J. , H. Britta & J. Ulrike, 2001, *Cross-Linguistic Influence in*

Third Language Acquisition: Psycholinguistic Perspectives, Multilingual Matters.

[518] Cenoz, J. & J. F. Valencia, 1994, "Additive Trilingualism: Evidence from the Basque Country, "*Applied Psycholinguistics* 15: 197 – 209.

[519] Cooper, R. L. , 1989, *Language Planning and Social Change*, CUP.

[520] Copland, F. & S. Garton, 2014, "Key Themes and Future Directions in Teaching English to Young Learners: Introduction to the Special Issue, "*ELT Journal* 68(3): 223 – 230.

[521] Creswell, J. W. , 2008, *Qualitative Inquiry and Research Design: Choosing Among Five Approaches*(2nd ed.), Sage Publications Inc.

[522] Creswell, J. W. , 2015, *Educational Research: Planning, Conducting, and Evaluating Quantitative and Qualitative Research*, Pearson Education Inc.

[523] De Angelis, G. , 2007, *Third or Additional Language Acquisition*, Multilingual Matters.

[524] Dörnyei, Z. , 2003, *Questionnaires in Second Language Research: Construction, Administration, and Processing*, Lawrence Erlbaum Associates.

[525] Dunn W. M. , 2003, *Public Policy Analysis: An Introduction*(3rd ed.), Pearson Prentice Hall.

[526] Dye, T. R. , 2006, *Understanding Public Policy*(12th ed.), Pearson Education Inc.

[527] Eastman, C. M. , 1983, *Language Planning: Introduction*, Chandler & Sharp Publisher.

[528] Ellsworth, J. & A. A. Stahnke, 1976, *Politics and Political Systems: An Introduction to Political Science*, Mc Graw-Hill.

[529] Eyestone, R. , 1971, *The Threads of Public Policy: A Study in Policy*

Leadership, Bobbs-Merril.

[530] Feng, A. W. & B. Adamson, 2018, "Language Policies and Sociolin-
guistic Domains in the Context of Minority Groups in China, "*Journal
of Multilingual and Multicultural Development* 39(2): 169 – 180.

[531] Fishman, J. A. , 1974, *Advances in Language Planning*, Mouton.

[532] Fleckenstein, J. & J. Möller, et al. , 2018, "Mehrsprachigkeit Als Res-
source, " *Zeitschrift Für Erziehungswissenschaft*(21): 97 – 120.

[533] Freeman, D. & K. E. Johnson, 1998, "Reconceptualizing the Knowl-
edge-Base of Language Teacher Education, "*Tesol Quarterly* 32(3):
397 – 417.

[534] Grin, F. , 1996, "The Economics of Language: Survey, Assessment, and
Prospects, "*International Journal of the Sociology of Language* 121:
17 – 44.

[535] Haarmann, H. , 1990, "Language Planning in the Light of a General
Theory of Language: A Methodological Framework, " *International
Journal of the Sociology of Language* 86(1): 103 – 126.

[536] Haugen, E. , 1959, "Planning for a Standard Language in Modern Nor-
way, "*Anthropological Linguistics* 1(3): 8 – 21.

[537] Haugen, E. , 1972, *Language Planning, Theory and Practice in Ecology
of Language*, Stanford University Press.

[538] Herdina, P. & U. Jessner, 2000, "The Dynamics of Third Language Ac-
quisition, "in J. Cenoz & U. Jessner (eds.), *English in Europe: The
Acquisition of a Third Language*, Multilingual Matters.

[539] Herdina, P. & U. Jessner, 2002, *A Dynamics Model of Multilingualism:
Perspectives of Change in Psycholinguistics*, Multilingual Matters.

[540] Hogwood, B. W. & L. A. Gunn, 1984, *Policy Analysis for the Real
World*, Oxford University Press.

[541] Huang, J. & P. Benson, 2013, "Autonomy, Agency and Identity in Foreign and Second Language Education, "*Chinese Journal of Applied Linguistics* 36(1): 7 – 28.

[542] Jernudd, B. H. , 1991, "Language Planning as Discipline, "*Journal of Multilingual and Multicultural Development* (12): 127 – 134.

[543] Johnson, D. C. , 2013, *Language Policy*, Palgrave Macmillan.

[544] Kaplan, R. B. & R. B. Baldauf, 1997, *Language Planning: From Practice to Theory*, Multilingual Matters.

[545] Kelly, R. M. , 1989, "Policy Inquiry and Policy Science of Democracy, "in W. N. Dunn, Ritamae Kelly, *Advances in Policy Studies Since 1950*, Transaction Press.

[546] Kloss, H. , 1969, Research Possibilities on Group Bilingualism: A Report, International Center for research on Bilingualism.

[547] Lasswell, H. D. & A. Kaplan, 1970, *Power and Society*, Yale University.

[548] Lasswell, H. D. , 1971, *A Preview of Policy Science*, Elsevier.

[549] Lightbown, P. M. , 2006, *How Languages Are Learned*, Oxford University Press.

[550] Lin, C. H. & M. Warschauer, 2015, "Online Foreign Language Education: What Are the Proficiency Outcomes?" *The Modern Language Journal* 99: 394 – 397.

[551] Lo Bianco, J. , 2010, "The Importance of Language Policies and Multilingualism for Cultural Diversity, "*International Social Science Journal* 61(1): 37 – 67.

[552] Maslow, A. H. , 1934a, "The Effect of Varying External Conditions on Learning, Retention and Reproduction, "*Journal of Experimental Psychology* 17: 36 – 47.

[553] Maslow, A. H. , 1934b, "Influence of Differential Motivation on De-layed Reactions in Monkeys, "*Journal of Comparative Psychology* 18: 75 – 83.

[554] Matthews, P. H. , 1997, *The Concise Oxford Dictionary of Linguistics*, Oxford University Press.

[555] McCarty, T. L. , 2011, "Introducing Ethnography and Language Poli-cy, "in T. L. McCarty(ed.) , *Ethnography and Language Policy*, Rout-ledge.

[556] Menken, K. & O. García, 2017, *Language Policy in Classrooms and Schools*, Springer International Publishing.

[557] Nation, I. S. P. & J. Macalister, 2009, *Language Curriculum Design*, Routledge.

[558] Odlin, T. , 2001, *Language Transfer Cross-Linguistic Influence in Lan-guage Learning*, Cambridge University Press.

[559] Priestley, M. , G. Biesta & S. Robinson, 2016, *Teacher Agency: An Eco-logical Approach*, Bloomsbury.

[560] Ricento, T. & N. Hornberger, 1996, "Unpeeling the Onion: Language Planning and Policy and the ELT Professional, "*TESOL Quarterly* 30 (3) : 401 – 427.

[561] Ricento, T. , 2006, *An Introduction to Language Policy Theory and Method*, Blackwell Publishing.

[562] Rizvi, F. & B. Lingard, 2009, *Globalizing Education Policy*, Routledge.

[563] Rogers, R. & M. M. Wetzel, 2013, "Studying Agency in Literacy Teacher Education: A Layered Approach to Positive Discourse Analy-sis, "*Critical Inquiry in Language Studies* 10(1) : 62 – 92.

[564] Rubin, J. & B. Jernudd, 1971, *Can Language Be Planned? Sociolin-guistic Theory and Practice for Developing Nations*, The University

Press of Hawaii.

[565] Ruiz, R. , 1984, "Orientations in Language Planning, "*NABE Journal* 8 (2): 15 – 34.

[566] Ruiz, R. , 2010, "Reorienting Language-as-Resource, "in J. Petrovic(ed.), *International Perspectives on Bilingual Education,* Information Age.

[567] Schiffman, H. F. , 1998, *Linguistic Culture and Language Policy*, Routledge.

[568] Shohamy, E. , 2006, *Language Policy Hidden Agendas and New Approaches*, Routledge.

[569] Spolsky, B. , 2004, *Language Policy: Key Topics in Sociolinguistics*, Cambridge University Press.

[570] Stewart, J. , 2009, *Public Policy Values*, Palgrave Macmillan.

[571] Tauli, V. , 1968, *Introduction to a Theory of Language Planning*, Almqvist & Wiksells.

[572] Tollefson, J. W. , 1991, *Planning Language, Planning Inequality: Language Policy in the Community*, Longman.

[573] Tollefson, J. W. , 2011, "Language Planning And Language Policy, "in R. Mesthrie(ed.), *The Cambridge Handbook of Sociolinguistics*, Cambridge University Press.

[574] Toom, A. , K. Pyhältö & F. Rust, et al. , 2015, "Teachers' Professional Agency in Contradictory Times, "*Teachers and Teaching* 21(6): 615 – 623.

[575] Wagner, P. , 2007, "Public Policy, Social Sciences and the State: An Historical Perspective, " in F. Fishcher, G. J. Miller & M. S. Sidney (eds.), *Handbook of Public Policy Analysis: Theory, Politics, and Method*, CRC Press.

[576] Wiley, D. S. & R. S. Glow, 2010, *International and Language Educa-*

tion for a Global Future: Fifty Years of U. S. Title Ⅵ and Fulbright-Hays Programs, Michigan State University Press.

[577] Wilkinson, C. , 2004, "Status of Coral Reefs of the World. Global Coral Reef Monitoring Network and Australian, "*Institute of Marine Science* (1) : 7 – 66.

[578] Zhao, S. H. & R. B. Baldauf, 2012, "Individual Agency in Language Planning: Chinese Script Reform as a Case Study, "*Language Problems and Language Planning* 36(1) : 1 – 24.

后 记

　　本书是在我的博士学位论文基础上修改而成的。在本书即将付梓之际，回想起读博期间的点点滴滴，以及这些年所经历的各种困难，不禁感慨万千，幸得导师的指点、家人的支持、同门的帮助、朋友的关心。我曾无数次想象，到本书出版之时该如何写下这篇致谢之词。此时此刻，那些平日里最想感谢的人、最想表达的话，涌动于胸，难以言表。

　　首先，我要由衷地感谢我的导师——上海外国语大学陈坚林教授。在导师的学术团队"陈家班"里，同门都尊称导师为"师父"，亦师亦父之意。师父是师，教弟子们勤勉治学，不断耕耘，不断进步；师父如父，教弟子们做人为先，与人为善，崇尚自然。师父给我的感觉既"远"又"近"。远，是因为师父博学多才，我虽心向往之，却难望其项背。因为远，才得以高山仰止，永怀敬畏之心；因为远，更不惧跬步微流，学师父海纳百川的胸怀和气度。而近，则是师父生活中与众弟子打球看戏游玩之后的开怀畅饮；是师父南人北相的爽朗与豁达；是为听我的选题汇报特地从外地赶回上海的责任和担当；是听说我爱人生完二宝后身体不好需要我回家照顾时的一声"你赶快回去吧，照顾好家人"的体贴与关怀；是每次周四研讨会之后的精彩点评，拨云见日，醍醐灌顶……师父的恩德，是滋养我做人、做学问取之不尽的源泉，往后非踏实做事、勤奋钻研便无以为报。

　　读博三年来，除了团队内部的日常研讨外，我还有幸聆听了上海外国语大学各位老师的精彩课程。他们是赵蓉晖教授、郑新民教授、张健教授、王雪梅教授、沈骑教授、朱晔副教授、余华博士、武春野博士等，由衷感谢各位老师的帮助和支持。

感谢在博士学位论文开题时给予我帮助和指点的张健教授、赵蓉副教授。两位老师的及时提醒和专业点评让我在论文撰写的过程中少走了许多弯路。感谢"陈家班"的各位师兄师姐，他们是李四清博士、赵蓉博士、彭梅博士、黄芳博士、戴朝晖博士、雷丹博士、冯瑗博士、胡萍萍博士、陆少兵博士、曾家延博士后、覃涛博士、贾振霞博士、王静博士、刘辉博士等。在此，我还要特别感谢同窗好友刘晶博士、刘新国博士、朱小超博士、廖晓丹博士、鲍敏博士，以及 2016 级、2017 级和 2018 级各位访学老师的各种帮助。

感谢贵州诸多中小学学校领导、老师及学生的大力支持，他们是杨友斌校长、令狐孝校长、周助福校长、林泽香副校长、罗静副校长、杨道月老师、王维娟老师、龙云江老师、杨霞老师、姚元程老师、肖力老师、陈元老师、龙昭柱老师，刘治豪老师、马尚先老师、犹建宏老师等，各位的无私协助与配合为本研究的顺利完成奠定了坚实的基础，衷心感谢。

感谢贵州省民族宗教事务委员会的尚科长、黔东南州教育局的潘科长为我提供相关的政策文本及耐心解答。感谢素未谋面却通过几次语音电话帮我分析论文思路的谢亚楠老师。感谢在上海外国语大学求学期间结识的好友亓明俊博士、张静文博士、罗瑞丰博士、阮晓蕾博士、陈富博士的热情帮助，各位同仁乐观开朗、积极向上的精神给我的博士求学生涯增添了许多乐趣与动力。

我还要感谢我的爸爸妈妈和岳父岳母。在我读博期间，四位老人克服了诸多困难，让我能安心在校学习。岳父岳母帮助我们照看两个孩子，任劳任怨，不计较任何得失，甚是感激。特别感谢我的妻子李青女士。结婚近十年来，一直默默支持我的教学和科研工作，在我求学期间还经历了两次大的手术，辛苦了！令人欣慰的是，在我博士二年级时，我们迎来了二宝的顺利诞生，儿女双全的幸福家庭让我在繁重的学业压力面前少了几分忧虑。每次视频通话看到女儿在弹琴、儿子在摆弄玩具时，欣喜之情油然而生。感谢我的两个可爱宝贝，虽然会时常挂念，但正是因为有了这种牵挂，我才能更加专注于论文的写作，也使得本书承载了更深的意义！

最后，我还要特别感谢贵州师范大学社会科学处的全体老师和社会科学文献出版社的大力支持。感谢贵州师范大学外国语学院的领导及同事对我的关心和帮助。

总之，本书得以顺利出版，与太多人付出的努力和心血是分不开的，挂一漏万之处，还望诸位谅涵，再次向所有关心和帮助过我的人表达我最诚挚的谢意。未来的路还很长，我会始终坚定不断耕耘不断进步的信念，坚守学术科研追求真理的初心，努力完成人文社会科学研究的学术使命。感动感恩感谢，期待美好未来！

付荣文

2022 年 12 月于贵阳

图书在版编目（CIP）数据

外语教育政策及规划研究：以贵州基础教育为例 /
付荣文著. -- 北京：社会科学文献出版社，2022.12
（贵州师范大学社会科学文库）
ISBN 978 - 7 - 5228 - 1352 - 3

Ⅰ. ①外…　Ⅱ. ①付…　Ⅲ. ①外语教学 - 教育政策 -
研究 - 贵州　Ⅳ. ①H3 - 42

中国版本图书馆 CIP 数据核字（2022）第 256485 号

· 贵州师范大学社会科学文库 ·
外语教育政策及规划研究
　　——以贵州基础教育为例

著　　者 / 付荣文

出 版 人 / 王利民
责任编辑 / 刘　荣
文稿编辑 / 程丽霞
责任印制 / 王京美

出　　　版 / 社会科学文献出版社 （010）59367011
　　　　　　　地址：北京市北三环中路甲 29 号院华龙大厦　邮编：100029
　　　　　　　网址：www. ssap. com. cn
发　　　行 / 社会科学文献出版社 （010）59367028
印　　　装 / 三河市尚艺印装有限公司

规　　　格 / 开　本：787mm × 1092mm　1/16
　　　　　　　印　张：21.25　字　数：293 千字
版　　　次 / 2022 年 12 月第 1 版　2022 年 12 月第 1 次印刷
书　　　号 / ISBN 978 - 7 - 5228 - 1352 - 3
定　　　价 / 128.00 元

读者服务电话：4008918866